Das Institut der außerordentlichen Beschwerde
nach dem Zivilprozessreformgesetz

Europäische Hochschulschriften
Publications Universitaires Européennes
European University Studies

Reihe II
Rechtswissenschaft

Série II Series II
Droit
Law

Bd./Vol. 3871

PETER LANG
Frankfurt am Main · Berlin · Bern · Bruxelles · New York · Oxford · Wien

Ulrich Kutsch

Das Institut der außerordentlichen Beschwerde nach dem Zivilprozessreformgesetz

Zugleich ein Beitrag zu den Grenzen des § 321a ZPO

PETER LANG
Europäischer Verlag der Wissenschaften

Bibliografische Information Der Deutschen Bibliothek
Die Deutsche Bibliothek verzeichnet diese Publikation in der Deutschen Nationalbibliografie; detaillierte bibliografische Daten sind im Internet über <http://dnb.ddb.de> abrufbar.

Zugl.: Bochum, Univ., Diss., 2003

D 294
ISSN 0531-7312
ISBN 3-631-52235-5

www.peterlang.de

Meinen Eltern

Vorwort

Vorliegende Arbeit wurde im März 2003 abgeschlossen und ist zum Wintersemester 2003/2004 durch die Juristische Fakultät der Ruhr - Universität Bochum als Dissertation angenommen worden. Rechtsprechung und Literatur wurden fortlaufend aktualisiert und sind bis Oktober 2003 berücksichtigt. Insbesondere hat die für diese Bearbeitung bedeutsame Plenarentscheidung des Bundesverfassungsgerichts vom 30. April 2003 zuzüglich entsprechender Rezensionen nachträglich noch eingearbeitet werden können.

Mein herzlicher Dank gilt meinem Doktorvater, Herrn Professor Dr. Klaus Schreiber, der diese Arbeit stets gefördert und mit seinem Interesse sowie seinen Anregungen und Hilfestellungen zum Gelingen der Arbeit wesentlich beigetragen hat.
Herrn Professor Dr. Peter A. Windel danke ich für die Übernahme des Zweitgutachtens.

Frau Privatdozentin Dr. habil. Nicola Preuß, Bochum sowie Herr Richter am Oberlandesgericht für das Land Brandenburg Frank Beckmann, Gelsenkirchen sei für ihre Hinweise gedankt.

Meine Gabriele als auch meine Mutter möchte ich anlässlich so mancher unschätzbarer Hilfestellung erwähnen, womit nur ein geringer Anteil ihrer beider Unterstützung angesprochen ist. Mein Vater hat mich stets gefördert, weshalb ich ihm einen nicht hinwegzudenkenden Anteil an meiner nicht nur beruflichen Entwicklung verdanke.

Essen im November 2003

INHALTSVERZEICHNIS

Kapitel III
Das neue Beschwerderecht in der gerichtlichen Praxis – die außerordentliche Beschwerde ein „alter Hut“ ?

Kapitel IV
Verbleibende Anwendungsbereiche außerordentlicher Beschwerden

Kapitel V

LITERATURVERZEICHNIS

Abramenko "Kein Rechtsmittel gegen richterliche Feststellung eines Vergleiches gem. § 278 VI ZPO? – Ein übersehenes Problem der Zivilprozessreform?"
in: NJW 2003, 1356 ff

Ayad „Optimierung des Rechtsschutzes und effektiver Ressourceneinsatz?"
in: ZRP 2000, 229 ff

Baumbach Zivilprozessordnung
14. Auflage München 1938
zitiert: Baumbach; Zivilprozessordnung, 14. Auflage

Baumbach / Lauterbach / Albers / Hartmann
Zivilprozessordnung mit Gerichtsverfassungsgesetz und anderen Nebengesetzen
61. Auflage München 2003
zitiert: Baumbach/Lauterbach/Albers/Hartmann/Bearbeiter

Benda „Aktuelle Probleme der Praxis des Bundesverfassungsgerichts"
in: NJW 1980, 2097 ff

Braun Rezension zu BGH, Beschluss vom 08. Oktober 1992
(Az.: VII ZB 3/92)
in: ZZP 106 (1993) S. 236 ff

Braun „Anhörungsrüge oder Wiederaufnahmeklage"
in: NJW 1983, 1403 ff

Braun Replik auf Schneider zu „Nochmals: Verletzung des Rechts auf Gehör und Urteilkorrektur im Zivilprozess" (NJW 1981, 1196)
in: NJW 1981, 1196 f

Braun „Verletzung des Rechts auf Gehör und Urteilskorrektur im Zivilprozess"
in: NJW 1981, 425 ff

Buchheister
„Verfassungsbeschwerde und Gegenvorstellung“
in: NVwZ 2000, 1356 ff

Büttner „Revisionsverfahren – Änderungen durch das Zivilprozessreformgesetz“
in: MDR 2001, 1201 ff

Büttner „Unbegriffen – unbegreifliche ‚greifbare‘ Gesetzeswidrigkeit“
in: FamRZ 1989, 129 ff

Chlosta „Zulässigkeit der außerordentlichen Beschwerde“
in: NJW 1993, 2160 f

Deubner „Aktuelles Zivilprozessrecht“
in: JuS 2002, 899 ff

Deubner „Die Verfassungsbeschwerde wegen Verletzung des Anspruchs auf rechtliches Gehör“
in: NJW 1980, 263 ff

Duhme „Die Übertragung des Rechtsstreits auf den Einzelrichter“
in: VR 2003, 37 ff

Ebbeler „Die Judikatur zur Beschwerde wegen greifbarer Gesetzwidrigkeit“
Dissertation Münster 1994

Feiber „Anstöße zu einer Verbesserung des Rechtsmittelverfahrens“
in: NJW 1996, 2057 ff

Fischer „Willkürliche Verweisungsbeschlüsse – Aktuelle Rechtsprechung zur Bindungswirkung“
in: MDR 2002, 1401 ff

Fischer „Zur Bindungswirkung rechtswidriger Verweisungsbeschlüsse im Zivilprozess gemäss § 281 II 5 ZPO“
in: NJW 1993, 2417 ff

Gehrlein Zivilprozessrecht nach der ZPO-Reform 2002
Ein Leitfaden für Ausbildung und Praxis
München 2002

Gehrlein „Erste Erfahrungen mit der reformierten ZPO – Revision und Beschwerde“
in: MDR 2003, 547 ff

Gehrlein „Erstinstanzliches Verfahren und Berufung“
in: MDR 2003, 421 ff

Geiger „Zur Einführung einer Untätigkeitsbeschwerde – Eine Entgegnung“ Replik zu Redeker „Kann eine Untätigkeitsbeschwerde helfen?“ (NJW 2003, 488 ff)
in: NJW 2003 Heft 14 S. XIV f

Gottwald „Empfehlen sich Maßnahmen im Interesse eines effektiven Rechtsschutzes zur Vereinfachung, Vereinheitlichung und Beschränkung der Rechtsmittel und Rechtsbehelfe des Zivilverfahrensrechts?“ – Verhandlungen des einundsechzigsten deutschen Juristentages 1996 in Karlsruhe
Band I (Gutachten) Teil A
München 1996
zitiert: Gottwald Gutachten A für den 61. Deutscher Juristentag

Gottwald / Semmelmayer
Rezension zu BGH, Beschluss vom 08. Oktober 1992
(Az.: VII ZB 3/92)
in: JZ 1993, 415 ff

Gravenhorst
Rezension zu BVerfG, Beschluss vom 30. April 2003
(Az.:1 PBvU 1/02)
in: MDR 2003, 887 f

Greger „Zweifelsfragen und erste Entscheidungen zur neuen ZPO“
in: NJW 2002, 3049 ff

Günther „Rechtsbehelfe gegen Einzelrichterübertragung“
in: NVwZ 1998, 37 ff

Gummer Rezension zu BGH, Beschluss vom 07. März 2002
(Az.: IX ZB 11/02)
in: BGH Report 2002, 432 f

Hannich / Meyer-Seitz / Engers
„ZPO-Reform; Einführung - Texte – Materialien"
in: Bundesanzeiger Nr. 217a / 2001 vom 21. November 2001
zitiert: Hannich/Meyer-Seitz/Engers

Hannich / Meyer-Seitz
„ZPO-Reform 2002 mit Zustellungsreformgesetz"
München 2002
zitiert: Hannich/Meyer-Seitz, „ZPO-Reform"

Hansens „Die Zivilprozessreform; Praktische Auswirkungen auf die Tätigkeit des Rechtsanwalts"
in: AnwBl. 2002, 125 ff

Hansens „Die Zivilprozessrechtsreform aus Sicht des Praktikers"
in: ZRP 2000, 26 ff

Hinz „Zulassungsberufung und Abhilfeverfahren nach der ZPO – Reform"
in: WuM 2002, 1 ff

Hoeren Rezension zu BGH, Beschluss vom 20. Juni 1995
(Az.: XI ZB 9/95)
in: JR 1996, 199 f

Hübsch „Wird die Rüge der Verletzung des rechtlichen Gehörs im Zivilprozess neu geregelt?"
in: DRiZ 1980, 140 f

Huff „Höhere Arbeitsbelastung für den BGH"
in: NJW Aktuell Heft 7/2003, S. XII, XIV

Jaeger „Empfehlen sich Maßnahmen im Interesse eines effektiven Rechtsschutzes zur Vereinfachung, Vereinheitlichung und Beschränkung der Rechtsmittel und Rechtsbehelfe des Zivilverfahrensrechts?“ – Verhandlungen des einundsechzigsten deutschen Juristentages 1996 in Karlsruhe
Band II/1 (Sitzungsberichte – Referate und Beschlüsse) Teil I
München 1996
zitiert: Jaeger Referat für den 61. Deutschen Juristentag/Abteilung Verfahrensrecht in Band II/1 i

Jauernig Zivilprozessrecht – ein Studienbuch
27. Auflage München 2002

Kahlke „Zulassung der Berufung wegen Verletzung des rechtlichen Gehörs“
in: NJW 1985, 2231 ff

Kempter „Die außerordentliche sofortige Beschwerde gegen oberlandesgerichtliche Kostenentscheidungen“
in: NJW 1993, 2158 f

Kerwer “Rechtsschutz gegen Wiedereinsetzung in den vorigen Stand bei der Verletzung des rechtlichen Gehörs – BGHZ 130, 97”
in: JuS 1997, 592 ff

Kley Rezension zu BVerfG, Beschluss vom 30. April 2003
(Az.:1 PBvU 1/02)
in: DVBl 2003, 1159 ff

Kraheberger
„Die außerordentliche Beschwerde im Verwaltungsprozess“
in: DöV 2002, 19 ff

Kreuder „Praxisfragen zur Zulässigkeit der Verfassungsbeschwerde“
in: NJW 2001, 1243 ff

Kunze „Das amtsgerichtliche Bagatellverfahren gemäß § 495 a ZPO und die Subsidiarität des BVerfG“
in: NJW 1997, 2154 f

Kunze „§ 495 a ZPO – mehr Rechtsschutz ohne Zivilprozeßrecht?“
in: NJW 1995, 2750

Kutsch „Der Abschied von der außerordentlichen Beschwerde“
in: NVwZ 2003, 956 f

Larenz „Richterliche Rechtsfortbildung als methodisches Problem“
in: NJW 1965, 1 ff

Larenz / Canaris
Methodenlehre der Rechtswissenschaft
3. Auflage Berlin; Heidelberg; New York; Barcelona; Budapest; Hong Kong; London; Mailand; Paris; Tokyo 1995

Laws Rezension zu LG Paderborn, Urteil vom 02.Dezember 1999
(Az.: 1 S 188/99)
in: MDR 2000, 173

Leibholz / Rinck / Hesselberger
Grundgesetz Kommentar
Kommentar an Hand der Rechtsprechung des Bundesverfassungsgerichts Band II
Loseblattkommentar; Köln 7. Auflage, 40. Ergänzungslieferung
Stand: September 2002
zitiert: Leibholz/Rinck/Hesselberger

Lemke „Anfechtbarkeit einstweiliger Anordnungen gemäß § 769 Abs. 1 ZPO“
in: MDR 2000, 13 ff

Lipp „Beschwerden wegen ‚greifbarer Gesetzwidrigkeit‘ nach der ZPO – Reform 2002“
in: NJW 2002, 1700 ff

Lotz „Die ‚greifbare Gesetzeswidrigkeit‘ – eine den Wertentscheidungen des Grundgesetzes Rechnung tragende Rechtsschöpfung des BGH?“
in: NJW 1996, 2130 ff

Lücke Zivilprozessrecht
Erkenntnisverfahren und Zwangsvollstreckung
8. Auflage München 2003
zitiert: Lüke, Zivilprozessrecht

Meyer-Ladewig
„Rechtsbehelfe gegen Verzögerungen im gerichtlichen Verfahren – zum Urteil des EGMR Kudla ./. Polen“
in: NJW 2001, 2679 ff

Müller „Abhilfemöglichkeit bei der Verletzung des Anspruchs auf rechtliches Gehör nach der ZPO-Reform“
in: NJW 2002, 2743 ff

Münchener Kommentar
Zivilprozessordnung mit Gerichtsverfassungsgesetz und Nebengesetzen
Aktualisierungsband ZPO – Reform 2002 und weitere Reformgesetze
2. Auflage München 2002
zitiert: MünchKomm ZPO/Aktualisierungsband-Bearbeiter

Münchener Kommentar
Zivilprozessordnung mit Gerichtsverfassungsgesetz und Nebengesetzen
Band 2 (§§ 355 – 802)
2. Auflage München 2000
zitiert: MünchKomm ZPO/Bearbeiter

Münchener Kommentar
Zivilprozessordnung mit Gerichtsverfassungsgesetz und Nebengesetzen
Band 3 (§§ 803 – 1066)
2. Auflage München 2001
zitiert: MünchKomm ZPO/Bearbeiter

Musielak Kommentar zur Zivilprozessordnung mit Gerichtsverfassungsgesetz
3. Auflage München 2002
zitiert: Musielak/Bearbeiter

Musielak Grundkurs ZPO
6. Auflage München 2002
zitiert: Musielak Grundkurs ZPO

Mußgnug „Nichtannahme einer Verfassungsbeschwerde wegen Fehlens eines ‚schweren Nachteils'"
in: NJW 1978, 1358 ff

Niemann / Herr
„Zulässigkeit einer außerordentlichen Berufung wegen Verletzung rechtlichen Gehörs"
in: ZRP 2000, 278 ff

Pape Rezension zu BGH, Beschluss vom 21.Januar 2002
(Az.: II ZB 2/01 in: ZIP 2002, 403)
in: EWiR § 116 ZPO 1/02, 973 f

Pape Besprechung von Baumbach / Lauterbach / Albers / Hartmann, ZPO mit GVG und anderen Nebengesetzen, 51. Auflage 1992
in: KTS 1993, 317 ff

Pape „Greifbare Gesetzwidrigkeit der Versagung von Prozesskostenhilfe" zugleich Bspr. von BGH, Beschluss vom 08. Oktober 1992
(Az.: VII ZB 3/92)
in: KTS 1993, 179 ff

Papier „Richterliche Unabhängigkeit und Dienstaufsicht"
in: NJW 1990, 8 ff

Pawlowski „Zum außerordentlichen Rechtsschutz gegen Urteile und Beschlüsse bei Verletzung des Rechts auf Gehör nach Art. 103 Abs. 1 GG durch die Zivilgerichtsbarkeit"
Dissertation Tübingen 1992
in: Schriften zum Prozessrecht Band 119

Piekenbrock / Schulze
„Die Zulassung der Revision nach dem ZPO-Reformgesetz"
in: JZ 2002, 911 ff

Proske „Außerordentliche Rechtsmittel gegen die fehlerhafte Nichtzulassung der Revision“
in: NJW 1997, 352 ff

Prütting Rezension zu BGH, Beschluss vom 07. März 2002
(Az.: IX ZB 11/02 in ZIP 2002, 959)
in: EWiR § 574 ZPO 1/02, 835 f

Ratte „Wiederholung der Beschwerde und Gegenvorstellung
Die Abänderbarkeit einer oberlandesgerichtlichen Entscheidung im Zivilprozeß – zugleich ein Beitrag zur Rechtsnatur der Berufung und der Beschwerde“
Dissertation Bochum 1975
in: Schriften zum Prozessrecht Band 39

Redeker „Verfahrensgrundrechte und Justizgewährungsanspruch“ – zugleich Rezension zu BVerfG, Beschluss vom 30. April 2003, (Az.:1 PBvU 1/02)
in: NJW 2003, 2956 ff

Redeker „Kann eine Untätigkeitsbeschwerde helfen?“
in: NJW 2003, 488 ff

Rimmelspacher
Rezension zu BVerfG, Beschluss vom 30. April 2003
(Az.:1 PBvU 1/02)
in: JZ 2003, 797 f

Roellecke „Überlastung einer Spitze in der Demokratie – zum Bericht der Kommission ‚Entlastung des BVerfG‘“
in: NJW 1998, 1462 f

Roth Rezension zu BGH, Beschluss vom 20. Juni 1995
(Az.: XI ZB 9/95)
in: JZ 1996, 375

Rüsken „Rechtsbehelfe gegen willkürliche Gerichtsentscheidungen“
in: DStZ 2000, 815 ff

Schellhammer
„Zivilprozessreform und erste Instanz“
in: MDR 2001, 1081 ff

Scherer „Die Verordnung neuer Rechtsbehelfe im Zivilprozess durch das Bundesverfassungsgericht“
in: DRiZ 2000, 490 ff

Scheuch / Lindner
„Zur Auslegung der Zulassungstatbestände des § 543 Abs. 2 ZPO“
in: NJW 2003, 728 ff

Schilken Zivilprozessrecht
4. Auflage Köln Berlin Bonn München 2002

Schlosser Rezension zu BGH, Beschluss vom 04. März 1993
(Az.: V ZB 5/93)
in: ZZP 106 (1993) S. 533 ff

Schmidt; Thorsten Ingo
„Die außordentliche Beschwerde wegen greifbarer Gesetzwidrigkeit im Verwaltungsprozess und die Radbruch'sche Formel“
in: NVwZ 2003, 425 ff

Schmidt, Uwe
„Abhilfeverfahren gemäß § 321 a ZPO n.F.“
in: MDR 2002, 915 ff

Schneider „ZPO-Reform 2002 – Ein kritisches Resümee“
in: MDR 2003, 901 ff

Schneider „Ausnahmebeschwerde wegen greifbarer Gesetzwidrigkeit und Gehörsrüge“
in: MDR 2002, 1047 ff

Schneider „Die Gehörsrüge (§ 321 a ZPO)“
in: AnwBl 2002, 620 ff

Schneider „Befangenheitsablehnung wegen verweigerter Terminsänderung, Untätigkeit und verletzter Hinweispflicht“
in: AnwBl 2002, 9 ff

Schneider „Ausnahmebeschwerde und Ausnahmeberufung“
in: MDR 2001, 845 ff

Schneider Rezension zu AG Paderborn, Urteil vom 06. Juni 2000
(Az.: 57 C 558/99)
in: MDR 2000, 1453 f

Schneider Rezension zu OLG Frankfurt, Beschluss vom 28.Juli 1998
(Az.: 3 WF 108/98)
in: MDR 1998, 1368 f

Schneider „Tendenzen und Kontroversen in der Rechtsprechung“
in: MDR 1998, 252 ff

Schneider „Grundrechtsverstöße als greifbare Gesetzwidrigkeit“
in: MDR 1997, 991 ff

Schneider Rezension zu BGH, Beschluss vom 09. September 1997
(Az.: IX ZB 92/97)
in: MDR 1997, 1148 f

Schneider „Problemfälle aus der Prozeßpraxis – Zulässigkeit und Begründetheit bei der Einstellungsbeschwerde“
in: MDR 1985, 547 ff

Schneider „Nochmals: Verletzung des Rechts auf Gehör und Urteilskorrektur im Zivilprozess“
in: NJW 1981, 1196

Schütt Rezension zu BGH, Beschluss vom 28. Oktober 1998
(Az.: VII ZR 190/98)
in: MDR 1999, 248

Schumann „Die Wahrung des Grundsatzes des rechtlichen Gehörs – Dauerauftrag für das BVerfG?“
in: NJW 1985, 1134 ff

Schwarze „Außerordentliche Anfechtbarkeit zivilgerichtlicher Entscheidungen wegen offensichtlicher Rechtswidrigkeit?“
in: ZZP 2002 (115) S. 25 ff

Seegmüller „Praktische Probleme des Verfassungsbeschwerdeverfahrens“
in: DVBl 1999, 738 ff

Seetzen „Die Anhörungsrüge kraft Verfassungsrechts“
in: NJW 1982, 2337 ff

Stein / Jonas
Kommentar zur Zivilprozeßordnung
Band 2 (§§ 91 – 252)
21. Auflage Tübingen 1994
zitiert: Stein/Jonas/Bearbeiter

Stein / Jonas
Kommentar zur Zivilprozeßordnung
Band 5; Teilband 1 (§§ 511 – 591)
21. Auflage Tübingen 1994
zitiert: Stein/Jonas/Bearbeiter

Stüer „61. Deutscher Juristentag in Karlsruhe“
in: DVBl 1996, 1243 ff

Stünker „Schwerpunkte der rechtspolitischen Vorhaben in der 15. Legislaturperiode“
in: ZRP 2003, 17 f

Stürner „Die Kontrolle zivilprozessualer Verfahrensfehler durch das Bundesverfassungsgericht“
in: JZ 1986, 526 ff

Templitzky „Die jüngste Rechtsprechung des Bundesgerichtshofes zum wettbewerbsrechtlichen Anspruchs- und Verfahrensrecht; Teil IV“
in: GRUR 1992, 821 ff

Thomas / Putzo
Zivilprozessordnung mit Gerichtsverfassungsgesetz, den Einführungsgesetzen und europarechtlichen Vorschriften
24. Auflage München 2002
zitiert: Thomas/Putzo/Bearbeiter, 24. Auflage

Thomas / Putzo
Zivilprozessordnung mit Gerichtsverfassungsgesetz, den Einführungsgesetzen und europarechtlichen Vorschriften
25. Auflage München 2003
zitiert: Thomas/Putzo/Bearbeiter

Tombrink „Was ist ‚Willkür'? – Die ‚willkürliche' Verweisung des Rechtsstreits an ein anderes Gericht"
in: NJW 2003, 2364 ff

Vosskuhle „Bruch mit einem Dogma: Die Verfassung garantiert Rechtsschutz gegen den Richter" - zugleich Besprechung des Beschlusses des BVerfG vom 30. April 2003
(Az.: 1 PBvU 1/02; in NJW 2003, 1924 ff)
in: NJW 2003, 2193 ff

Vosskuhle „Erosionserscheinungen des zivilprozessualen Rechtsmittelsystems"
in: NJW 1995, 1378 ff

Wank Rezension zu BAG, Beschluss vom 22. Oktober 1999
(Az.: 5 AZB 21/99)
in: EwiR 2000, 577 f

Weber Rezension zu BVerfG, Beschluss vom 07. Juli 1982
(Az.: 2 BvR 340/81)
in: JuS 1983, 219 f

Weber-Grellet
„(Irr-) Wege aus der Justizmisere"
in: NJW 1990, 1777 f

Weis „Gegenvorstellungen bei der Verletzung von Verfahrensgrundrechten“
in: NJW 1987, 1314 f

Wenzel „Das neue zivilprozessuale Revisionszulassungsrecht in der Bewährung“
in: NJW 2002, 3353 ff

Zöller Zivilprozessordnung mit Gerichtsverfassungsgesetz und den Einführungsgesetzen, mit internationalem Zivilprozessrecht, EG-Verordnungen, Kostenanmerkungen
23. Auflage Köln 2002
zitiert: Zöller/Bearbeiter

Zuck „Grundrechtsrügen im Zivilrechtsstreit“
in: MDR 1999, 577 ff

Zuck „Was ist Willkür?“
in: MDR 1986, 723 f

Anmerkungen des Verfassers:
Literatur- und Judikaturangaben befinden sich auf dem Stand von Oktober 2003.
Monographien und Aufsätze werden regelmäßig unter Angabe des Verfassernamens und der Fundstelle zitiert.
Hinsichtlich der in dieser Arbeit verwendeten Abkürzungen verweise ich auf Kirchner / Butz, „Abkürzungsverzeichnis der Rechtssprache“ 5. Auflage Berlin 2003

„Das Institut der außerordentlichen Beschwerde nach dem Zivilprozessreformgesetz - zugleich ein Beitrag zu den Grenzen des § 321 a ZPO"

Einleitung und Problembeschreibung

„Die greifbare Gesetzwidrigkeit – eine Erweiterung juristischen Denkens durch juristisches Greifen"[1].

Pointiert umschreibt *Büttner* in seiner Glosse die Problematik die der „außerordentlichen Beschwerde" und dem damit zusammenhängenden Begriff der „greifbaren Gesetzwidrigkeit" zugrunde liegt.

Bis zum heutigen Tag[2] stellt sich sowohl für Praktiker als auch für Rechtsdogmatiker die Frage, ob und gegebenenfalls auf welche Weise unanfechtbare Entscheidungen, die einen offensichtlichen Makel tragen, der diese Entscheidungen als „schlechthin unvertretbar" erscheinen läßt, unbeschadet der formellen Bestandskraft angefochten werden können. Damit einher geht ebenfalls die Frage, welche Legitimationsgründe existieren, die zu einer Anerkennung außerordentlicher Rechtsbehelfe führen. Anfangs waren es Gerechtigkeitsvorstellungen, die es nicht angängig erscheinen ließen, schwere richterliche Verstöße gegen Recht und Gesetz gegenüber der höheren Instanz mit prozessualen Formvorschriften abzuschirmen[3]. Heutzutage wird in Rechtsprechung und Literatur der tragende Gesichtspunkt darin gesehen, das Bundesverfassungsgericht von der Belastung der Korrektur von Verfahrensfehlern im Rahmen von Verfassungsbeschwerden zu befreien. Derartige Fehler sollen innerhalb der Fachgerichtsbarkeit oder sogar in derselben Instanz schneller und einfacher beseitigt werden können[4].

---

1 Büttner in FamRZ 1989, 129 ff

2 Vgl. nur Schwarze in ZZP 2002 (115) S. 25 ff auf der Grundlage des Zivilprozessrechts nach der Zivilprozessrechtsreform

3 Schneider in MDR 1985, 547, 548

4 Vgl. Gottwald/Semmelmayer in JZ 1993, 415,416

Die Diskussion um die Anerkennung außerordentlicher Rechtsbehelfe ist dabei nicht allein auf das Zivilprozessrecht beschränkt[5].
Der 9. Zivilsenat des Bundesgerichtshofs entschied am 07. März 2002[6], nach Inkrafttreten des Zivilprozessreformgesetzes zum 01. Januar 2002 gebe es keine außerordentlichen Rechtsmittel mehr zum Bundesgerichtshof.
Nachfolgend schlossen sich weitere Zivilsenate des Bundesgerichtshofes diesem Beschluss an. Auch der weitaus überwiegende Teil der Obergerichte nahm diese Entscheidung dankbar auf und übertrug sie auf ihre Instanz.
Bis zu diesem Zeitpunkt boten sich als außerordentliche Rechtsbehelfe beziehungsweise Rechtsmittel zur Korrektur von Verfahrens(grundrechts)verletzungen an: die Erhebung einer Nichtigkeitsklage in Analogie zu § 579 Abs. 1 Ziff. 4 ZPO, eine Gegenvorstellung als ungeregeltem Rechtsbehelf sowie eine, ebenfalls gesetzlich nicht normiert, außerordentliche Beschwerde oder eine Gehörsrüge analog § 321 a ZPO (ggf. jeweils verbunden mit einer zeitgleich eingelegten Verfassungsbeschwerde zum Bundesverfassungsgericht oder einem Landesverfassungsgericht).
Zumindest bis zum Ende des Jahres 2001 herrschte Rechtsunsicherheit, wie mit unanfechtbaren Beschlüssen, die Verfahrens(grund)rechte einer Partei verletzten, umzugehen war[7]. Ob diese Rechtsunsicherheit mit Inkrafttreten des Zivilprozessreformgesetzes letztlich eine rechtshistorische Erscheinung ist, wird sich noch erweisen müssen.
Zum Verständnis der zugrunde liegenden Problematik ist es notwendig, die Entwicklung, die sowohl die außerordentliche Beschwerde wegen „greifbarer Gesetzwidrigkeit" als auch die der so genannten „Anhörungsrüge" nahmen, in Grundzügen nachzuzeichnen. Trotz der in ständiger Rechtsprechung des Bundesgerichtshofes erfolgten vermeintlich klaren Trennung, eine Verletzung rechtlichen Gehörs könne nicht im Rahmen einer außerordentlichen Beschwerde geltend gemacht werden, wird die Entwicklung der außerordentlichen

---

5 Insoweit ist es zumindest missverständlich, wenn Schwarze in ZZP 115 (2002) S. 25, 49 davon spricht, in der Verwaltungs-, Sozial- und Finanzgerichtsbarkeit sei eine außerordentliche Anfechtbarkeit wegen offensichtlicher Gesetzwidrigkeit bislang unbekannt. Vgl. nur BVerwG, Beschl. v. 14.02.72 – I DB 3.72 in BVerwGE 43, 364, 367; zuletzt Beschl. v. 16.05.02 - 6 B 28/02 und 6 B 29/02 in NJW 2002, 2657 (Kraheberger in DöV 2002, 19, 20 meinte vor Änderung der einschlägigen höchstrichterlichen Rechtsprechung, man könne sagen, dass auch das Bundesverwaltungsgericht von der grundsätzlichen Zulässigkeit einer außerordentlichen Beschwerde gegen nach § 152 VwGO unanfechtbare Entscheidungen ausgehe und insoweit der Rechtsprechung des Bundesgerichtshofes folge); BAG, Beschl. v. 27.07.98 – 9 AZB 5/98 in NJW 1999, 84; BSG, Beschl. v. 10.03.98 – B 8 KN 4/98 in NJW 1998, 3518; BFH, Beschl. v. 20.10.97 – VI B 244/95 in NJW 1998, Beschl. v. 12.12.02 – V B 185/02 in NWB Nr. 9 vom 24.02.2003, Fach 1 Seite 61; Beschl. v. 05.12.02 – IV B 190/02 in DStR 2003, 287, 288.; BFH, Beschl. v. 29.01.03 – I B 114/02 in NJW 2003, 1344 m.w.N.

6 BGH, Beschl. v. 07.03.02 – IX ZB 11/02 in NJW 2002, 1577

7 Vgl. zu der historischen Entwicklung der Aspekte der Verletzung des Anspruchs auf rechtliches Gehör die Ausführungen bei Voßkuhle in NJW 2003, 2193, 2194

Beschwerde und der Anhörungsrüge nicht isoliert betrachtet werden können. Dies zeigen beispielsweise die Erörterungen des 61. Deutschen Juristentags im Jahr 1996 in Karlsruhe, die Begründung zu der Neuregelung des Beschwerderechts durch das Zivilprozessreformgesetz mit der der Gesetzgeber meint, Verfassungsbeschwerden, die sowohl mit dem Vorliegen „greifbar gesetzwidriger" Entscheidungen als auch mit der Verletzung rechtlichen Gehörs begründet wurden, reduzieren zu können, wie auch die aktuelle Diskussion um die Reichweite des Anwendungsbereichs des § 321 a ZPO[8].

Im Rahmen der Darlegung dieser Entwicklungen wird der Leser auf eine Diskussion stoßen, aus der die teilweise vertretene Forderung herrührt, die außerordentliche Beschwerde müsse - trotz aller Kritik –, da sie als Bestandteil der Rechtswirklichkeit akzeptiert werde, dringend vom Gesetzgeber in das geschriebene Rechtsbehelfssystem integriert werden. Dass eine derartige eindeutige Forderung formuliert wurde, geschah nicht zuletzt deswegen, weil die Kritiker der außerordentlichen Beschwerde darin zunehmend die schleichende Gefahr einer „Erosion des Rechtsmittelrechts" meinten erkennen zu können.

Mit der im Zuge der letzten Zivilprozessreform einhergehenden Umgestaltung des Beschwerderechts bot sich für den Gesetzgeber die Möglichkeit zu einer grundlegenden Integration der außerordentlichen Beschwerde in das kodifizierte Recht. Die Frage, ob und in welchem Umfang der Gesetzgeber davon Gebrauch gemacht hat und – falls eine eindeutige gesetzgeberische Regelung nicht zu finden sein sollte - sich aus dem Gesetzgebungsverfahren gegebenenfalls Aufschlüsse über einen entsprechenden Meinungsbildungsprozess des Gesetzgebers ergeben, bedürfen einer analytischen Beantwortung.

In diesem Zusammenhang wird die Reichweite des neu eingeführten § 321 a ZPO zu definieren sein, ergeben sich daraus doch möglicherweise in Betracht kommende Anwendungsbereiche außerordentlicher Rechtsbehelfe.

Nach dieser Gesetzesanalyse wird die sich anschließende Frage, welchen Auswirkungen dieser Befund durch die aktuelle Spruchpraxis der Gerichte ausgesetzt ist, beantwortet werden. Damit ist auch die zweite Kernfrage des Themas dieser Bearbeitung beschrieben, nämlich, wie die Gerichte auf der Grundlage der neu eingeführten Anhörungsrüge und des novellierten Beschwerderechts mit der außerordentlichen Beschwerde zukünftig umgehen werden.

In diesem Abschnitt wird die Besprechung der Begründung des vom 9. Zivilsenat des Bundesgerichtshofes am 07. März 2002 getroffenen Beschlusses einen wesentlichen Bestandteil ausmachen. Da die Beschlussbegründung – Un-

---

8 MünchKomm ZPO/Aktualisierungsband - Musielak § 321 a Rn. 3 beispielsweise definiert den Anwendungsbereich des § 321 a ZPO wie folgt: „Andere das Prozessrecht prägende Verfassungsprinzipien, wie beispielsweise der Anspruch auf ein faires Verfahren und der Grundsatz der Waffengleichheit, sind jedenfalls eng mit dem Anspruch auf rechtliches Gehör verbunden und lassen sich durchaus auf dieses Grundrecht zurückführen. Dies rechtfertigt es, den Begriff des rechtlichen Gehörs im Sinn von § 321 a ZPO weit auszulegen."

zulässigkeit der außerordentlichen Beschwerde bei Verletzung rechtlichen Gehörs, Korrekturmöglichkeit mittels Gegenvorstellung - sich nahtlos in die ständige Rechtsprechung des Bundesgerichtshofes einfügt, bedürfte es auf den ersten Blick keiner entsprechenden kritischen Auseinandersetzung mit dieser Entscheidung. Die Besonderheit der Beschlussbegründung liegt jedoch darin, dass der 9. Zivilsenat unter Zugrundelegung des geänderten Zivilprozessrechts nunmehr die Auffassung vertritt, ein außerordentliches Rechtsmittel zum Bundesgerichtshof sei auch dann nicht statthaft, wenn die *Entscheidung ein Verfahrensgrundrecht des Beschwerdeführers verletzt oder aus sonstigen Gründen greifbar gesetzwidrig ist.* Damit scheint zumindest für den Bereich höchstrichterlicher Rechtsprechung das Institut der außerordentlichen Beschwerde ein Überholtes zu sein. Sollte diese Feststellung zutreffen, so wird eine Entwicklung weg von der außerordentlichen Beschwerde hin zu der Gegenvorstellung ihren Abschluss finden, die sich bereits seit längerem angedeutet hatte. Bis zu diesem Zeitpunkt mangelte es der höchstrichterlichen Rechtsprechung allerdings an einer dogmatischen Begründung, die nunmehr gegeben worden zu sein scheint. Die im Nachgang zu diesem Beschluss ergangene obergerichtliche Rechtsprechung wird ebenfalls dargestellt und einer kritischen Betrachtung unterzogen werden.
Das vierte Kapitel soll Möglichkeiten eines interessengerechten Umgangs mit Verfahrensgrundrechtsverletzungen gewidmet werden. Dort werden Sachverhaltskonstellationen aufgezeigt, in denen auch nach der Zivilprozessnovellierung außerordentliche Beschwerden einen Anwendungsbereich finden können.
Das fünfte Kapitel beendet diese Bearbeitung mit einem Fazit, welches gleichzeitig mit einem Ausblick verbunden werden soll, wie eine de lege ferenda in Betracht kommende Lösung der nach wie vor nicht beseitigten Problematik des Umgangs mit Verfahrensgrundrechtsverletzungen aussehen könnte.
Um im Weiteren Missverständnissen vorzubeugen, ist der Hinweis angebracht, dass Gegenstand dieser Bearbeitung ausschließlich solche gerichtlichen Fehler sein sollen, die in dem der Entscheidung vorausgegangenen Verfahren liegen. Diese gesonderte Behandlung von Verfahrensfehlern empfiehlt sich deshalb, weil für Verfahrensfehler besondere rechtliche Wertungen wie beispielsweise der Grundsatz der Verfahrensökonomie oder die verfassungsrechtliche Verstärkung bestimmter Verfahrenselemente existieren. Soweit die „Gesetzwidrigkeit" der gerichtlichen Entscheidung darin besteht, dass der Richter bei der Anwendung materiell-rechtlicher Normen einen Fehler begangen und infolgedessen eine rechtlich falsche Entscheidung getroffen hat, soll diese Variante nicht Gegenstand vorliegender Untersuchung sein[9].

---

9 Vgl. zu dieser Differenzierung Schwarze in ZZP 2002 (115) S. 25, 31, 32; für eine Erweiterung außerordentlicher Rechtsbehelfe auch auf materiell-rechtliche Fehler: Rüsken in DStZ 2000, 815, 817 ff

Dass die in diesem Werk bearbeitete Problematik eine höchst Aktuelle ist zeigt die Plenarentscheidung des Bundesverfassungsgerichts vom 30. April 2003[10]. Die zugrunde liegende Entscheidung beruht auf den Bestimmungen der Zivilprozessordnung zur Zulässigkeit der Revision in der bis zum 31. Dezember 2001 gültigen Fassung. Mit einer Mehrheit von zehn zu sechs Stimmen hat das Bundesverfassungsgericht beschlossen, dass es gegen das Rechtsstaatsprinzip in Verbindung mit Art. 103 Abs. 1 GG verstößt, wenn eine Verfahrensordnung keine fachgerichtliche Abhilfemöglichkeit für den Fall vorsieht, dass ein Gericht in entscheidungserheblicher Weise den Anspruch auf rechtliches Gehör verletzt. Zugleich hat das Plenum die bei einer behaupteten Verletzung von Verfahrensgrundrechten praktizierten ungeschriebenen außerordentlichen Rechtsbehelfe beanstandet, weil sie gegen das rechtsstaatliche Gebot der Rechtsmittelklarheit verstoßen. Die auch in dieser Bearbeitung beschriebene Praxis, dass behauptete Verfahrensgrundrechtsverletzungen durch das Bundesverfassungsgericht einer Überprüfung unterzogen werden, obwohl mangels eines entsprechenden Rechtsbehelfs keine fachgerichtliche Entscheidung hierüber vorliegt, widerspricht nach Auffassung des Plenums der Aufgabenverteilung zwischen Fach- und Verfassungsgerichtsbarkeit. In Konsequenz dieser Feststellung führt das Plenum weiter aus, dass dieser Umstand nur noch für eine Übergangszeit hingenommen werden könne. Dem Gesetzgeber wurde daher aufgegeben, bis zum 31. Dezember 2004 eine Lösung zu finden, soweit dies nicht schon durch das Zivilprozessreformgesetz vom 27. Juli 2001 geschehen ist. Vorliegende Bearbeitung hat sich unter anderem das Ziel gesetzt, die entsprechenden Defizite aufzudecken und einer Lösung zuzuführen.

---

10 BVerfG, Az.: 1 PBvU 1/02 in NJW 2003, 1924 ff; vgl. hierzu auch Voßkuhle in NJW 2003, 2193 ff; Redeker in NJW 2003, 2956 ff; Gravenhorst in MDR 2003, 887 f; Rimmelspacher in JZ 2003, 797 f; sowie die kritischen Anmerkungen von Kley in DVBl 2003, 1159, 1160 f, der jedoch auch feststellt, dass die von den Gerichten entwickelten außerordentlichen Rechtsbehelfe lückenhaft seien und nicht den Anforderungen der Rechtsmittelklarheit gerecht würden. Im Übrigen setzen sich auch erste Entscheidungen mit dem Plenarbeschluss des Bundesverfassungsgerichts auseinander; vgl. diesbezüglich: BGH, Beschl. v. 23.07.03 – XII ZB 91/03 in NJW 2003, 3137, 3138; FG Hessen, Beschl. v. 04.07.03 - 4 K 3343/02 in NVwZ-RR 2003, 791, 792

Kapitel I
Die Grundzüge der historischen Entwicklung von außerordentlicher Beschwerde und Anhörungsrüge in Rechtsprechung und Literatur bis hin zum Zivilprozessformgesetz vom 27. Juli 2001

Eine Beschreibung der Entwicklung der Institute „außerordentliche Beschwerde" und „Anhörungsrüge" erscheint angesichts der Vielschichtigkeit und der bis zum heutigen Tag bestehenden Virulenz des Themas angezeigt. Da es sich hierbei um retrospektive Betrachtungen handelt, die bereits Gegenstand zahlreicher Abhandlungen waren, werden entsprechende Ausführungen auf das zum Verständnis des Kontexts Notwendige beschränkt.

1. Verfahrensrecht und Rechtsprechung bis zur Neubekanntmachung der Zivilprozessordnung im Jahr 1950

a) Die Verletzung des Anspruchs auf rechtliches Gehör

In den der Civilprozessordnung von 1877 vorangegangenen partikularen Prozessordnungen war das Problem der Verletzung des Anspruchs auf rechtliches Gehör vielfach in dem Sinn geregelt, dass die Verletzung des Rechts auf Gehör, sofern sie nicht im Wege der Appellation geltend gemacht werden konnte, die davon betroffene Partei zur Erhebung einer Nichtigkeitsklage oder einer Nichtigkeitsbeschwerde berechtigte[11]. Dabei ist jedoch zu beachten, dass der Nichtigkeitsgrund der Verletzung des Anspruchs auf rechtliches Gehör mit dem des Verstoßes gegen materielle Vorschriften keineswegs zusammenfiel. Ähnlich wie heute wurde also eine Verletzung des rechtlichen Gehörs nicht bereits dann angenommen, wenn das Gericht eine Frage des materiellen Rechts oder des Beweises im Ergebnis unrichtig beurteilt hatte.

In der Civilprozessordnung von 1877 war von den Grundsätzen der partikularen Prozessordnungen nicht mehr viel zu finden[12]. Eine Verletzung des Rechts auf Gehör konnte jetzt nur noch im Rahmen der ordentlichen Rechtsmittel geltend

---

11 Vgl. die Nachweise bei Braun in NJW 1981, 425, 426: § 248 Nr. 11 hannov. ABPO von 1847; § 1021 Nr. 11 Lipp'sche ZPO von 1859; Art. 733 Nr. 8 württemberg. CPO von 1868; Art. 266 Nr. 8 Oldenburg. BPO; Art. 113 Abs. 1 Nr. 1 coburg. Verfahrensverbesserungsgesetz von 1858; Ratte S. 18 f bespricht dort die Bedeutung, welche die Art. 755 ff der Civilprozessordnung für das Königreich Bayern von 1869 für die Gegen-vorstellung hatte. Auch in noch früherer Zeit besaß das Recht auf Gehör eine bedeutende Prozessfunktion: Im gemeinrechtlichen Zivilprozess erscheint die Verweigerung des Gehörs als Grund unheilbarer Nichtigkeit des Urteils, der die Nichtigkeitsbeschwerde zum Reichskammergericht eröffnete (Tl 3 Tit 34 § 1 der Reichskammergerichtsordnung von 1555).

12 Braun in NJW 1981, 425, 426

gemacht werden. Genau hierin besteht auch der maßgebliche Unterschied zu den partikularen Prozessordnungen. Die Möglichkeit einer Prüfung des Verstoßes gegen den Anspruch auf rechtliches Gehör war nunmehr davon abhängig, ob ein Rechtsmittel in der Sache selbst gegeben war.
Das Reichsgericht wurde schon früh mit der Frage der Verletzung wesentlicher Verfahrensvorschriften, insbesondere der Verletzung des Anspruchs auf rechtliches Gehör konfrontiert[13].
Die Folgen der Regelung der CPO, wonach die Rüge der Verletzung rechtlichen Gehörs nur noch im Rahmen von Rechtsmitteln in der Hauptsache geltend gemacht werden konnte, sollten alsbald offenbar werden. Durch § 20 Abs. 1 der Entlastungsverordnung von 1915[14] wurde erstmals in vermögensrechtlichen Streitigkeiten eine Berufungssumme in Höhe von 50,-- Reichsmark eingeführt. Um zu verhindern, dass in Bagatellstreitigkeiten der Anspruch einer Partei auf rechtliches Gehör gleich in der ersten und einzigen Instanz in unkorrigierbarer Weise hätte verletzt werden können[15], kehrte die im Jahr 1923 in Kraft getretene Beschleunigungsverordnung vom 22. Dezember[16] mittels § 27 c Abs. 1 S. 1 i.V.m. § 27 a Abs. 2 S. 4 wieder zu dem in den partikularen Verfahrensordnungen verankerten Prinzip zurück, indem sie in diesem speziellen Fall die Nichtigkeitsklage zuließ, „wenn der Partei in dem Verfahren das rechtliche Gehör nicht gewährt war."

b) Beschlüsse ohne gesetzliche Grundlage

Prozessuale Konstellationen, wie sie im späteren den Fällen der außerordentlichen Beschwerde wegen „greifbarer Gesetzwidrigkeit" zugrunde lagen[17], beschäftigten die Zivilgerichte seit mehr als einhundert Jahren und tauchten in der reichsgerichtlichen Rechtsprechung im Zusammenhang mit Beschwerden gegen an sich unanfechtbare aber ermessensfehlerhafte Beschlüsse auf.

---

13 RG, Beschl. v. 20.08.1887 – VI 119/87 in RGZ 18, 425, 427 f: eine die weitere Beschwerde rechtfertigende Gesetzwidrigkeit im Fall der Verletzung des Anspruchs auf rechtliches Gehör; Beschl. v. 07.07.1898 – VI. Zivilsenat in RGZ 42, 352, 353, 354: „(...), dass die Beschwerde nach den Grundsätzen der CPO auch zulässig ist, wenn durch die Entscheidung wesentliche Vorschriften über das Verfahren verletzt worden sind. (...). Die Entscheidung des Beschwerdegerichts enthält hiernach einen neuen selbständigen Beschwerdegrund, wenn durch dieselbe wesentliche Vorschriften über das Verfahren verletzt worden sind."; Beschl. v. 14.08.1900 – B II 103/1900 in JW 1900, 736

14 RGBl I Nr. 121 v. 07.09.1915, S. 562, 566; zu der geschichtlichen Entwicklung im Zusammenhang mit dem amtsgerichtlichen Bagatellverfahren nach § 495 a ZPO vgl. auch Kunze in NJW 1995, 2750

15 Braun in NJW 1981, 425, 426

16 RGBl I S.1239 ff

17 Der Begriff der greifbaren Gesetzwidrigkeit tauchte erst Ende der dreißiger Jahre erstmals in der Kommentierung Baumbachs zur Zivilprozessordnung auf: Baumbach, Zivilprozessordnung, 14. Auflage 1938, § 707 Anm. 3

Bereits im Jahr 1901 entsprach es nach eigenen Angaben des Reichsgerichts gefestigter Rechtsprechung, dass durch die Unanfechtbarkeitsregelung des § 707 Abs. 2 S. 2 ZPO die Anfechtbarkeit eines Beschlusses nicht ausgeschlossen sei, wenn ein Gericht den Antrag auf Einstellung der Zwangsvollstreckung deshalb zurückgewiesen habe, weil ein Fall der §§ 707, 719 ZPO nicht vorliege, oder wenn ein Gericht jene Vorschriften auf einen Fall angewendet habe, der von demselben nicht betroffen sei[18].
In der historischen Entwicklung der Rechtsmittelfähigkeit fehlerhafter, aber an sich nicht anfechtbarer Entscheidungen war das Jahr 1910 von Bedeutung. Aufgrund des damals existierenden § 505 ZPO konnte sich das Amtsgericht auf Antrag des Klägers durch Beschluss für unzuständig erklären und den Rechtsstreit an das zuständige Gericht verweisen. Obwohl der Wortlaut dieser Norm einer Verweisung an ein besonderes Gericht nicht entgegenstand, ergab sich jedoch aus der Begründung zur Zivilprozessnovelle vom 01. Juni 1909, dass ein Amtsgericht nicht befugt sein sollte, einen Rechtsstreit an ein Sondergericht zu verweisen[19]. Trotzdem verwiesen in der Folge Amtsgerichte Verfahren an Sondergerichte. Eine Anfechtbarkeit dieser Entscheidungen war in § 567 ZPO nicht vorgesehen. Verschiedene Gerichte[20] vertraten daraufhin die Auffassung, trotz dieser eigentlich eindeutigen gesetzlichen Situation müsse eine Beschwerde zugelassen werden, weil es mit den Aufgaben einer geordneten Rechtspflege unvereinbar sei, einen gesetzwidrigen Beschluss bestehen zu lassen; ein solcher müsse daher in freier Handhabung des Gesetzes beseitigt werden. Jene Gerichte ließen somit im Jahr 1910 erstmals die Beschwerde zu, obwohl diese im Gesetz für derartige Fälle nicht vorgesehen war.
Nachdem der Gesetzgeber mit § 505 ZPO die den Konflikt auslösende Norm im Jahr 1924 gestrichen und den § 276 ZPO, der dem heutigen § 281 ZPO weitgehend entspricht, neu eingeführt hatte, sprach sich das Reichsgericht[21] im Jahr 1928 ohne dogmatische Begründung für die Anfechtbarkeit von Verweisungsentscheidungen aus, die der gesetzlichen Grundlage entbehrten. Diese Judikatur sollte im Weiteren bis zum Beginn des zweiten Weltkrieges Bestand haben[22].

---

18 RG, Entsch. v. 15.02.1901 – B Nr. 14/1901 II in JW 1901, 160

19 Kgl. OLG München, Beschl. v. 24.08.1910 – Beschwerde Reg. Nr. 524/10 in JW 1910, 870; Kgl. LG München, Beschl. v. 11.08.1910 – XA 2564/10 in JW 1910, 869, 870

20 Kgl. LG Hof, Beschl. v. 03.05.1910 – ohne Az. - in JW 1910, 597; Kgl. LG Leipzig, Beschl. v. 18.06.1910 – 2 B.C. 387/10 in JW 1910, 727

21 RG, Urt. v. 10.01.1928 – III 144/27 in RGZ 119, 379, 384

22 Ebbeler, S. 18

2. Verfahrensrecht und Rechtsprechung bis zum Inkrafttreten des Zivilprozessreformgesetzes im Jahr 2002

Das Rechtsvereinheitlichungsgesetz aus dem Jahr 1950[23] hatte die Möglichkeit einer Nichtigkeitsklage im Fall der Verletzung des Anspruchs auf rechtliches Gehör in Gestalt des § 510 c sowie des § 579 Abs. 3 formell in die ZPO übernommen.

Durch Art. 1 Nrn. 54 und 81 der Vereinfachungsnovelle aus dem Jahr 1976[24] wurden jedoch beide Vorschriften gestrichen, so dass eine Rüge der Verletzung des Anspruchs auf rechtliches Gehör fortan – soweit die Berufungssumme nicht erreicht wurde – nur geltend gemacht werden konnte, wenn eine Partei in dem Verfahren nicht ordnungsgemäß vertreten war (§ 579 Abs. 1 Nr. 4 ZPO).

Das Problem der Anfechtung von Entscheidungen mit der Begründung, der Anspruch auf rechtliches Gehör sei verletzt, hatte sich also gegenüber der Ursprungsfassung der ZPO nur verschärft[25].

Zum weiteren Verständnis ist es daher notwendig, die Entwicklung der Rechtsprechung nebst den entsprechenden Stellungnahmen in der Literatur in der gebotenen Kürze nachzuzeichnen.

a) Die Rechtsprechung des Bundesgerichtshofes

Bereits im Jahr 1951 setzte sich der 1. Zivilsenat des Bundesgerichtshofs[26] mit der Bindungswirkung einer Verweisung nach § 281 ZPO (seinerzeit § 276 ZPO) auseinander und deutete an, dass eine Bindungswirkung dann entfallen könnte, wenn es einem Verweisungsbeschluss an jeder gesetzlichen Grundlage fehle, er also auf Willkür beruhe. Mit weiteren Entscheidungen vom 6. Juni 1951[27] und 18. November 1956[28] sollte der Grundstein für eine fortlaufende höchstrichterliche Rechtsprechung dergestalt gelegt worden sein, dass bei „greifbarer Gesetzwidrigkeit" ein nach den gesetzlichen Vorschriften unanfechtbarer Beschluss mit einer gesetzlich nicht geregelten Beschwerdemöglichkeit grundsätzlich angegriffen werden konnte. Diese Auffassung vertrat der Bundesgerichtshof nunmehr fortwährend mit der Prämisse, eine „greifbare Gesetzwidrigkeit" setze voraus, dass die Entscheidung „jeder gesetzlichen Grund-

---

23 Gesetz vom 12.09.1950; BGBl I S. 455, 474, 476

24 Gesetz vom 03.12.1976; BGBl I S. 3281, 3288, 3291; hierzu: Kunze in NJW 1995, 2750

25 Braun in NJW 1981, 425, 426; Kunze in NJW 1995, 2750, 2751 mit entsprechenden Beispielen in denen das Bundesverfassungsgericht von einer Verletzung rechtlichen Gehörs ausging.

26 Beschl. v. 03.04.51 – I ARZ 75/51 in BGHZ 1, 341, 342

27 Az.: II ZR 16/51 in BGHZ 2, 278, 280

28 Az.: VIII ZR 131/57 in BGHZ 28, 349, 351

lage entbehre und inhaltlich dem Gesetz fremd sei"[29]. Erstmals nahm der Bundesgerichtshof in zwei Beschlüssen vom 08. Oktober 1992[30] und 04. März 1993[31] außerordentliche Beschwerden wegen greifbarer Gesetzwidrigkeit an[32]. Ob der Bundesgerichtshof dabei die von ihm entwickelte Formel, „das Vorliegen greifbarer Gesetzwidrigkeit setzt voraus, dass eine an sich unanfechtbare Entscheidung jeder gesetzlichen Grundlage entbehrt und inhaltlich dem Gesetz fremd ist bzw. mit der Rechtsordnung schlechthin unvereinbar ist"[33], zutreffend anwandte, soll an dieser Stelle nicht erörtert werden[34].

29 BGH, Urt. v. 18.11.58 – VIII ZR 131/57 in NJW 1959, 436; Beschl. v. 01.10.85 – VI ZB 13/85 in NJW-RR 1986, 738; Beschl. v. 24.06.87 – IVb ZR 5/86 in NJW 1988, 49, 51; Beschl. v. 14.12.89 – IX ZB 401/89 in NJW-RR 1990, 893; Beschl. v. 23.01.01 – X ZB 7/00 in JR 2002, 22

30 Az.: VII ZB 3/92 in NJW 1993, 135

31 Az.: V ZB 5/93 in NJW 1993, 1865

32 Unzutreffend daher Duhme in VR 2003, 37, 42 unter Verweis auf Schneider, wonach die außerordentliche Beschwerde vom Bundesgerichtshof nicht zugelassen worden sein soll.

33 Bundesgerichtshof in ständiger Rechtsprechung: vgl. nur: BGH, Beschl. v. 14.11.91 – I ZB 15/91 in NJW 1992, 983, 984; Beschl. v. 01.07.99 – I ZB 7/99 in NJW-RR 2000, 209; Beschl. v. 20.07.99 – X ZB 12/99 in NJW-RR 1999, 1585 jeweils mit zahlreichen weiteren Nachweisen; vgl. auch Beschl. v. 19.10.89 – III ZR 111/88 in NJW 1990, 838, 840, Beschl. v. 14.12.89 – IX ZB 40/89 in NJW 1990, 1794, 1795; Beschl. v. 04.03.93 – V ZB 5/93 in NJW 1993, 1865: „Die außerordentliche Beschwerde muß auf wirkliche Ausnahmefälle krassen Unrechts beschränkt bleiben"; dieser ebenfalls kaum für eine Abgrenzung tauglichen Definition folgend: Pape in KTS 1993, 179, 184, 185: „(...) sollte Anlass sein, die Möglichkeit der Anfechtung wegen ‚greifbarer Gesetzwidrigkeit' nicht uferlos werden zu lassen, sondern – wenn man ein solches Rechtsinstitut über die Gegenvorstellung und Verfassungsbeschwerde hinaus wirklich für unverzichtbar hält – auf die wenigen Fälle eklatanter Gesetzesverletzungen zu beschränken."; vgl. zu den verschiedenen sprachlich schwer einzugrenzenden Prüfungsparametern auch Schwarze in ZZP 115 (2002) S. 25, 36; OLG Frankfurt/Main, Beschl. v. 18.09.84 – 3 WF 224/84 in FamRZ 1985, 193, 194 spricht in Unkenntnis der sich später entwickelnden Rechtsprechung des Bundesgerichtshofes von handgreiflichen (!) Gesetzwidrigkeiten, von deren Vorliegen u.a. in den Fällen ausgegangen werden soll, in denen eine Sachentscheidung abgelehnt wird, obwohl die gesetzlichen Voraussetzungen vorliegen. Im Schrifttum entwickelten sich parallel zu den Bezeichnungen des Bundesgerichtshofs ebenfalls interessante Wortschöpfungen, die es jedoch letztlich auch an einer hinreichenden Bestimmbarkeit vermissen ließen: Wank in EwiR 2000, 577, 578 spricht von „einer Entscheidung, die derart falsch ist, dass sie geradezu nach einer Korrektur schreit"; nach Hinz in WuM 2002, 1, 8 darf für die Annahme einer greifbar gesetzwidrigen Entscheidung „keine Rechtsgrundlage am Horizont erkennbar" sein.

34 Vgl. hierzu Gottwald/Semmelmayer in JZ 1993, 415, 417; Schneider in MDR 1997, 991, 992 f; ders. in MDR 2000, 1453, 1454; ders. in MDR 2001, 845, 846

Wegen der Vielzahl der ergangenen Entscheidungen und den großen Unterschieden in den diesen Entscheidungen zugrunde liegenden Sachverhalten stellt sich eine Einzelfalldarstellung als nicht sinnvoll dar[35].
Zu keinem Zeitpunkt der hier dargelegten Entwicklung war – zumindest innerhalb der höchstrichterlichen Rechtsprechung – umstritten, dass die Verletzung des Anspruchs auf rechtliches Gehör keinen Fall der greifbaren Gesetzwidrigkeit darstellte[36]. Entsprechendes galt für die Rüge eines Verstoßes gegen Art. 101 Abs. 1 S. 2 GG[37].

---

35 Ich verweise daher auf die umfangreichen Rechtsprechungsnachweise in der einschlägigen Kommentarliteratur sowie dem weiteren hierzu vorhandenen Schrifttum. Vgl. stellvertretend: Baumbach/Lauterbach/Albers/Hartmann/Albers § 567 Rn. 6 – 9; Zöller/Gummer § 567 Rn. 18 b; Stein/Jonas/Grunsky § 567 I Rn. 9, 10; MünchKomm ZPO/ Aktualisierungsband - Lipp Vor § 567, der mit Abstand das umfangreichste weiterführende Literaturverzeichnis vorlegt; ebenfalls Schneider in MDR 2001, 845, 846 dort Fn. 12

36 BGH, Beschl. v. 07.01.57 – II ZB 23/56 in NJW 1957, 713; Beschl. v. 03.12.64 – Ia ZB 18/64 in BGHZ 43, 12, 19; Beschl. v. 19.10.77 - VIII ZB 23/77 in NJW 1978, 1585; Beschl. v. 16.04.86 – IVb ZB 14/86 in NJW-RR 1986, 1263; Beschl. v. 16.09.97 – X ZB 15/96 in NJW 1998, 459; Beschl. v. 28.10.98 – VIII ZR 190/98 in NJW 1999, 290, 291; Beschl. v. 25.04.02 - IX ZB 106/02 in NJW 2002, 2179: für die Zulassung eines außerordentlichen Rechtsbehelfs reicht ein Verstoß gegen Verfahrensgrundrechte grundsätzlich nicht aus. Vor diesem Hintergrund muss die Frage gestellt werden, ob die Aussage Schellhammers in MDR 2001, 1081, 1083, „die Verletzung des Grundrechts auf rechtliches Gehör sei wohl der schwerste Fehler, den ein Richter machen kann", zutrifft. Nun ist jedoch der Terminus „schwer" allerdings auch weder bestimmt noch bestimmbar.

37 BVerfG, Beschl. v. 12.01.83 – 2 BvR 964/82 in BVerfGE 63, 77, 79 sprach noch davon, dass „einer Gegenvorstellung in diesem Fall nicht der Erfolg von vornherein abgesprochen werden dürfe. Dies werde zukünftig zu beachten sein."; so auch OLG Düsseldorf, Beschl. v. 07.08.79 – 5 Ws 64 u. 6/79 in DRiZ 80, 110, 111 im Fall des Verstoßes gegen den gesetzlichen Richter: „Die Aufhebung unanfechtbarer Beschlüsse mittels Gegenvorstellung ist in Ausnahmefällen angezeigt, wenn andernfalls grobes prozessuales Unrecht nicht beseitigt werden kann"; **a.A.**: OLG Frankfurt/Main, Beschl. v. 28.09.87 – 22 W 29/87 in NJW 1988, 79: statthaft ist die außerordentliche Beschwerde, da der Verstoß gegen Art. 101 Abs. 1 S. 2 GG eine greifbare Gesetzwidrigkeit darstellt.

Im Laufe der Zeit schränkte der Bundesgerichtshof seine Rechtsprechung zu der außerordentlichen Beschwerde ein und wich auf den Rechtsbehelf der Gegenvorstellung aus[38], womit der nicht geregelte formlose Rechtsbehelf der Gegenvorstellung wohl endgültig zu einem Teil des Rechtsbehelfssystems der Zivilprozessordnung aufgewertet wurde. Unabhängig davon, ob die gegen die Begründung wie auch gegen die sich aus den Beschlüssen ergebenden Konsequenzen vorgetragenen Bedenken[39] zutreffen, ist an dieser Stelle von Bedeutung, dass der Bundesgerichtshof ab diesem Zeitpunkt neben die Beschwerde wegen greifbarer Gesetzwidrigkeit die Gegenvorstellung als weiteren Rechtsbehelf stellte[40]. Hier - wie auch in zeitlich nachfolgenden Beschlüssen des Bundesgerichtshofes - wird keine Aussage dergestalt getroffen, dass die außerordentliche Beschwerde keinen Anwendungsbereich mehr hätte.

Vielmehr wird von der Existenz dieses Rechtsmittels ausgegangen[41], um dann in mehr oder – häufiger anzutreffen - weniger ausführlichen Begründungen

---

38 BGH, Beschl. v. 25.04.02 – IX ZB 106/02 in NJW 2002, 2179: „Dem Anliegen, Grundrechtsverstöße nach Möglichkeit durch Abhilfe innerhalb der jeweiligen Gerichtsbarkeit zu korrigieren, ist dadurch Rechung getragen, dass in solchen Fällen das Gericht, welches die Entscheidung erlassen hat als befugt angesehen wird, diese auf Gegenvorstellung hin selbst dann zu überprüfen und gegebenenfalls zu korrigieren, wenn sie nach Prozessrecht grundsätzlich innerhalb der Instanz unabänderlich ist.“; Beschl. v. 20.06.95 – XI ZB 9/95 in MDR 1996, 195, 196: Danach besteht gegen eine Wiedereinsetzung in den vorigen Stand auch dann keine Beschwerdemöglichkeit, wenn der Anspruch der Gegenseite auf rechtliches Gehör verletzt wurde. Das Gericht ist in diesem Fall jedoch nicht an seine Entscheidung gebunden und kann sie auf Gegenvorstellung – solange noch kein die Instanz abschließendes Urteil ergangen ist – einer Überprüfung unterziehen (LS). Dieser Beschluss stieß in der Literatur auf ein breites Echo. Vgl. hierzu Roth in JZ 1996, 375 f; Hoeren in JR 1996, 199 f; Kerwer in JuS 1997, 592 ff

39 Insbesondere bei Hoeren in JR 1996, 199 f und Kerwer in JuS 1997, 592, 595 ff

40 BGH, Beschl. v. 20.06.95 – XI ZB 9/95 in MDR 1996, 195, 196: „Eine außerordentliche Beschwerdemöglichkeit besteht zwar auch in solchen Fällen (scil.: der möglichen Verletzung des Anspruchs auf rechtliches Gehör) regelmäßig nicht. Die Eröffnung im Gesetz nicht vorgesehener oder sogar ausdrücklich ausgeschlossener weiterer Instanzen muß im Interesse der Rechtssicherheit auf gerichtliche Entscheidungen beschränkt bleiben, die ‚greifbar gesetzwidrig' in dem Sinn sind, dass sie jeder gesetzlichen Grundlage entbehren. Ein Verstoß gegen die Grundsätze über das rechtliche Gehör reicht dafür regelmäßig nicht aus. Der Senat bejaht nunmehr für Wiedereinsetzungsbeschlüsse, die unter Verstoß gegen die Grundsätze über das rechtliche Gehör ergangen sind die Möglichkeit einer gerichtlichen Selbstkorrektur jedenfalls während des Zeitraumes, in dem noch kein die betreffende Instanz abschließendes Urteil ergangen ist. (...) Durch Zulassung der Selbstkorrektur wird den Beteiligten der Umweg über das Bundesverfassungsgericht und dem Bundesverfassungsgericht die zusätzliche Belastung mit vermeidbaren Verfassungsbeschwerden erspart.“

41 Vgl. BGH, Beschl. v. 22.07.97 – XI ZB 15/97 in NJW-RR 1998, 63; Beschl. v. 09.09.97 – IX ZB 92/97 in MDR 1997, 1147, 1148; Beschl. v. 25.11.99 – XI ZB 95/99 in NJW 2000, 590 in dem Fall „einer unter keinem rechtlichen Gesichtspunkt mehr als vertretbar zu wertenden Gesetzesauslegung, so dass sich der Schluss aufdrängt, diese beruhe auf sachfremden Erwägungen und verstoße deshalb gegen das Grundrecht auf ein willkürfreies Verfahren.“; Beschl. v. 21.01.02 – II ZB 2/01 in ZIP 2002, 403

festzustellen, dass, bezogen auf den jeweils der Entscheidung zugrunde liegenden Sachverhalt, die außerordentliche Beschwerde unzulässig[42] und vielmehr eine Gegenvorstellung in Betracht zu ziehen sei.
Der letzte Beschluss des Bundesgerichtshofs auf der Grundlage des Verfahrensrechts vor Inkrafttreten des Zivilprozessreformgesetzes am 01. Januar 2002, in welchem der 9. Zivilsenat das Rechtsmittel der außerordentlichen Beschwerde als zulässig und begründet anerkannte, datiert vom 08. November 2001[43]. Die Kernaussage der dort zu lesenden Beschlussbegründung lässt sich dahingehend zusammenfassen, dass eine außerordentliche Beschwerde im Interesse eines effektiven Rechtsschutzes statthaft sein soll, wenn es nicht ausreicht, an die Einsicht der Vorinstanz zu appellieren, um ein vom Gesetz eröffnetes Rechtsmittel stattfinden zu lassen.
Die vorläufig letzte in der Reihe dieser Rechtsprechung veröffentlichte Entscheidung stellt ein Beschluss des 12. Zivilsenates des Bundesgerichtshofs vom 23. Juli 2003[44] dar.

b) Die Rechtsprechung der Obergerichte und der Landgerichte

Die Rechtsprechung der Obergerichte und der Landgerichte stellte sich im Hinblick auf den Anwendungsbereich der außerordentlichen Beschwerde großzügiger als die des Bundesgerichtshofes dar. Teilweise wurden die Maßstäbe des Bundesgerichtshofes auch bewusst nicht beachtet[45]. In der Praxis bedingte dieser erweiterte Anwendungsbereich jedoch eine Verstärkung der Unsicherheiten dahingehend, in welchen Fällen welcher Rechtsbehelf statthaft ist.
Divergenzen bestanden zumindest bis zum Inkrafttreten des Zivilprozessreformgesetzes nicht nur zwischen den verschiedenen Obergerichten, sondern teilweise auch zwischen Senaten eines Oberlandesgerichts[46].
Im Rahmen der Auswertung obergerichtlicher Entscheidungen können selbst Veränderungen in der Rechtsprechung ein und desselben Senates in der Frage

---

42 So zuletzt: BGH, Beschl. v. 04.07.02 – I ZB 11/02 zu dem Recht vor Inkrafttreten des Zivilprozessreformgesetzes (bislang unveröffentlicht) nachzulesen unter www.rws-verlag.de

43 BGH, Beschl. v. 02.11.01 – IX ZB 44/01 in NJW 2002, 754

44 Az.: XII ZB 91/03 in NJW 2003, 3137 f

45 OLG Koblenz, Beschl. v. 25.10.95 – 5 W 590/95 in MDR 1997, 976 = NJW-RR 1997, 957, 958

46 So zum Beispiel zu der Frage der Anwendbarkeit der außerordentlichen Beschwerde auf Urteilsverfahren: einerseits OLG Köln, Beschl. v. 29.05.96 – 25 WF 62/96 in NJW-RR 1996, 1151; andererseits OLG Köln, Beschl. v. 04.01.01 – 17 W 406/00 in MDR 2001, 589; ebenso weist der 14. Zivilsenat des OLG Köln, Beschl. v. 24.04.97 – 14 WF 19/97 in FamRZ 1997, 1093 expressis verbis darauf hin, dass der 19. Zivilsenat desselben Obergerichts in Abweichung von allen anderen Familiensenaten und allgemeinen Zivilsenaten die Auffassung vertritt, eine Beschwerdemöglichkeit analog §§ 707 Abs. 2 S. 2, 719 Abs. 1 ZPO sei ohne Einschränkung möglich.

der Statthaftigkeit außerordentlicher Beschwerden festgestellt werden[47]. Im Einzelnen nahmen Oberlandesgerichte die Voraussetzungen für die Statthaftigkeit einer außerordentlichen Beschwerde an in Fällen der Verletzung des Anspruchs auf rechtliches Gehör[48], von Verstößen gegen Art. 101 Abs. 1 S. 2 GG[49], des Abweichens von der herrschenden Meinung[50] sowie einer fehlenden oder unzureichenden Begründung[51]. Aber auch fehlerhafte Kostenentscheidungen[52], fehlerhafte Wiedereinsetzungen in den vorigen Stand[53], sonstige offensichtliche

---

47 OLG Köln, Beschl. v. 20.05.87 – 2 W 63/87 in MDR 1987, 853 hatte im Fall eines Begründungsmangels auf Statthaftigkeit der außerordentlichen Beschwerde erkannt, während OLG Köln, Beschl. v. 04.09.95 – 2 W 144 u. 145/95 in NJW-RR 1996, 1022 die fehlende Statthaftigkeit der außerordentlichen Beschwerde damit begründete, die ZPO sehe eine Überprüfung fehlerhafter Beschlüsse durch eine dritte Instanz nicht vor. Dass eine Senatsrechtsprechung im Lauf der Zeit, insbesondere durch personelle Veränderungen Wechseln unterworfen ist, stellt sich als nichts Besonderes dar; allerdings hätte es eines entsprechenden Hinweises im zeitlich nachfolgenden Beschluss auf die geänderte Rechtsansicht bedurft.

48 OLG Celle, Beschl. v. 26.09.85 – 4 W 179/85 in MDR 1986, 63; OLG Düsseldorf, Beschl. v. 07.04.87 – 10 W 33/87 in NJW-RR 1987, 1200; OLG Köln, Beschl. v. 14.06.94 – 3 U 22/94 in FamRZ 1995, 377, 378; Beschl. v. 29.05.96 – 25 WF 62/96 in NJW-RR 1996 1151; OLG Oldenburg, Beschl. v. 08.07.94 – 8 W 51/94 in NJW-RR 1995, 829; OLG Hamm, Beschl. v. 26.09.95 – 27 W 15/95 in ZIP 1996, 718; OLG Koblenz, Beschl. v. 25.10.95 – 5 W 590/95 in MDR 1997, 976 = NJW-RR 1997, 957, 958 in ausdrücklichem Widerspruch zur Rechtsprechung des Bundesgerichtshofes; anders, der ständigen Rechtsprechung des Bundesgerichtshofes entsprechend: OLG Köln, Beschl. v. 04.01.01 – 17 W 406/00 in MDR 2001, 589

49 OLG Frankfurt/Main, Beschl. v. 28.09.87 – 22 W 28/87 in NJW 1988, 79; **a.A.**: OLG Hamburg, Beschl. v. 19.09.90 – 4 W 66/90 in ZMR 1991, 27

50 KG, Beschl. v. 27.11.97 – 28 AR 55/97 in MDR 1998, 735

51 OLG Köln, Beschl. v. 25.05.87 – 2 W 79/87 in MDR 1987, 853; OLG Hamm, Beschl. v. 21.12.92 – 11 WF 443/92 in FamRZ 1993, 719; OLG Oldenburg, Beschl. v. 02.03.94 – 2 W 6/94 in NJW–RR 1995, 830; OLG Bamberg, Beschl. v. 22.08.96 – 2 WF 90/96 in NJW–RR 1998, 363, 364; OLG Düsseldorf, Beschl. v. 31.10.97 – 7 UF 228/97 in FamRZ 1998, 764 unter Bezugnahme auf OLG Hamm in FamRZ 1993, 719

52 OLG Zweibrücken, Beschl. v. 03.09.82 – 6 WF 126/82 in FamRZ 1983, 621; OLG Köln, Beschl. v. 25.05.87 – 2 W 79/87 in MDR 1987, 853; Beschl. v. 19.08.94 – 25 WF 175/94 in MDR 1995, 746; KG, Beschl. v. 18.04.95 – 16 W 2366/95 in NJW-RR 1996, 58

53 OLG Hamm, Beschl. v. 30.12.97 – 2 W 59/97 in ZMR 1998, 552

Verfahrensfehler[54], fehlerhafte Einstellungen der Zwangsvollstreckung[55] stellen Sachverhaltskonstellationen dar, in denen Obergerichte außerordentliche Beschwerden als statthaftes Rechtsmittel anerkannten.
Teilweise gehen Obergerichte davon aus, dass eine Verletzung des Anspruchs auf rechtliches Gehör isoliert betrachtet nicht ausreicht, sondern kumulativ eine weitere Verletzung formellen oder materiellen Rechts hinzutreten muss[56]. Des Weiteren ist nach verbreiteter Auffassung der Obergerichte neben dem ohnehin schon inhaltlich weit gefassten Anwendungsbereich außerordentlicher Beschwerden dieser nicht allein auf Hauptsacheverfahren beschränkt; in einstweiligen Anordnungsverfahren soll sowohl bei groben materiellen Fehlern als auch bei schwerwiegenden Fehlern des Verfahrensgangs die außerordentliche Beschwerde anwendbar sein[57]. Aber auch landgerichtliche Entscheidungen zeigen ein diffuses und uneinheitliches Bild von dem in Betracht kommenden Anwen-

---

54 OLG Zweibrücken, Beschl. v. 06.10.86 – 2 WF 62/86 in FamRZ 1986, 1229; Beschl. v. 15.04.97 – 2 WF 30/97 in FamRZ 1997, 1167 im Fall des Nichtgebrauchs einer qua Gesetz eingeräumten Abänderungsmöglichkeit; OLG Koblenz, Beschl. v. 06.09.90 – 11 WF 864/90 in FamRZ 1991, 100 im Fall der Ablehnung einer Berichtigung ohne sachliche Prüfung; Beschl. v. 19.07.95 – 6 W 274/95 in NJW-RR 1995, 1378 im Fall, dass das Gericht an die Durchsetzung eines Auskunftsrechts Anforderungen gestellt hat, die dem hierfür vom Gesetz bestimmten Verfahren inhaltlich fremd sind und dem Gesetzeszweck eklatant zuwiderlaufen; OLG Karlsruhe, Beschl. v. 02.12.94 – 14 W 66/94 in NJW-RR 1995, 1536 im Fall, dass der Vorsitzende einer Kammer für Handelssachen einen irrtümlich erlassenen Verweisungsbeschluss an die Zivilkammer aufgehoben hatte; Beschl. v. 22.01.98 – 2 WF 2/98 in NJW-RR 1998, 1085 im Fall einer PKH-Bewilligung auf einen nach Rechtskraft gestellten Antrag; OLG Köln, Beschl. v. 27.02.96 – 27 WF 12/96 in MDR 1996, 716 im Fall der Verkennung der Grenzen eines Ermessensspielraumes; OLG Köln, Beschl. v. 07.03.97 – 25 WF 28/97 in FamRZ 1997, 1093 im Fall, dass das Familiengericht irrig angenommen hatte, eine einstweilige Anordnung über Trennungsunterhalt werde mit Rechtskraft der Ehescheidung wirkungslos; OLG Frankfurt/Main, Beschl. v. 19.06.01 – 1 WF 93/01 in FamRZ 2002, 401 im Fall der Ablehnung von Prozesskostenhilfe für eine einstweilige Anordnung nach § 644 ZPO, weil ein Hauptsacheverfahren möglich sei.

55 Hinsichtlich der Fallgruppe „fehlerhafte Einstellung der Zwangsvollstreckung" verweise ich auf die umfangreichen Rechtsprechungsnachweise bei Zöller/Herget § 770 Rn. 13; einen umfassenden Überblick, nicht zuletzt aufgrund der am Ende seiner Ausführungen zu findenden tabellarischen Übersicht bietet Lemke in MDR 2000, 13 ff.

56 OLG Schleswig, Beschl. v. 30.08.95 – 2 W 135/94 in NJW-RR 1996, 125, 126 m.w.N.

57 OLG Hamm, Beschl. v. 16.06.81 – 8 WF 187/81 in FamRZ 1982, 409, 410

dungsbereich der außerordentlichen Beschwerde[58]. Ebenso wie der Bundesgerichtshof mussten sich auch die untergeordneten Instanzen mit der Frage einer Anwendbarkeit des Rechtsinstituts der außerordentlichen Beschwerde auf Urteilsverfahren auseinandersetzen. Die Rechtsprechung der Oberlandesgerichte tendierte in dieser Frage abweichend von der nunmehr eindeutigen Rechtsposition des Bundesgerichtshofes dazu, den Rechtsgedanken der außerordentlichen Beschwerde auf Urteilsverfahren zu übertragen[59]. Landgerichte folgten teilweise ebenfalls dieser Tendenz[60]. Aber auch eine entgegengesetzte Rechtsprechungspraxis lässt sich durchaus finden[61].

In der obergerichtlichen Rechtsprechung zur außerordentlichen Beschwerde lässt sich darüber hinaus die Konstellation finden, dass ein Gericht untätig bleibt oder eine Terminierung vornimmt, die in erheblichem Maß in die Belange einer Prozesspartei eingreift[62].

---

58 LG Mönchengladbach, Beschl. v. 20.09.99 – 4 T 48/99 in MDR 2000, 357 im Fall der Ablehnung eines Berichtigungsantrags; LG Stuttgart, Beschl. v. 23.10.97 – 5 T 38/97 in NJW-RR 1998, 934 im Fall einer Verurteilung eines Beklagten zur Zahlung einer nicht rechtshängigen Forderung; LG Itzehoe, Beschl. v. 07.09.93 – 4 S 124/93 in NJW-RR 1994, 1216; LG Braunschweig, Beschl. v. 11.06.93 – 8 T 357/93 in FamRZ 1994, 524 in Fällen fehlerhafter Kostenentscheidungen; den Versuch einer systematischen Aufbereitung nach Fallgruppen unternehmen: Schneider in MDR 1985, 547, 548 f; Pawlowski, S. 91 ff; sowie Ebbeler, S. 107 ff; kritisch zu dem Versuch von Fallgruppenbildung: Schmidt in NVwZ 2003, 425, 427

59 OLG Köln, Beschl. v. 29.05.96 – 25 WF 62/96 in NJW-RR 1996, 1151; OLG Frankfurt/Main, Beschl. v. 29.02.00 – 19 W 41/ 99 in NJW- RR 2001, 143; a.A: OLG München, Beschl. v. 19.12.94 – 14 W 203/94 in NJW-RR 1995, 1023, 1024

60 LG Bochum, Beschl. v. 16.05.93 – 9 S 113/95 in NJW-RR 1995, 1342, das eine Berufung entgegen § 511 a ZPO für zulässig erklärte, da die nur teilweise Nichtberücksichtigung des Beklagtenvorbringens durch das Amtsgericht „jeder gesetzlichen Grundlage entbehrt und dem Gesetz inhaltlich fremd ist.“; LG Stuttgart, Beschl. v. 23.10.97 – 5 T 38/97 in NJW-RR 1998, 934 im Fall der Zahlung auf eine nicht rechtshängige Forderung, allerdings ohne jede Begründung für die dort vertretene Ansicht.

61 OLG München, Beschl. v. 16.10.97 – 15 W 2699/97 in MDR 1998, 239, 240; Beschl. v. 19.12.94 - 14 W 203/94 in NJW-RR 1995, 1024: hier wurde die außerordentliche Beschwerde zumindest gegen ein Berufungsurteil des Landgerichts mit der Begründung als unstatthaft angesehen, das Oberlandesgericht sei in Urteilsverfahren nicht übergeordnetes Gericht, wenn das Landgericht Berufungsinstanz ist; OLG Köln, Beschl. v. 04.01.01 – 17 W 406/00 in MDR 2001, 589; an letztgenanntem Beschluss wird die unterschiedliche Rechtsprechungspraxis zwischen dem 17. und dem 25. Zivilsenat des Oberlandesgerichts Köln deutlich.

62 OLG Bremen, Beschl. v. 31.03.69 – 2 W 4/69 in NJW 1969, 1908; OLG Frankfurt/Main, Beschl. v. 22.02.74 – 16 W 11/74 in NJW 1974, 1715; OLG Celle, Beschl. v. 17.03.75 – 7 W 22/75 in NJW 1975, 1230; OLG Schleswig, Beschl. v. 20.11.80 – 3 W 72/80 NJW 1981, 691, 692; OLG Köln, Beschl. v. 23.06.81 – 4 WF 93/81 in NJW 1981, 2263; OLG Hamburg, Beschl. v. 03.05.89 – 2 UF 24/89 in NJW-RR 1989, 1022 f; OLG Saarbrücken, Beschl. v. 18.04.97 – 8 W 279/96-29 in MDR 1997, 1062; OLG Frankfurt/Main, Beschl. v. 28.07.98 – 3 WF 108/98 in MDR 1998, 1368

Als Fazit einer Auswertung der zum Problemkreis der außerordentlichen Beschwerde ergangenen Entscheidungen ist festzustellen, dass der aufgrund der Rechtsprechungspraxis des Bundesgerichtshofes weitestgehend auf wenige Ausnahmefälle „krassen Unrechts" beschränkte Anwendungsbereich durch die Rechtsprechung der Oberlandesgerichte aufgeweicht wurde; zumindest bis zum Inkrafttreten des Zivilprozessreformgesetzes existierte ein insgesamt diffuses Bild obergerichtlicher Rechtsprechung.
Im Spannungsfeld zwischen Rechtskraft einerseits und „greifbar gesetzwidrigen Entscheidungen" andererseits hat sich, wie *Braun*[63] es ausdrückte, eine konturlose Rechtsprechung entwickelt. Dass dieser Prozess eine kritische Begleitung in der Literatur herausforderte, darf insofern nicht verwundern.

3. Die Auseinandersetzung der Literatur mit dem Institut der außerordentlichen Beschwerde

Der Terminus der „greifbaren Gesetzwidrigkeit" tauchte bereits in den dreißiger Jahren in der Kommentierung *Baumbachs* zu § 707 ZPO auf[64]. Danach sollte eine Anordnung im Sinn des § 707 ZPO dann anfechtbar sein, wenn sie „greifbar gesetzwidrig" war. Das Schrifttum befasste sich in früher Zeit allerdings kaum mit der Problematik der Anfechtbarkeit eigentlich unanfechtbarer Beschlüsse. Es lassen sich in der einschlägigen Literatur nur wenige diesbezügliche Beiträge finden[65].
Je intensiver die Rechtsprechung sich jedoch dieses Themas mit Entscheidungen, die zu Widerspruch aufforderten, annahm, desto stärker war die entsprechende Resonanz im Schrifttum. Diese Feststellung gilt uneingeschränkt bis zum heutigen Tag, zuletzt bewiesen durch das Echo, das der Beschluss des 9. Zivilsenates des Bundesgerichtshofes vom 07. März 2002 hervorrief.

---

63 Braun in ZZP 106 (1993) S. 236, 237

64 Baumbach, Zivilprozessordnung, 14. Auflage 1938; § 707 Anm. 3 unter Verweis auf einen Beschluss des Reichsgerichts vom 02.12.27 – 23 W 944 2/27 in JW 1928, 1316, der von einem „ungesetzlichen" Einstellungsbeschluss spricht: „... Der Mangel einer Begründung, namentlich des ungesetzlichen Nachteils genügt nicht; die Anordnung muss *greifbar gesetzwidrig* sein."

65 So stellt es sich nicht als erstaunlich dar, wenn noch in der 11. Auflage von Zöller/ Karch, „Zivilprozessordnung" aus dem Jahr 1974 - § 567 Erl. 1 c) - als einziger Hinweis zum Schrifttum zur außerordentlichen Beschwerde auf Mührer in SchlHA 1959, 73 ff verwiesen wird; in der aktuellen Auflage von Zöller sind Hinweise auf sieben sich mit dem Thema der außerordentlichen Beschwerde befassenden Beiträge zu finden; den umfassendsten Nachweis über weiterführende Literatur liefert Lipp in MünchKomm ZPO/Aktualisierungsband Vor § 567 mit sechzehn Verweisen auf Beiträge, die allein die Begriffe „greifbare Gesetzwidrigkeit" oder „außerordentliche Beschwerde" in ihrem Titel führen; die Anzahl der ebenfalls dort genannten Beiträge die sich unmittelbar wie auch mittelbar mit dieser Problematik auseinandersetzen, ohne sie in ihrem Titel zu benennen, liegt ungleich höher.

Folglich verwundert es nicht, wenn *Ratte* im Jahr 1975 mit entsprechenden Rechtsprechungsnachweisen, aber in notwendiger Unkenntnis der sich später entwickelnden Rechtsprechung ausführte, keine noch so schwere Verletzung einer Verfahrensvorschrift könne zur Statthaftigkeit eines Rechtsmittels führen, welches das Verfahrensrecht nicht kennt[66]. *Proske*[67] vertritt die in diesem Zusammenhang zutreffende Auffassung, die gebetsmühlenartig wiederholten Beteuerungen des Bundesverfassungsgerichts und des Bundesgerichtshofes, die Verletzung von Verfahrensvorschriften eröffneten keine neue, vom Gesetz nicht vorgesehene Instanz, bedürften einer erheblichen Relativierung. Die sich entwickelnde Rechtsprechungspraxis stand jedenfalls großenteils im Gegensatz zu diesen Beteuerungen.
Bis in das Jahr 1992 hielt sich die Literatur zwangsläufig mit einer umfassenden Kommentierung des Instituts der außerordentlichen Beschwerde zurück.
Pape[68] befindet in seiner Besprechung der 51. Auflage des ZPO - Kommentars Baumbach aus dem Jahr 1992, dass die Entwicklung der immer weiter zunehmenden Zahl außerordentlicher Beschwerden eine ausführlichere Kommentierung wert gewesen wäre. *Templitzky* sprach noch im Jahr 1992 von einem „Phantomcharakter" des Begriffs der greifbaren Gesetzwidrigkeit, der sich darin zeige, dass er zwar immer wieder verwendet und erwähnt werde, sein Vorliegen aber so gut wie nie bejaht worden sei[69]. Wie *Lotz*[70] ausführte, sollte der „Dornröschenschlaf" der außerordentlichen Beschwerde" mit den Entscheidungen des Bundesgerichtshofes vom 08. Oktober 1992[71] und vom 04. März 1993[72] beendet sein. Da sich im Weiteren eine insbesondere kasuistisch geprägte Rechtsprechung herausbildete, sah sich das Schrifttum mehr und mehr

---

66 Ratte, S. 16: „Mit dieser Wendung (scil.: der greifbaren Gesetzwidrigkeit) will man die Fälle ansprechen, in denen Beschlüsse mit einem schwerwiegenden, grundlegenden und offensichtlichen Verfahrensmangel behaftet sind. .... Gerade die in § 90 BVerfGG geregelte Verfassungsbeschwerde mit der in § 90 Abs. 2 BVerfGG vorausgesetzten Ausschöpfung des Rechtsmittelzuges zeigt, dass keine noch so schwere Verletzung einer Verfahrensvorschrift ein Rechtsmittel gewährt, das das Prozessrecht nicht kennt. Der Gesichtspunkt ‚Erweiterung des Beschwerderechtszuges' hat sich somit als ungeeignet erwiesen, dem Beschwerdeführer zu einer besseren Entscheidung zu verhelfen."

67 Proske in NJW 1997, 352, 358

68 Pape in KTS 1993, 317, 319: „Insgesamt wäre diese Entwicklung (scil.: der außerordentlichen Beschwerde) eine ausführlichere Kommentierung Wert gewesen, weil die Praxis unmittelbar nach Erscheinen des Kommentars mit ihr konfrontiert wird und die Folgen für das Rechtsschutzsystem kaum absehbar sind."; auch Lotz in NJW 1996, 2130, 2132 spricht von einem bisher „kaum problematisierten Rechtsinstitut."

69 Templitzky in GRUR 1992, 821, 828

70 Lotz in NJW 1996, 2130, 2132; Pape in KTS 1993, 317, 319

71 Az.: VII ZB 3/92 in NJW 1993, 135

72 Az.: V ZB 5/93 in NJW 1993, 1865

in die Situation versetzt, hierzu in entsprechendem Umfang[73] Stellung zu nehmen.
Im Lauf der Zeit wurde der von *Baumbach* geprägte Begriff der greifbaren Gesetzwidrigkeit immer häufiger als plakative Bezeichnung auf alle jene Fälle ausgedehnt, in denen sich die Frage der Zulässigkeit der Beschwerde gegen besonders fehlerhafte, aber unanfechtbare Entscheidungen stellte. *Baumbach* hingegen wollte diesen Terminus ursprünglich nur im Bereich der Unanfechtbarkeitsregelung des § 707 Abs. 2 S. 2 ZPO angewendet wissen[74]. Ohne dass eine umfassende, vor allem aber gefestigte höchstrichterliche oder obergerichtliche Rechtsprechung zu der Statthaftigkeit außerordentlicher Beschwerden vorgelegen hätte, war der Terminus der „greifbaren Gesetzwidrigkeit" nach vielfach vertretener Ansicht zu einem „Rechtsgrundsatz" erhoben worden[75]. Die Literatur beschäftigte sich eingehend mit dem Phänomen, dass zu keinem Zeitpunkt durch die Rechtsprechung in zufriedenstellender Weise geklärt wurde, was sich hinter dem immer wieder verwandten Begriff der „greifbaren Gesetzwidrigkeit" verbergen sollte. Exemplarisch sei auf die diversen Definitionsansätze bei *Ebbeler*[76] verwiesen. Letztlich überzeugten aber auch die in der Literatur unternommen Definitionsversuche nicht[77].

---

73 Einen umfassenden Überblick über die Literatur zum bisherigen Beschwerderecht unter Einschluss der Problematik der außerordentlichen Beschwerde als auch zum neuen Beschwerderecht bietet MünchKomm ZPO/Aktualisierungsband – Lipp Vor § 567

74 Ebbeler, S. 19, 20

75 BFH, Beschl. v. 26.05.77 – V B 7/77 in BStBl. 1977 Teil II S. 628, 629: „Die allgemein anerkannten Grundsätze zur Statthaftigkeit der Beschwerde gegen gesetzlich unanfechtbare Entscheidungen wegen greifbarer Gesetzwidrigkeit gelten auch im Finanzprozess."; BayObLG, Beschl. v. 23.09.87 – BReg. 3 Z 142/87 in NJW 1988, 72: Zulassung der weiteren Beschwerde wegen greifbarer Gesetzwidrigkeit, weil „als Rechtsgrundsatz im FGG Verfahren anerkannt sei, dass eine an sich unanfechtbare Entscheidung bei greifbarer Gesetzwidrigkeit angefochten werden könne."; **a.A.**: Lotz in NJW 1996, 2130, 2133: „Von einer gewohnheitsmäßigen Anerkennung der allgemeinen Beschwerden bei greifbarer Gesetzwidrigkeit kann nicht gesprochen werden."; für den Bereich des Verwaltungsprozessrechts zu Recht: Schmidt in NVwZ 2003, 425, 426 und Kraheberger in DöV 2002, 19, 21

76 Ebbeler, S. 32 ff, 42 stellt fest, es sei nicht gelungen den Begriff der greifbaren Gesetzwidrigkeit inhaltlich zu bestimmen.

77 Ebbeler, S. 42 „Festzuhalten ist, dass es bis heute nicht gelungen ist, den Begriff der greifbaren Gesetzwidrigkeit inhaltlich zu bestimmen und so die Voraussetzungen dieses Ausnahmebeschwerdegrundes festzulegen." Auch der durch Schmidt in NVwZ 2003, 425, 427, 430 unternommene Versuch einer Konkretisierung mittels Zugrundelegung der Radbruch'schen Formel führt nicht weiter, da Prüfungsmaßstab „der Widerspruch zur Gerechtigkeit" ist, der „ein so unerträgliches Ausmaß erreicht haben muss, dass die Entscheidung bereits vom Ansatz her als Unrecht erscheint." Hier wird eine als zu Recht unbestimmt kritisierte Formel durch eine andere ebenso unbestimmte Formel ersetzt. Dies zeigt sich nicht zuletzt daran, dass nach Auffassung von Schmidt die außerordentlicher Beschwerde auf die Korrektur „schwerwiegendster Verletzungen" beschränkt sein soll; siehe hierzu auch die Beitragsrezension des Verfassers in NVwZ 2003, 956, 957

Der weitaus überwiegende Teil der Literatur, die sich mit dem Rechtsinstitut der außerordentlichen Beschwerde auseinandersetzte, fällte über dieses kein positives Urteil[78]: Mangelnde Bestimmbarkeit und damit Abgrenzbarkeit der durch den Bundesgerichtshof geschaffenen Prämisse führe automatisch dazu, dass die aufgrund einer außerordentlichen Beschwerde ergehende Entscheidung selbst mit dem Makel belegt sei, die Formel diene ausschließlich der Begründung und Rechtfertigung einer bereits im Vorfeld gefassten Meinung des Spruchkörpers[79]. Mit dem höchstrichterlich entwickelten Prüfungsmaßstab

---

78 Als Ausnahme von dieser weitaus überwiegenden Ansicht sei auf Schlosser in ZZP 106 (1993) S. 533, 536 ff verwiesen. Schlosser spricht im Rahmen seiner Rezension von einem beifallspflichtigen Judikat. Des Weiteren stellt er unter Vergleich mit Rechtssystemen anderer Länder fest, im Fall der außerordentlichen Beschwerde habe es sich um eine notwendige Rechtsfortbildung gehandelt. Für den Bereich des Verwaltungsprozessrechts meint Kraheberger in DöV 2002, 19, 21 die Feststellung treffen zu können, das Rechtsmittel der außerordentlichen Beschwerde sei in der Literatur weitgehend auf Zustimmung gestoßen.

79 Schneider in MDR 2002, 1047, 1048: „Will ein Beschwerdegericht abhelfen, dann bejaht es eine greifbare Gesetzwidrigkeit, andernfalls zieht es sich verneinend auf die Floskeln des Bundesgerichtshofes zurück.“; ders. in MDR 1985, 547, 548: „Es mag dahinstehen, ob der Begriff der ‚Gesetzwidrigkeit‘ definierbar ist. Die entscheidende Eigenschaft ‚greifbar‘ oder ‚gewissermaßen mit Händen zu greifen‘ ist es jedenfalls nicht.“; ders. in MDR 1997, 991, 992 bezeichnet die Formel des Bundesgerichtshofes als „Sätze, die sich in einer Anhäufung von Wertungen erschöpfen, die nicht subsumibel sind. (...) . Sie scheiden folglich als Rechtsanwendungsprämissen aus und schaffen nur Rechtsunsicherheit. Aus derartigen Obersätzen läßt sich alles und nichts beweisen.“ Und weiter: „Die darauf gestützte Rechtsanwendung läuft darauf hinaus, dass das Gericht sich erst einmal auf ein gewünschtes Ergebnis festlegt und sich dafür dann bejahend oder verneinend auf die Leerformel des Bundesgerichtshofes beruft.“, ders. in MDR 2000, 1453, 1454: „.Den Instanzgerichten blieb und bleibt daher nichts anderes übrig, als die für eine Subsumtion ohnehin völlig ungeeignete Formel des BGH zuzulassen.“
In der Darstellungsweise weniger „blumenreich“, in der Argumentation selbst aber kaum abweichend, äußern sich auch weitere Autoren wie Voßkuhle in NJW 1995, 1378 zur Willkürrechtsprechung: „Das Vorliegen objektiver Willkür bleibt immer eine reine Wertungsfrage, die den Willkürbegriff selbst „unwillkürlich“ in den Randbereich der Willkür rücke und Entscheidungen des Gesetzgebers im Hinblick auf die Ausgestaltung der Verfahrensordnungen mit allgemeinen Gerechtigkeitserwägungen überspielt.“; Rüsken in DStZ 2000, 815, 820: „Sie machen kein Prüfungsprogramm erkennbar.“; Kraheberger in DöV 2002, 19, 23: „Zusammenfassend vermittelt die Rechtsprechung der Bundesgerichte, den Eindruck, dass die Deutung des Begriffs der ‚greifbaren Gesetzwidrigkeit‘ sehr einzelfallabhängig ist und insgesamt klare Konturen vermissen lässt; Schmidt in NVwZ 2003, 425, 427: „eine unmittelbare Subsumtion kann nicht erfolgen.“
Stein/Jonas/Grunsky § 567 I Rn. 10: „Ob eine greifbare Gesetzwidrigkeit oder ‚nur‘ ein schwerer Verfahrensverstoß vorliegt, ist letztlich nicht mit Sicherheit voneinander abzugrenzen, weshalb es zu erheblicher Rechtsunsicherheit kommen kann.“
MünchKomm ZPO/Braun § 576 Rn. 11a: „Im Gefolge der Judikatur zur ‚außerordentlichen Beschwerde‘ droht allmählich die Gefahr, dass die Regelung der Anfechtung von Beschlüssen nicht mehr nachvollziehbar ist. Das trifft zunächst die Parteien, hat aber noch die weitere Folge, dass auch den Gerichten die Achtung für eine sinnvolle Ordnung des Verfahrens abhanden kommt.“

stelle sich eine Abgrenzung zwischen fehlerhaften aber hinnehmbaren Beschlüssen einerseits und mit außerordentlichen Beschwerden anfechtbaren Beschlüssen andererseits als kaum mehr möglich dar. Entgegen der Auffassung *Ebbelers*[80], es sei nur eine Frage der geschickten Argumentation um zu begründen, dass eine fehlerhafte Entscheidung jeder gesetzlichen Grundlage entbehre und inhaltlich dem Gesetz fremd sei, bedarf es jedoch nicht einmal einer solchen. Unabhängig von den der außerordentlichen Beschwerde unter terminologischen Gesichtspunkten immanenten Problemen stellt sich für einen Großteil der Literatur ein weiteres, vielleicht sogar gravierenderes Problem, was zu einem steigenden Maß an Ablehnung gegenüber der außerordentlichen Beschwerde führte[81].

Schon im Jahr 1985, also geraume Zeit bevor der Bundesgerichtshof erstmals außerordentliche Beschwerden als zulässig und begründet erachtete, erkannte *Schneider*[82] im Hinblick auf die obergerichtliche Rechtsprechung die Tendenz, dass nach und nach die Anforderungen an die Voraussetzungen einer greifbaren Gesetzwidrigkeit schwächer und abstrakter geworden seien. Die Gefahr, die gesehen wurde und auch nach wie vor gesehen wird, ist die Aufweichung des

---

80 Ebbeler, S. 37

81 Schneider in MDR 1985, 547, 548; Chlosta in NJW 1993, 2160, 2161; Lotz in NJW 1996, 2130, 2133; Voßkuhle in NJW 1995, 1377 ff; Pape in KTS 1993, 179, 184: „Falls der Anwendungsbereich dieses Rechtsinstituts in dem bisherigen Maß ausgedehnt wird, dürfte es bald keine Unanfechtbarkeit gerichtlicher Entscheidungen mehr geben.“; Lotz in NJW 1996, 2130, 2132; für eine entsprechende Übertragbarkeit der Grundsätze der außerordentlichen Beschwerde auch auf Urteilsverfahren: Schlosser in ZZP 106 (1993) S. 533, 537: „Es ist in der Tat nicht einzusehen, warum der außerordentliche Rechtsbehelf wegen Rechtsfremdheit einer Entscheidung prinzipiell auf solche Judikate beschränkt sein soll, die nicht mit der Berufung oder der Revision anfechtbar wären, wenn deren Statthaftigkeit nicht durch Sondervorschriften ausgeschlossen wäre. Damit würden die Gewichte auf den Kopf gestellt.“

82 Schneider in MDR 1985, 547, 548: „Dieser Entwicklung muss Einhalt geboten werden, da andernfalls in immer mehr Fällen an Stelle der gesetzlich nicht zugelassenen Beschwerde eine ‚regelmäßige Ausnahmebeschwerde‘ gesetzt werden würde.“

stark formalisierten Rechtsmittelsystems[83]. *Chlosta*[84] bringt die Bedenken auf den Punkt, wenn er von einer in diesem Sinn „entfesselten“ Justiz spricht, die entstünde, wenn die außerordentliche Beschwerde nicht ihrem Ausnahmecharakter entsprechend als „übergesetzliche Notbremse“ verstanden und sich in Weiterführung dieses Gedankens die „prozessuale Büchse der Pandora“ öffnen würde. Der Aspekt, dass mit der Anerkennung der außerordentlichen Beschwerde auch der Anspruch des Rechtsmittelgegners auf eine Entscheidung des Rechtsstreits durch „seinen gesetzlichen Richter“ im Sinn von Art. 101 Abs. 1 S. 2 GG tangiert werden könnte, wird im Rahmen der Kritik an diesem Rechtsinstitut weitgehend vernachlässigt[85].
Zusammengefasst lassen sich die Bedenken dahingehend konkretisieren, dass am Ende einer Ausdehnung des Anwendungsbereiches der außerordentlichen Beschwerde eine allgemeine gerichtliche Billigkeitskontrolle ohne klare Voraussetzungen und berechenbare Schranken stehe[86], die über die ohnehin schon nicht unproblematische Praxis in Beschlussverfahren hinaus zu einer massiven Rechtsunsicherheit führen könnte.

---

83 MünchKomm ZPO/Aktualisierungsband - Lipp § 567 Rn. 13; Kerwer in JuS 1997, 592, 594 m.w.N. dort in Fn.22; Gottwald Gutachten A für den 61. Deutschen Juristentag S. 29

84 Chlosta in NJW 1993, 2160, 2161: „Wenn die leichte Hand, die der Bundesgerichtshof hier angelegt hat, Schule macht, eröffnen sich für die Gerichte aller Instanzen oberhalb des Amtsgerichts weite Betätigungsfelder. Alle Beschränkungen von Rechtsmitteln, die der Gesetzgeber zurzeit gerade zur Entlastung der Justiz und zur Vereinfachung des Verfahrens einführt, ließen sich locker überspielen. Warum keine außerordentliche Berufung gegen unanfechtbare Urteile der Amtsgerichte? Warum keine außerordentliche Beschwerde (oder Revision?) gegen Berufungsurteile der Landgerichte? Warum keine außerordentliche Revision zum Bundesgerichtshof unterhalb der Urteilsbeschwer (Anm. des Verf.: von seinerzeit noch sechzigtausend Deutsche Mark) auch ohne Revisionszulassung? Was soll eine ‚entfesselte Justiz’ davon abhalten, jeden Fall nach Gutdünken unabhängig von allen Rechtsmittelregeln aufzugreifen, wenn es um der Gerechtigkeit willen geboten erscheint? Von Richtern sollte man erwarten, dass sie die Problematik des Widerspruchs zwischen Rechtskraft und Streben nach letzter Gerechtigkeit differenzierter sehen und sich den von dem Gesetzgeber aufgestellten Regeln unterwerfen.“

85 Eine Ausnahme hiervon stellt der Beitrag von Lotz in NJW 1996, 2130, 2132 dar.

86 Prütting in EWiR § 574 ZPO 1/02, 835, 836: „Vielmehr war die außerordentliche Beschwerde keinesfalls eine systemkonforme Entwicklung, die ihrerseits erneute Rechtsunsicherheit geschaffen hatte.“; Kerwer in JuS 1997, 592, 594; Kunze in NJW 1997, 2154, 2155 für den Bereich des amtsgerichtlichen Bagatellverfahrens gemäß § 495 a ZPO und der damit verbundenen Frage nach einer außerordentlichen Berufung; Schmidt in NVwZ 2003, 425, 426 beklagt die fehlende dogmatische Herleitung, die unerlässliche Voraussetzung einer Analyse der Reichweite und Bedeutung der außerordentlichen Beschwerde (im Verwaltungsprozess) sei.

Unabhängig von den divergierenden Ansichten über die Ursache für die zuvor beschriebene Entwicklung[87] wurden Forderungen an den Gesetzgeber laut, die außerordentliche Beschwerde in das geschriebene Rechtsbehelfssystem zu integrieren[88].

---

87 Vgl. hierzu einerseits Lotz in NJW 1996, 2130, 2132; Proske in NJW 1997, 352, 358; Schneider in MDR 2001, 845, 847; Schwarze in ZZP 115 (2002) S. 25, 29, 35; Schneider in MDR 2001, 845, 847; ders. in MDR 2000, 1453, 1454, die die Ursache beim Bundesgerichtshof meinen erkennen zu können; andererseits Stürner in JZ 1986, 526, 528 und Voßkuhle in NJW 1995, 1378, die Versäumnisse des Bundesverfassungsgerichts für die zuvor beschriebene Entwicklung verantwortlich machen.

88 Mußgnug in NJW 1978, 1358, 1359: „Dieser (scil.: der Gesetzgeber) sollte den zugrunde liegenden Beschluss zum Anlass nehmen, nach einer tauglicheren Lösung Ausschau zu halten, die den Prozessbeteiligten zu ihrem Recht verhilft, ohne das Bundesverfassungsgericht mehr als notwendig mit Routinearbeit zu überziehen, die von anderen Gerichten rascher, reibungsloser und einfacher geleistet werden kann, aber auch geleistet werden muß."; Voßkuhle in NJW 1995, 1381: „Diese (scil.: die Forderung nach gesetzgeberischem Tätigwerden) ist um so stärker zu fordern, weil mangels einer auch nur in Ansätzen erkennbaren Rechtsmitteldogmatik eine überall offenbar werdende Rechtsunsicherheit entsteht"; Gottwald Gutachten A für den 61. Deutschen Juristentag in Band I S. 94, 95; Feiber in NJW 1996, 2057, 2059; Lotz in NJW 1996, 2130, 2133: „..zeigt sich besonders deutlich, dass es einer gesetzlichen Ausgestaltung bedarf; denn es ist die Aufgabe des Gesetzgebers, die Einzelheiten einer Selbstkontrolle festzulegen, insbesondere also wer für welches Gericht Kontrollorgan ist und unter welchen Voraussetzungen eine Kontrolle überhaupt statthaft ist."; Kerwer in JuS 1997, 592, 594; Schwarze in ZZP 115 (2002) S. 25, 29, der, ohne eine ausdrückliche Forderung an den Gesetzgeber zu stellen davon spricht, dass eine Beseitigung der Schieflage unumgänglich sei. Fraglich sei allein, ob diese Beseitigung in einem völligen Verzicht auf außerordentliche Anfechtungsmöglichkeiten oder in einer Ausdehnung dieser auch auf Urteilsverfahren zu sehen sei. Die von Schwarze geforderte „Beseitigung der Schieflage" kann nur durch ein Tätigwerden des Gesetzgebers erreicht werden, wie die divergierende Rechtsprechung eindrucksvoll unter Beweis gestellt hat. Im Hinblick auf Verfahrensgrundrechtsverletzungen in amtsgerichtlichen Bagatellverfahren fordert Kunze ein Tätigwerden des Gesetzgebers dahingehend, dieser solle die Möglichkeit einer Nichtigkeitsklage entsprechend § 579 Abs. 3 ZPO in der bis zum Jahr 1977 geltenden Fassung einführen; vgl. auch Kunze in NJW 1995, 2750, 2752, 2753; ders. in NJW 1997, 2154, 2155.; **a.A.**: Stürner in JZ 1986, 526, 533 in Bezug auf die Forderung nach der gesetzlichen Einführung einer Anhörungsrüge.

Kapitel II
Die Berechtigung der Forderung nach legislativem Tätigwerden - das Zivilprozessreformgesetz vom 27. Juli 2001 als adäquate Reaktion?

1. Die Belastung des Bundesverfassungsgerichts

Die Belastung des Bundesverfassungsgerichts mit Verfassungsbeschwerden wegen Verfahrensgrundrechtsverletzungen, insbesondere der behaupteten Verletzungen des Anspruchs auf rechtliches Gehör stellte den Auslöser für die Entwicklung außerordentlicher Rechtsbehelfe zur Korrektur von Verfahrensgrundrechtsverletzungen innerhalb der Fachgerichtsbarkeit dar[89]. Eine Überlastung des Bundesverfassungsgerichts mit Rügen, die Grundsätze der Gewährung rechtlichen Gehörs seien verletzt, konnte und kann nicht ernsthaft bestritten werden[90]. Sie machen den größten Anteil der Eingänge beim Bundesverfassungsgericht aus. Allerdings wurde in dem weitaus überwiegenden Teil dieser Verfassungsbeschwerden das Bundesverfassungsgericht selten mit problemati-

---

89 Mit dieser Feststellung wird jedoch mittelbar auch ein möglicherweise bestehender Handlungsbedarf umgrenzt. Ein legislatives Tätigwerden des Gesetzgebers, welches sämtliche schwerwiegenden Verfahrensfehler umfasst, kann nicht gefordert werden. Konsequenterweise hätten sich die Forderungen betreffend ein entsprechendes Tätigwerden vor diesem Hintergrund darauf beschränken müssen, nur solche Verfahrensfehler einer Regelung zuzuführen, die Verfahrensgrundrechtsverletzungen bedingen. Diese strikte Trennung wurde jedoch nur selten beachtet (daher geht die Kritik Voßkuhles in NJW 2003, 2193, 2198 an dem Plenarbeschluss des Bundesverfassungsgerichts fehl, wenn er feststellt, dieses sei auf halbem Wege stehen geblieben, da es nicht die Fälle ‚greifbarer Gesetzwidrigkeit' unter verfassungsrechtlichen Aspekten einer Lösung zugeführt habe). Einen anderen Gesichtspunkt stellt der des in Betracht kommenden Systembruchs dar, der darin gesehen werden kann, dass Verfahrensgrundrechtsverletzungen im Weg der Gegenvorstellung durch den iudex a quo zu korrigieren sind, greifbar gesetzwidrige Entscheidungen aber mittels außerordentlicher Beschwerden einer Überprüfung durch das Beschwerdegericht offen stehen.

90 Eine Analyse des Zahlenmaterials bis zum Jahr 1985 bietet Schumann in NJW 1985, 1134 ff; auf diese bezieht sich auch Ebbeler, S. 98 f; Jaeger, Referat für den 61. Deutschen Juristentag/Abteilung Verfahrensrecht in Band II/1 i S 48 gibt für das exemplarisch von ihm herangezogene Jahr 1994 an, dass von den rund 5.200 Verfassungsbeschwerden sich 35 % oder über 1800 gegen Entscheidungen der Zivilgerichtsbarkeit richteten; den Leser ebenfalls mit Zahlenmaterial für den Zeitraum von 1977 bis 1979 versorgt Hübsch in DRiZ 1980, 140; die amtliche Statistik des Bundesverfassungsgerichts nachzulesen unter: www.bverfg.de für den Zeitraum 1997 bis 2002 bestätigt im Kern die von Jaeger genannte Größenordnung. Bezogen auf beide Senate ergeben sich aus dem Bereich der Zivilgerichtsbarkeit einschließlich der freiwilligen Gerichtsbarkeit für den Zeitraum von 1997 bis 2002 folgende Entwicklungen:
im Jahr 1997: 1.755 Verfassungsbeschwerden,
im Jahr 1998: 1.610 Verfassungsbeschwerden;
im Jahr 1999: 1.548 Verfassungsbeschwerden;
im Jahr 2000: 1.562 Verfassungsbeschwerden,
im Jahr 2001: 1.456 Verfassungsbeschwerden sowie
im Jahr 2002: 1.610 Verfassungsbeschwerden

schen verfassungsrechtlichen Fragestellungen konfrontiert; vielmehr wurde es in der Funktion des „Pannenhelfers“ bemüht[91].
Durch die steigende Anzahl der Verfassungsbeschwerden, die mit einer Verletzung des Art. 103 Abs. 1 GG begründet wurden[92], sah sich das Bundesministerium der Justiz Ende der siebziger Jahre genötigt, über Maßnahmen zur Verringerung der mit dieser Begründung vorgetragenen Verfassungsbeschwerden nachzudenken[93]. Im Jahr 1980 befasste sich die 51. Justizministerkonferenz[94] mit der probeweisen Einführung einer entsprechenden Anhörungsrüge näher. Ein Referentenentwurf des Bundesministeriums der Justiz aus dem demselben Jahr sah eine fristgebundene Anhörungsrüge für den Fall vor, dass ein Zivilgericht in einem durch Endurteil abgeschlossenen Verfahren den Anspruch auf rechtliches Gehör verletzt hat und eine Rüge durch Rechtsmittel oder Einspruch nicht möglich ist[95].
Dass die Anhörungsrüge ausschließlich für Urteilsverfahren vorgesehen war, zeigt bereits das seinerzeitige Unverständnis des Gesetzgebers dafür, dass der überwiegende Teil der in Rede stehenden Verfassungsbeschwerden aus Beschlussverfahren resultierte[96]. Eine Verkennung der Tatsachen, die sich als Defizit im Zuge der letzten Zivilprozessrechtsreform wiederholt hat.

---

91 So bereits schon im Jahr 1978 Mußgnug in NJW 1978, 1358/1359; Jaeger, Referat für den 61. Deutschen Juristentag/Abteilung Verfahrensrecht in Band II/1 i S 48. Dies entspricht auch der Schilderung des ehemaligen Präsidenten des Bundesverfassungsgerichts Benda in NJW 1980, 2097, 2098

92 Braun in NJW 1981, 425: „Mit rund 75 % aller neu eingegangenen Verfassungsbeschwerden wird die Verletzung des Art. 103 Abs. 1 GG gerügt, wobei vor allem Entscheidungen der Zivilgerichte angegriffen werden“; Schneider in AnwBl 2002, 620: „Derzeit machen diese Verfassungsbeschwerden etwa 97 % aller bei ihm eingelegten Beschwerden aus“; ders. weist in NJW 1981, 1196 darauf hin, dass der Anteil von entsprechenden Rügen, deren Auslöser in Beschwerdeverfahren liegt denjenigen bei weitem übersteigt, bei denen der Auslöser in Urteilsverfahren zu suchen ist. Dem stimmt auch Braun in seiner entsprechenden Replik auf Schneider zu in NJW 1981, 1196. So auch im Hinblick auf Beschlüsse, die allgemein mit dem Vorliegen einer greifbaren Gesetzwidrigkeit angegriffen werden: OLG Celle, Beschl. v. 24.09.02 – 2 W 57/02 in NJW 2002, 3715, 3716

93 Diese Überlegungen konkretisierten sich letztlich darin, eine in Anlehnung an die §§ 33 a, 311 a StPO zu entwickelnde Vorschrift – die sogenannte Anhörungsrüge – in das Wiederaufnahmeverfahren der §§ 578 ff ZPO einzuführen; vgl. hierzu Hübsch in DRiZ 1980, 140

94 Siehe den diesbezüglichen Bericht in DRiZ 1980, 260, 262

95 Seetzen in NJW 1982, 2337, 2338

96 OLG Celle, Beschl. v. 24.09.02 – 2 W 57/02 in NJW 2002, 3715, 3716, welches die Nichtregelung greifbar gesetzwidriger Entscheidungen in Beschlussverfahren durch den Gesetzgeber als Grund dafür annimmt, außerordentliche Beschwerden seien nach Inkrafttreten des Zivilprozessreformgesetzes nicht mehr statthaft; Schneider in NJW 1981, 1196; zustimmend in seiner Replik auch Braun in NJW 1981, 1196

Sowohl der Deutsche Anwaltsverein[97] als auch der Deutsche Richterbund[98] sprachen sich gegen die zeitlich begrenzte Einführung einer Anhörungsrüge aus.

Die in Betracht gezogene Gesetzesnovellierung wurde letztlich vom Bundesministerium der Justiz nicht weiter verfolgt und – wenn auch nicht ausdrücklich[99] - aufgegeben. Ebenfalls blieb ein Rahmen des 61. Juristentages 1996 in Karlsruhe diskutiertes Vorhaben zur Einführung eines „Verbesserungsverfahrens“ [100] erfolglos.

Das nach wie vor ungelöste Problem der Überlastung des Bundesverfassungsgerichts, welches der Auslöser des Ausuferns gesetzlich nicht normierter Rechtsbehelfe war, stellte sich jedoch immerhin als im politischen Bereich erkannt dar[101].

Die Frage, die nunmehr auftrat war die, wie der Gesetzgeber im Rahmen eines großen Reformprojekts Abhilfe zu suchen gedachte. Insbesondere bedurfte es einer Regelung, wie mit Sachverhalten, die eine Rüge der Verletzung rechtlichen Gehörs beinhalten, umzugehen ist[102]. Eine solche Regelung ist nunmehr mit § 321 a ZPO eingeführt worden, dem Wortlaut nach allerdings ausschließlich auf erstinstanzliche Urteilsverfahren beschränkt. Mit der Einführung des § 321 a ZPO im Zuge der letzten Zivilprozessrechtsreform scheint eine lang anhaltende Diskussion zumindest im Hinblick auf Gehörsrügen in Urteilsverfahren ein Ende gefunden zu haben.

Nun ist jedoch zu konstatieren, dass bis zum heutigen Tag kein Rechtsmittel einer Beschwerde für den Fall von Verfahrensgrundrechtsverletzungen im Zivilprozessrecht zu finden ist. Damit einhergehend ist auch weiterhin nicht geklärt, ob eine Integration des Rechtsinstituts der außerordentlichen Beschwerde in das kodifizierte Recht immer noch angezeigt ist oder aber entsprechende

---

97 In ZRP 1980, 333

98 Nachweis bei Scherer in DRiZ 2000, 490, 496 unter Bezugnahme auf den Beitrag des DRB in der Beilage zu DRiZ Heft 8/1980

99 Vgl. 52. Justizministerkonferenz in der Zeit vom 01. – 02. Oktober 1981, die in Celle stattfand; hierzu DRiZ 1981, 422, 423

100 Siehe hierzu: Gottwald Gutachten A für den 61. Deutschen Juristentag in Band I S. 94, 9; Jaeger, Verhandlungen des 61. Deutschen Juristentages Bd. II/1 I S. 48

101 So führte die damals noch rechtspolitische Sprecherin der SPD – Fraktion, Däubler-Gmelin, im Jahr 1998 anlässlich eines mit der ZRP (in: ZRP 1998, 327, 329) geführten Interviews aus: „Das Bundesverfassungsgericht ist überlastet, kein Zweifel. Bei der Verfassungsbeschwerde kann entschlackt werden: Heute macht jedes Drehen an der Streitwertschraube das Bundesverfassungsgericht stärker zum Instanzenersatz: Verfassungsbeschwerden gegen Amtsgerichtsentscheidungen sind heute signifikant hoch. Das ist falsch und muss korrigiert werden. Außerdem halte ich es im Rahmen meiner Reformvorschläge auch für möglich und sinnvoll, die Revisionsgerichte über alle Besetzungs- und Anhörungsrügen entscheiden zu lassen.“

102 **A.A.**: Stürner in JZ 1986, 526, 533: „Der Gesetzgeber hat diesen Vorschlag (scil.: der Einführung einer Anhörungsrüge) bis jetzt zu Recht nicht aufgegriffen.“

Sachverhalte über andere prozessuale Wege wie beispielsweise die Gegenvorstellung zu lösen sind. Die letztgenannte Variante setzt jedoch voraus, dass entsprechende Alternativen ihrerseits weniger Ansätze für Kritik bieten als das Rechtsinstitut der außerordentlichen Beschwerde.

2. Die Gegenvorstellung als prozessuale Alternative zur außerordentlichen Beschwerde?

a) Der inhaltliche Regelungsbereich der Gegenvorstellung

Die Gegenvorstellung definiert sich als Antrag an den iudex a quo, seine Entscheidung zu ändern und ist für die Verletzung des Anspruchs auf rechtliches Gehör im Bereich des Strafprozessrechts in den §§ 33 a, 311 a StPO normiert, für den Bereich des Zivilprozesses und der freiwilligen Gerichtsbarkeit jedoch mittlerweile[103] in Rechtsprechung[104] sowie Literatur[105] ebenfalls anerkannt. Sie ist nach ständiger Rechtsprechung nur dann statthaft, wenn mit ihr die Verletzung eines Verfahrensfehlers gerügt wird[106]. Stellt sich hingegen eine sachlich-rechtliche Unrichtigkeit der Entscheidung als Angriffsgegenstand dar, ohne dass Verfahrensfehler gerügt werden, so wird die Gegenvorstellung unstatthaft

---

103 Ablehnend noch Ratte S. 89 ff, 109

104 BVerfG, Beschl. v. 08.07.1986 – 2 BvR 152/83 in BVerfGE 73, 322, 327: „Nach der Rechtsprechung des Bundesverfassungsgerichts obliegt es zunächst den Fachgerichten, die Grundrechte zu wahren und durchzusetzen und so einen etwa eintretenden Grundrechtsverstoß selbst zu beseitigen. Dazu haben sie nach Maßgabe des für sie geltenden Verfahrensrechts zu prüfen, ob und gegebenenfalls welche Abhilfemöglichkeiten es bei Vorliegen eines solchen Verstoßes zur Verfügung stellt. Lässt die fachgerichtliche Rechtsprechung – wie in den genannten Fällen die des Bundesgerichtshofes und des Bundesverwaltungsgerichts – eine Gegenvorstellung zu, mit der die Verletzung groben prozessualen Unrechts geltend gemacht werden kann, so entspricht es einer am Rechtsstaatsgedanken orientierten Auslegung des Verfahrensrechts, diese auch sachlich zu bescheiden. Wie der Bundesgerichtshof in BGHZ 71, 69 ausgeführt hat, gebietet in solchen Fällen schon die Prozessökonomie die Selbstkorrektur des Instanzgerichts anstelle des Umwegs über das Bundesverfassungsgericht“; BGH, Beschl. v. 20.06.95 – XI ZB 9/95 in JR 1996, 197 ff; OLG Köln, Beschl. v. 25.01.96 – 14 WF 126/95 in NJW-RR 1997, 316 f

105 Stellvertretend Zöller/Gummer § 567 Rn. 22 m.w.N.: „Ihre Zulässigkeit ist heute anerkannt, ihr breiter Anwendungsbereich ist zu befürworten“; einschränkend, aber vom Grundsatz anerkennend: Baumbach/Lauterbach/Albers/Hartmann/Albers Grdz. § 567 Rn. 3: „Dieser Rechtsbehelf ist nur beschränkt zuzulassen, um zu vermeiden, dass die Vorschriften über die prozessuale Beschwerde unterlaufen werden.“; zweifelnd: Scherer in DRiZ 2000, 490, 491: „Begründet wird diese Zulassung der Gegenvorstellung damit, dass eine Regelungslücke vorläge, was angesichts der detaillierten Regelungen des Beschwerderechts und der zahlreichen Änderungen des Gesetzes etwas verwundert.“

106 BGH, Beschl. v. 25.11.99 – IX ZB 95/99 in NJW 2000, 590; Beschl. v. 16.04.01 – IX ZB 95/99 in NJW 2001, 2262 f; BSG, Beschl. v. 10.03.98 – B 8 KN 4/98 in NJW 1998, 3518

sein[107]. Damit sind Rügen, die ausschließlich eine sachlich–rechtliche Unrichtigkeit der Entscheidung zum Gegenstand haben im Gegensatz zum Verfahren der außerordentlichen Beschwerde im Rahmen eines Gegenvorstellungsverfahrens unstatthaft[108]. Unter dem Aspekt des Regelungsbereichs stellt die Gegenvorstellung dann keine hinreichende Alternative zu außerordentlichen Beschwerden dar, soweit die Auffassung vertreten wird, mittels außerordentlicher Rechtsbehelfe sollte auch die Verletzung anderer Fehler als Verfahrensfehler oder Verfahrensgrundrechtsverletzungen gerügt werden können.

b) Die Gegenvorstellung unter dem Aspekt der Gewähr hinreichender Rechtssicherheit

Das Bundesverfassungsgericht[109] hat sich hinsichtlich der Notwendigkeit eines Tätigwerdens des Gesetzgebers im Bereich des Rechtsmittelrechts eindeutig dahingehend geäußert, es sei Sache des Gesetzgebers zu entscheiden, ob Rechtsmittel gegen Gerichtsentscheidungen statthaft sein sollen. Dabei sei insbesondere der allen Bürgern auf möglichst gleichmäßige Weise zu eröffnende Zugang zu den Gerichten von Bedeutung; dies wiederum setze voraus, dass die Grundsätze über die Einlegung und Begründung von Rechtsmitteln sich durch ein besonderes Maß an Gleichheit, Klarheit und innerer Logik auszeichnen müssten[110]. Von diesen Vorgaben waren und sind die Umstände, die die Zulässigkeit der Gegenvorstellung betreffen, jedoch weit entfernt. Vielmehr ist zu konstatieren, dass im Zusammenhang mit der Frage der Zulässigkeitsvoraus-

---

107 BSG, Beschl. v. 10.03.98 – B 8 KN 4/98 B in NJW 1998, 3518, 3519

108 Für die diversen Gründe, die eine Entscheidung greifbar gesetzwidrig machen können finden sich Beispiele bei Pawlowski, S. 91 ff; so unter § 4 II, S. 92 ff: „Verstöße gegen anspruchsbegründende sachliche Vorschriften“ und unter § 4 III 2c, S. 100 „Verstöße gegen materielle Grundrechte“.

109 BVerfG, Beschl. v. 30.04.03 – 1 PBvU 1/02 in NJW 2003, 1924, 1927; (vgl. hierzu auch die Besprechungen des Beschlusses durch Voßkuhle in NJW 2003, 2193 ff, Redeker in NJW 2003, 2956 ff; Gravenhorst in MDR 2003, 887 f, Rimmelspacher in JZ 2003, 797 f sowie Kley in DVBl 2003, 1159 ff); Urt. v. 11.06.80 – 1 BPvU 1/79 in NJW 1981, 41; Beschl. v. 11.02.87 – 1 BvR 475/85 in BVerfGE 74, 228; Scherer in DRiZ 2000, 490, 494: „Die Unanfechtbarkeit gerichtlicher Entscheidungen ist von so gravierender Bedeutung, dass sie aus elementaren Gründen der Rechtssicherheit eindeutige Regelungen verlangt. Wer eine gerichtliche Entscheidung beantragt, muss von vorneherein Klarheit über Zahl der Instanzen und Voraussetzungen eines Rechtsmittels haben – dies ist in jedem Rechtsstaat eine Selbstverständlichkeit. Mit Unklarheiten hinsichtlich der Anfechtbarkeit einer gerichtlichen Entscheidung ist für die Betroffenen daher nur Rechtsunsicherheit verbunden. Die klare Bestimmung der Voraussetzungen eines Rechtsmittels ist daher Aufgabe des Gesetzgebers.“

110 So zuletzt ebenfalls: BGH, Beschl. v. 04.09.02 – VIII ZB 23/02 in NJW 2002, 3783 = MDR 2002, 1446, 1447

setzungen, insbesondere der Statthaftigkeit – immer noch - vieles streitig ist[111]. Im Zusammenhang mit der hier zu beantwortenden Frage wird das Institut der Gegenvorstellung nur schwerlich mit den zuvor genannten Vorgaben des Bundesverfassungsgerichts in Einklang zu bringen sein; jedenfalls wird gemessen an den durch das Bundesverfassungsgericht aufgestellten Maßstäben, kein wesentlicher Unterschied zur außerordentlichen Beschwerde erkennbar[112]. Mit der Gegenvorstellung liegt kein Rechtsinstitut vor, welches ein Tätigwerden des

---

111 Baumbach/Lauterbach/Albers/Hartmann/Albers Grdz. § 567 Rn. 3: „Da eine gesetzliche Regelung dieses Rechtsbehelfs fehlt, ist vieles streitig."; MünchKomm ZPO/Aktualisierungsband - Lipp Vor. § 567 Rn. 9: „Hier (scil.: betreffend die Frage des Anwendungsbereiches der Gegenvorstellung) ist nach wie vor manches ungeklärt."

112 Zur in diesem Zusammenhang relevanten Bedeutung verfahrensrechtlicher Formalien vgl. BAG, Beschl. v. 21.07.93 – 7 ARB 25/92 in MDR 1994, 1044: „Mit der besonderen Bedeutung der materiellen Rechtskraft und der Systematik der Zivilprozessordnung ist es nicht zu vereinbaren, ein neues ‚einfaches' und ‚weniger umständliches' Verfahren zur Änderung rechtskräftiger Entscheidungen einzuführen. Die verfahrensrechtlichen Formalien haben eine Schutzfunktion, die nicht außer Acht gelassen werden darf. Es ist nicht Aufgabe der Gerichte, selbst prozessuale Regelungen zu schaffen, um einem vom Gesetzgeber nicht aufgegriffenen rechtspolitischen Anliegen Rechnung zu tragen. Eine Anhörungsrüge, wie sie etwa die §§ 33 a, 311 a StPO vorsehen, ist in der Zivilprozessordnung gerade nicht aufgenommen worden. Das haben die Gerichte zu akzeptieren."; tendenziell so auch Scherer in DRiZ 2000, 490, 491; **a.A.**: Proske in NJW 1997, 352, 358: „Letztlich erfordert die Pflicht der Fachgerichte, Verstößen gegen Verfahrensgrundrechte selbst zu begegnen aber auch, Rechtsmittel anderer Prozessordnungen analog anzuwenden, wenn nur hierdurch die Verletzung beseitigt werden kann."
Unabhängig von der Frage, ob es ins Belieben der Rechtsprechung gestellt sein kann, neue Rechtsbehelfe / Rechtsmittel zu entwickeln, sei hier angemerkt, dass der Verweis Proskes auf BVerfGE 49, 252, 258 deshalb zweifelhaft ist, weil dort Verfassungsprozessrecht ins Verhältnis zum Zivilprozessrecht gesetzt wird; daraus kann nicht geschlossen werden, strafprozessuale Normen könnten auf das zivilprozessuale Verfahren übertragen werden.

Gesetzgebers als nicht notwendig erscheinen ließ[113]. Dies gilt nicht zuletzt auch im Hinblick auf die Frage der Eröffnung verfassungsrechtlicher Überprüfungsmöglichkeiten.
Unklarheiten über die zu Gebote stehenden Verfahrensmöglichkeiten, wie sie durch die „Erfindung“ gesetzlich nicht vorgesehener Rechtsbehelfe erzeugt werden, bergen für die betroffene Partei die Gefahr, dass diese nicht alles Nötige einleitet[114] und deshalb die von ihr als ultima ratio erhobene Verfassungsbeschwerde mangels Wahrung der Subsidiarität unzulässig ist. Ebenfalls denkbar ist aber auch, dass der Beschwerdeführer in unzutreffender Annahme des Umstandes, er müsse von einem in der Zivilprozessordnung nicht vorgesehenen Rechtsbehelf Gebrauch machen, zunächst von der Erhebung einer Verfassungsbeschwerde Abstand nimmt und dadurch die nach Bundesrecht oder Landesrecht geltende Frist nicht wahrt. Diese Unsicherheiten konkretisieren sich darin, dass das Offenhalten der Frist für die Einlegung der Verfassungsbeschwerde mittels Durchführung eines Gegenvorstellungsverfahrens in der Verfassungsgerichtsbarkeit nicht einheitlich beurteilt wird:
Das Bundesverfassungsgericht vertritt in ständiger Rechtsprechung die Auffassung, die Frist des § 93 Abs. 1 BVerfGG beginne erst mit Zustellung der Ent-

---

113 Eindeutig BVerfG, Beschl. v. 30.04.03 – 1 PBvU 1/02 in NJW 2003, 1924, 1928, in welchem der Bundesgesetzgeber unter Fristsetzung bis zum 31. Dezember 2004 aufgefordert wird, tätig zu werden: „Um Lücken im bisherigen Rechtsschutzsystem zu schließen, sind von der Rechtsprechung teilweise außerhalb des geschriebenen Rechts außerordentliche Rechtsbehelfe geschaffen worden. Diese genügen den verfassungsrechtlichen Anforderungen an die Rechtsmittelklarheit nicht. Die Rechtsbehelfe müssen in der geschriebenen Rechtsordnung geregelt und in ihren Voraussetzungen für den Bürger erkennbar sein.“ Vgl. hierzu auch den entsprechenden Vorlagebeschluss des ersten Senates des Bundesverfassungsgerichts vom 16. Januar 2002, Beschl. v. 16.01.02 – 1 BvR 10/99 in BVerfGE 104, 357; Kerwer in JuS 1997, 592, 596 betont, Rechtsprechung und herrschender Meinung in der Literatur sei als Grund für ihre Anerkennung der Gegenvorstellung zuzugeben, dass die Gerichte nicht immer auf ein Tätigwerden des Gesetzgebers warten könnten. Stürner in JZ 1986, 526, 528 ist daher zuzustimmen, wenn er meint, die gesamte, der Gegenvorstellung zugrunde liegende Entwicklung sei mehr durch Entlastungsbedürfnisse des Bundesverfassungsgerichts geprägt als durch zwingende verfassungsrechtliche Vorgaben. So auch Prütting in EWiR § 574 ZPO 1/02, 835, 836 wonach die außerordentliche Beschwerde ihre Ausprägungen in der Praxis den Bemühungen verdankte, verfassungsrechtlich bedeutsame Rügen nicht ohne Filter zum Bundesverfassungsgericht gelangen zu lassen.

114 Vgl. auch MünchKomm ZPO/Aktualisierungsband - Lipp § 567 Rn. 15; Buchheister in NVwZ 2000, 1356 ff

scheidung über die Gegenvorstellung zu laufen[115]. Dabei geht das Bundesverfassungsgericht davon aus, der Subsidiaritätsgrundsatz fordere von dem Beschwerdeführer über das Gebot der Erschöpfung des Rechtswegs im engeren Sinn hinaus die Ausschöpfung aller prozessualen Möglichkeiten, um es nicht zu einem Verfassungsverstoß kommen zu lassen oder um eine geschehene Grundrechtsverletzung zu beseitigen. Zwar darf die verständliche Ungewissheit über die Zulässigkeit eines Rechtsmittels nicht zu Lasten des Rechtssuchenden gehen und daher nicht zur Unzulässigkeit der Verfassungsbeschwerde führen[116]; jedoch ist es nach Auffassung des Bundesverfassungsgerichts dem Beschwerdeführer im Regelfall zumutbar, von einem umstrittenen Rechtsbehelf Gebrauch zu machen, bevor er Verfassungsbeschwerde einlegt[117]. Es ist aber denkbar, dass das Bestehen eines Rechtsweges so zweifelhaft ist, dass dem Beschwerdeführer dessen Beschreitung nicht angesonnen werden kann[118]. Dies ist jedoch nicht schon dann der Fall, wenn die Zulässigkeit eines Rechtsmittels von den Fachgerichten unterschiedlich beurteilt wird[119]. Anders sei die Rechtslage nur dann zu beurteilen, wenn im jeweiligen Gerichtsbezirk eine gefestigte entgegengesetzte Rechtsprechung existieren würde[120]. Lediglich einem offensichtlich unzulässigen Rechtsbehelf komme keine fristhemmende Wirkung im Hinblick auf die Erhebung der Verfassungsbeschwerde zu[121]. Dass an dieser Stelle die Probleme für die beschwerte Partei beginnen, bedarf keiner tiefergehenden

115 BVerfG, Beschl. v. 28.03.02 – 1 BvR 229/02 in NJW 2002, 3387 für den Fall einer innerhalb der Frist des § 25 Abs. 2 S. 3 GKG erhobenen Gegenvorstellung: „Danach war die Beschwerdeführerin gehalten, mit der Einlegung der Verfassungsbeschwerde zuzuwarten, bis der Bundesgerichtshof über die Gegenvorstellung entschieden hat. Ein solches Zuwarten war zumutbar. Zu Unrecht geht die Beschwerdeführerin davon aus, sie habe die Verfassungsbeschwerde vorsorglich zur Wahrung der Frist für den Fall einlegen müssen, dass der Bundesgerichtshof nicht sachlich über die Gegenvorstellung entscheide. Denn selbst wenn der Bundesgerichtshof entgegen seiner bisherigen Rechtsprechung die Gegenvorstellung für unstatthaft gehalten hätte, hätte die Frist erst mit Zugang dieses Beschlusses zu laufen begonnen.“ Abweichend: Duhme in VR 2003, 37, 43: „Das Einlegen der Gegenvorstellung hemmt aber nicht den Lauf der Verfassungsbeschwerdefrist, so dass praktisch beide Verfahren parallel betrieben werden müssen.“

116 BVerfG, Beschl. v. 25.05.56 – 1 BvR 83/56 in BVerfGE 5, 17, 20

117 BVerfG, Beschl. v. 08.01.85 – 1 BvR 700, 1141/83 in BVerfGE 68, 376, 379 ff

118 BVerfG, Beschl. v. 15.08.96 – 2 BvR 662 / 95 in NJW 1997, 46, 47

119 BVerfG, Beschl. v. 26.03.63 – 1 BvR 451/62 in BVerfGE 16, 1, 2; Beschl. v. 28.03.85 – 1 BvR 1245, 1254/84 in BVerfGE 69, 233, 243

120 BVerfG, Beschl. v. 15.08.96 – 2 BvR 662 / 95 in NJW 1997, 46, 47

121 BVerfG, Beschl. v. 11.07.01 – 1 BvR 226/02 in NJW 2002, 3388 m.w.N; ferner VfG Bbg – Beschl. v. 17.09.98 – VfG Bbg 7/98 in NJW 1999, 46 im Hinblick auf die mangelnden Erfolgsaussichten einer Nichtzulassungsbeschwerde zum Bundesarbeitsgerichts: Der Beschwerdeführer hat solange um fachgerichtliche Rechtsschutzmöglichkeiten nachzusuchen, wie diese nicht von vornherein aussichtslos sind.

Begründung[122]. Insbesondere ergeben sich auch für den Prozessbevollmächtigten einer durch eine Verfahrensgrundrechtsverletzung betroffenen Partei vor dem Hintergrund eventueller Haftpflichtansprüche seines Mandanten nicht nur unerhebliche Risiken[123].
Die zuvor näher dargestellte Spruchpraxis des Bundesverfassungsgerichts[124] hinsichtlich der Fristwahrung zur Einlegung von Verfassungsbeschwerden ist nicht unumstritten und wird für die Bereiche diverser Landesverfassungen von den entsprechenden Verfassungsgerichtshöfen anders beurteilt[125]. Zu nennen sind hier insbesondere der sächsische, brandenburgische sowie bayrische Verfassungsgerichtshof. Der sächsische Verfassungsgerichtshof hat die im Hinblick auf den Grundsatz der Wahrung der Subsidiarität von Verfassungsbeschwerden

---

122 Vgl. nur Beschluss des BVerfG vom 27.09.02 – 2 BvR 855/02 in NJW 2003, 575, 576: Die durch den Beschwerdeführer gegen einen landgerichtlichen Beschluss erhobene Gegenvorstellung wurde zurückgewiesen, ebenso wie die daraufhin an das Oberlandesgericht gerichtete außerordentliche Beschwerde. Der zweite Senat des Bundesverfassungsgerichts befand, dass weder die Gegenvorstellung noch die außerordentliche Beschwerde die Frist des § 93 Abs. 1 S. 1 BVerfGG unterbrochen hätten. Die Gegenvorstellung *zielte nicht darauf, einen Gehörsverstoß oder einen sonstigen schweren Verfahrensfehler des Landgerichts im Beschwerdeverfahren zu rügen*. Die Voraussetzungen für die beantragte Wiedereinsetzung in den vorigen Stand sah das BVerfG nicht als gegeben an und führte aus: „Der Vortrag des Bf., davon ausgegangen zu sein, zulässige Rechtsbehelfe wahrzunehmen, deutet auf einen Rechtsirrtum hin, der nur in Ausnahmefällen zu einer Wiedereinsetzung führen kann. Einem Rechtsanwalt ist jedenfalls bei zweifelhafter Rechtslage zuzumuten, vorsorglich so zu handeln, wie es bei einer für seiner Mandantin ungünstigen Entscheidung zur Wahrung der Belange notwendig ist."

123 Lotz in NJW 1996, 2130, 2133; Kunze in NJW 1997, 2154, 2155; Seegmüller in DVBl 1999, 738, 739, 744; Laws in MDR 2000, 173; Kreuder in NJW 2001, 1243, 1248

124 Diese hat in der Praxis zu Verunsicherungen geführt; vgl. Seegmüller in DVBl 1999, 738, 744, 745

125 Folgende Landesverfassungen sehen entsprechende Verfassungsbeschwerden vor: vgl. Art. 66, 120 Bay. LVerf.; 72 Abs. 2 Nr. 4 LVerf. Bln; Art. 131 Abs. 3 HV; Art. 135 Abs. 1 Nr. 6 LV Rheinl-Pfl; Art. 97 Nr. 4 Saarl. Verf.; Art. 81 Abs. 1 Nr. 4 Sächs Verf; Art. 75 Nr. 6 Verf. LSA; Art. 80 Abs. 1 Nr. 1 Verf. Thür., Art. 6, 113 Nr. 4 Bbg Verf.; Art. 53 Nr. 6 LV Meckl-Vorp.

bestehenden Bedenken gegenüber der Gegenvorstellung deutlich präzisiert[126]: Da die Gegenvorstellung kein gesetzlich geregelter Rechtsbehelf ist und dementsprechend auch die Einlegung an keine Fristen gebunden sei, stelle sich als maßgeblicher Zeitpunkt für den Beginn des Fristlaufs nicht die Zustellung der auf eine Gegenvorstellung hin ergangenen Entscheidung dar; maßgeblicher Zeitpunkt sei vielmehr die Zustellung des zeitlich vorgelagerten, die Instanz abschließenden Beschlusses. Durch eine innerhalb der Frist zur Einlegung der Verfassungsbeschwerde erhobene formlose Gegenvorstellung und die hierauf

---

126 Sächs. VerfGH, Beschl. v. 25.06.98 – Vf.48-IV-97 in NJW 1999, 780: „Die Gegenvorstellung, die gegen letztinstanzliche Beschwerdeentscheidungen statthaft ist, gehört nicht zu dem Rechtsweg i.S.d. § 27 SächsVerfGHG. Sie entbehrt für den Ausgangsfall jeder einfachgesetzlichen Regelung. Aus diesem Grund ist sie nicht als formeller – auch nicht als außerordentlicher formeller -, sondern vielmehr als gesetzlich nicht geregelter, formloser Rechtsbehelf anzusehen. Da ihr jedwede gesetzliche Ausgestaltung fehlt, bestehen bezüglich der einzuhaltenden Zulässigkeitsvoraussetzungen nicht unerhebliche Unsicherheiten. Insbesondere ist ihre Einlegung an keine Fristen gebunden. Auch genügte bei einer erfolglosen Gegenvorstellung eine formlose Mitteilung der gerichtlichen Entscheidung nach § 329 Abs. 2 ZPO. Würde man auf die Gegenvorstellung und die daraufhin ergehende ablehnende Gerichtsentscheidung abstellen, so liefe die in § 29 Abs. 2 S. 1 SächsVerfGHG gesetzte konkrete Beschwerdefrist wegen dieser Umstände weitgehend ins Leere. Im Interesse der Rechtssicherheit darf aber der Lauf der Beschwerdefrist gerade nicht mit solchen Unsicherheiten, die dem Gegenvorstellungsrecht anhaften, belastet werden.“; ebenso Sächs. VerfGH, Beschl. v. 23.01.98 – Vf.41-IV-97 in NJW 1998, 1301; Bbg. VerfGH, Beschl. v. 17.12.98 – VfG Bbg 40/98 in LVerfGE 9, 145, 147, Teil Brandenburg; es liegt hier kein Widerspruch zu dem zuvor zitierten Beschluss des brandenburgischen Verfassungsgerichtshofes vor, als es dort um eine grundsätzlich durch das Gesetz anerkannte Nichtzulassungsbeschwerde ging; BayVerfGH, Entsch. v. 29.07.93 – Vf.14-VI/93 in NJW 1994, 575; anders: BVerfG, Beschl. v. 24.07.95 – 1 BvR 1822/94 in NJW 1995, 3248; BVerwG, Beschl. v. 20.11.00 – 5 B 65/00 in NJW 2001, 1294: „Da die Gegenvorstellung das Verfassungsbeschwerdeverfahren dadurch entlastet, dass es der Fachgerichtsbarkeit die Möglichkeit eröffnet, Grundrechtsverstöße trotz eingetretener Rechtskraft selbst zu bereinigen, soll die in § 93 Abs. 1 BVerfGG vorgesehene Monatsfrist ihrem Sinn und Zweck nach gleichsam kraft Vorwirkung auch für das der Verfassungsbeschwerde vorgelagerte fachgerichtliche Selbstreinigungsverfahren gelten.“ Allerdings drängt sich dann die Frage auf, in welchem Verhältnis die Monatsfrist des § 93 Abs.1 BVerfGG zu anderen Fristen steht, beispielsweise der des § 234 ZPO; hier nahm der Bundesgerichtshof auch im Fall einer Gegenvorstellung die in § 234 ZPO geregelte Frist an; vgl. BGH, Beschl. v. 26.04.01 – IX ZB 25/00 in NJW 2001, 2262, 2263; gegen eine Fristgebundenheit spricht sich Albers noch in der 57. Auflage von Baumbach/Lauterbach/Albers/Hartmann aus dem Jahr 1999 aus; nunmehr vertritt er die Auffassung, die Gegenvorstellung sei fristgebunden.

ergehende Entscheidung wird danach die Frist zur Erhebung der Verfassungsbeschwerde weder unterbrochen noch gehemmt. Wiederum abweichend hiervon urteilte der Berliner Verfassungsgerichtshof[127].

Für die betroffene Partei bleibt als einzige Möglichkeit, sich aus dem Dilemma der Wahl der richtigen Vorgehensweise zu befreien, ohne Gefahr zu laufen, sich Rechtsschutzmöglichkeiten zu begeben, nur, alle in Betracht kommenden Rechtsschutzmöglichkeiten kumulativ wahrzunehmen[128]. Dass diese Vorgehensweise nicht nur die Belastung der Gerichte erhöht, sondern auch weitere

---

127 Berl.VerfGH, Beschl. v. 31.07.98 – VerfGH 39/97 in NJW 1999, 275, 276: Da der Beschwerdeführer im dort zugrunde liegenden Sachverhalt sowohl die Gegenvorstellung beim Landgericht als auch die Verfassungsbeschwerde fristgerecht eingelegt hatte, enthält der Beschluss allerdings keinen eindeutigen passus, dass der Berliner Verfassungsgerichtshof die Verfassungsbeschwerde auch ohne vorherige Gegenvorstellung als zulässig erachtet hätte. Der erkennende Senat begnügte sich mit der Feststellung, dem Beschwerdeführer könne es nicht entgegengehalten werden, wenn dieser sich zunächst um Abhilfe innerhalb der Fachgerichtsbarkeit bemühe. Buchheister in NVwZ 2000, 1356, 1360 meint demnach auch nicht zu Unrecht, der Berliner Verfassungsgerichtshof würde dem Beschwerdeführer die Wahl zwischen sofortiger Anrufung des Verfassungsgerichts oder der vorherigen Einlegung einer Gegenvorstellung eröffnen.

128 Kerwer in JuS 1997, 592, 597; Roth in JZ 1996, 375, 376; so auch Sächs. VerfGH, Beschl. v. 25.06.98 – Vf.48-IV-97 in NJW 1999, 780 a.E.; Buchheister in NVwZ 2000, 1356, 1360. In der Praxis bietet sich für die beschwerte Partei derzeit nur ein zweigleisiges Vorgehen an: Neben der Erhebung des in der Zivilprozessordnung nicht vorgesehenen Rechtsbehelfs wird gleichzeitig Verfassungsbeschwerde erhoben, die mit der Bitte verbunden wird, diese bis zu einer abschlägigen Entscheidung über den Rechtsbehelf in das Allgemeine Register (AR) des Bundesverfassungsgerichts einzutragen. Dieses ist in den §§ 60 ff GeschO BVerfGG geregelt und sieht in § 60 Abs. 2 lit. a vor, dass im Allgemeinen Register auch Verfassungsbeschwerden registriert werden, bei denen eine Annahme zur Entscheidung gem. § 93 a BVerfGG nicht in Betracht kommt, weil sie offensichtlich unzulässig sind oder unter Berücksichtigung der Rechtsprechung des Bundesverfassungsgerichts offensichtlich keinen Erfolg haben können. Dies wird regelmäßig dann der Fall sein, wenn der Beschwerdeführer entsprechend zuvor genannter Anforderungen des Bundesverfassungsgerichts nicht alle in Betracht kommenden Rechtsschutzmöglichkeiten ausgeschöpft hat. Nach § 61 Abs. 2 GeschO BVerfGG ist ein gemäß § 60 Abs. 2 lit. a GeschO BVerfGG im Allgemeinen Register eingetragener Vorgang in das Verfahrensregister zu übertragen, wenn der Einsender nach Unterrichtung über die Rechtslage eine richterliche Entscheidung begehrt.

Kosten produziert, liegt auf der Hand[129]. Die häufig propagierte Effektivität der Gegenvorstellung[130] kann daher zu Recht in Frage gestellt werden. Durch diese zweigleisige Vorgehensweise wird in verfassungsprozessualer Hinsicht im Übrigen nur ein Mindestmaß an Sicherheit im Hinblick auf die Wahrung der Subsidiarität erreicht. Bedingt durch die restriktive Annahmepraxis des Bundesverfassungsgerichts[131] werden mit Verfahrensgrundrechtsverletzungen begründete Verfassungsbeschwerden selten Aussicht auf Erfolg haben[132]. Vor diesem Hintergrund erlangt die Möglichkeit eine Korrektur der fehlerhaften Entscheidung innerhalb der Fachgerichtsbarkeit – sei es vor dem übergeordneten Gericht oder durch den iudex a quo - zu erreichen, nicht zuletzt auch vor dem Hintergrund des Kostenrisikos[133], eine große Bedeutung.

c) Die Gegenvorstellung unter „Effektivitätsgesichtspunkten"

Den bereits erwähnten Aspekt mangelnder Effektivität gilt es zu vertiefen, da auch unter anderen Gesichtspunkten Zweifel daran bestehen, Gegenvorstellungen stellten sich gegenüber außerordentlichen Beschwerden als effektiver dar. Hierzu ist vorab die Feststellung von Bedeutung, dass sich keine Pflicht, sei es aus Verfassungsrecht oder einfachem Recht ergibt, Verfahrens(grundrechts)verletzungen müssten innerhalb der Instanz geheilt werden.

---

129 Eindeutig BVerfG, Beschl. v. 30.04.03 – 1 PBvU 1/02 in NJW 2003, 1924, 1928: „Die rechtsstaatlichen Anforderungen an die Rechtsmittelklarheit sind bei den zur Rüge eines Verstoßes gegen Art. 103 Abs. 1 GG gegenwärtig (Anm. des Verfassers: Der Beschluss betraf die Bestimmungen der Zivilprozessordnung zur Zulässigkeit der Revision in der bis zum 31.12.2001 geltenden Fassung) nicht erfüllt. Infolgedessen gibt es erhebliche Unsicherheiten bei der Entscheidung über die Frage, ob erst ein außerordentlicher Rechtsbehelf oder sogleich die Verfassungsbeschwerde einzulegen ist. Zur Vermeidung von Rechtsverlusten werden daher häufig beide Rechtsbehelfe parallel eingelegt. Derartige Zwänge illustrieren die rechtsstaatlichen Defizite der außerordentlichen Rechtsbehelfe. Zugleich führen sie zu einer unnötigen Belastung der Bürger und der Gerichte." (vgl. die Kritik an dem Beschluss des BVerfG von Kley in DVBl 2003, 1159 ff, der im Übrigen eine Verletzung des Art. 103 Abs. 1 GG in dem zugrunde liegenden Sachverhalt als nicht gegeben erachtet); MünchKomm ZPO/Aktualisierungsband – Lipp § 567 Rn. 14; Hoeren in JR 1996, 199, 200

130 So zuletzt noch BGH, Beschl. v. 07.03.02 – IX ZB 11/02 in NJW 2002, 1577: „...zudem ist die Fehlerkorrektur innerhalb der Instanz (scil.: mittels Gegenvorstellung) vorzugswürdig, weil sie eine einfache und ökonomische Abhilfe ermöglicht."

131 Schneider in MDR 2002, 1047, 1048

132 Schneider in MDR 2002, 1047, 1048; ders. in AnwBl. 2002, 620, 623; Zuck in MDR 1999, 577: „Man müsse sich schon darauf verlassen, als einziger im Lotto richtig getippt zu haben."; Roellecke in NJW 1998, 1462, 1463: „Zwar war die Wahrscheinlichkeit, mit einer Verfassungsbeschwerde Erfolg zu haben nie größer als 1 zu 100. Aber die Hoffnung, zu diesem einen Prozent zu gehören, war offenbar stärker als die Wahrscheinlichkeitsrechnung. Wir leben eben in einer Lottogesellschaft. Die Hoffnung wird nun von der Überlastungsdiskussion gedämpft. Der Dämpfer bedeutet: nicht nach Karlsruhe gehen, sondern seine Sache vor Ort durchkämpfen."

133 Kerwer in JuS 1997, 592, 597

Das Bundesverfassungsgericht hat in ständiger Rechtsprechung eine Abhilfe durch die Fachgerichtsbarkeit, nicht aber zwingend innerhalb der Instanz gefordert[134]. Davon zu trennen ist die ebenfalls in ständiger Rechtsprechung wiederholte Feststellung, die Rüge der Verletzung des Anspruchs auf rechtliches Gehör oder die Verletzung anderer Verfahrensgrundrechte gewähre nicht den Anspruch einer belasteten Partei auf die Eröffnung einer weiteren Instanz; das Verfassungsrecht enthalte keine Vorgaben in diesen Fällen einen vom Gesetz nicht vorgesehenen Instanzenzug eröffnen zu müssen[135]. Die Forderung nach in-

134 So zuletzt BVerfG; Beschl. v. 30.04.03 – 1 PBvU 1/02 in NJW 2003, 1924, 1927: „Bei der Ausgestaltung des Rechtsbehelfssystems hat der Gesetzgeber einen weiten Spielraum. Er ist nicht gehalten, die Anrufung einer weiteren Instanz vorzusehen." Denkbar sei hier „auch eine Anhörungsrüge an das Gericht, dessen Verfahrenshandlung als fehlerhaft gerügt wird, **sofern** auf diese Weise der Mangel effektiv beseitigt werden kann." Vgl. auch weiter BVerfG, Beschl. v. 30.06.76 – 2 BvR 164/76 in BVerfGE 42, 243, 248: „..kann dieses System auf die Dauer nur funktionsfähig bleiben, wenn weitgehende Möglichkeiten der Selbstkontrollen der Fachgerichtsbarkeiten entweder im Rechtszug oder in der Instanz selbst zur Verfügung stehen."; Beschl. v. 01.02.78 – 1 BvR 426 /77 in BVerfGE 47, 182, 191: „(...) tunlichst im Instanzenzug durch Selbstkontrolle der Fachgerichtsbarkeit ohne Inanspruchnahme des Bundesverfassungsgerichts (...)"; noch deutlicher BVerfG, Beschl. v. 10.10.78 – 1 BvR 475/78 in BVerfGE 49, 252, 259: „Es besteht kein substantieller Unterschied, ob das Bundesverfassungsgericht einen Verstoß feststellt und deshalb die Sache zurückverweist oder das Instanzgericht eine etwaige Verletzung des rechtlichen Gehörs durch die Vorinstanz korrigiert."; Beschl. v. 08.07.86 – 2 BvR 152/83 in BVerfGE 73, 322, 327; so auch Zöller/ Vollkommer Einl. Rn.103; davon abweichend Schneider in MDR 2000, 1453: „Es ist ein Grundanliegen des Bundesverfassungsgerichts, Grundrechtsverstöße, insbesondere bei Verletzung rechtlichen Gehörs, tunlichst von den Fachgerichten *möglichst innerhalb der Instanz* beheben zu lassen.", um dann richtigerweise unter Angabe der entsprechenden verfassungsgerichtlichen Rechtsprechung auszuführen: „Die Fachgerichte sind verpflichtet, die Grundrechte durchzusetzen und alle Möglichkeiten der Selbstkontrolle im Rechtszug oder innerhalb der Instanz auszuschöpfen." In diesem Sinn differenziert Gravenhorst in MDR 2003, 887, 888 auch zutreffend, wenn er ausführt: „Das Bundesverfassungsgericht hat allerdings gemeint, dass es verfassungsrechtlich nicht geboten sei, einen Instanzenzug zum übergeordneten Gericht zu eröffnen; verboten ist es jedoch auch nicht."

135 Ständige Rspr.: BVerfG, Beschl. v. 10.03.70 – 2 BvR 721/67 in BVerfGE 28, 88, 96; Beschl. v. 30.06.76 – 2 BvR 164/76 in BVerfGE 42, 243, 248: „(...) ist der Gesetzgeber von Verfassungswegen nicht zur Bereitstellung eines Instanzenzuges für jeden Einzelfall oder für Gruppen von Fällen gezwungen – und zwar auch dann nicht, wenn der Betroffene mit dem Rechtsmittel eine Verletzung seiner Grundrechte, insb. Art. 103 Abs. 1 GG rügen will"; Beschl. v. 11.10.78 – 2 BvR 1055/76 in BVerfGE 49, 329, 343

stanzinterner Abhilfe resultiert vielmehr aus der Rechtsprechung des Bundesgerichtshofes[136].

Vor dem Hintergrund des immer wieder auftretenden Aspekts der Prozessökonomie ist die Forderung nach instanzinterner Abhilfe nur dann als berechtigt anzusehen, wenn dadurch eine schnelle, effiziente und kostengünstige Beilegung des Verfahrens erwartet werden darf.

An diesem Punkt wird die Gegenvorstellung jedoch in vielen Fällen weitestgehend versagen. Die Partei, die durch eine Entscheidung in ihren Verfahrensgrundrechten betroffen ist oder ansonsten einen schwerwiegenden Verfahrensfehler zu ihren Lasten feststellt, wird kaum eine weitere Entscheidung durch den iudex a quo hinnehmen, die für sie nicht zu der gewünschten Veränderung führt[137]. Darüber hinaus darf bezweifelt werden, dass der iudex a quo

---

136 BGH, Urt. v. 19.10.89 – III ZR 111/88 in NJW 1990, 838, 839; Urt. v. 08.11.94 – XI ZR 35/94 in NJW 1995, 403; Beschl. v. 20.06.95 – XI ZB 9/95 in NJW 1995, 2497; Beschl. v. 26.04.01 – IX ZB 25/01 in NJW 2001, 2262: Dem Anliegen, Grundrechtsverstöße innerhalb der jeweiligen Gerichtsbarkeit zu korrigieren *ist nach Rechtsprechung des Bundesgerichtshofes dadurch Rechnung* getragen, dass in solchen Fällen das Gericht seine Entscheidung auf Gegenvorstellung hin überprüfen und korrigieren kann, selbst wenn sie nach Prozessrecht innerhalb der Instanz unabänderlich ist. Fehlgehend daher OLG Celle, Beschl. v. 04.12.02 – 13 U 77/02 in NJW 2003, 906, 907, welches unter Verweis auf den Beschluss des Bundesverfassungsgerichts v. 16.01.02 – 1 BvR 10/99 in BVerfGE 104, 357 irrigerweise meint die Feststellung treffen zu können, das Bundesverfassungsgericht hätte dort die Auffassung vertreten, die Prüfung innerhalb der Instanz sei vorzugswürdig. Das Bundesverfassungsgericht spricht dort jedoch nur von „dem Fehlen einer fachgerichtlichen Abhilfemöglichkeit bei entscheidungserheblichen Verstößen gegen das Verfahrensgrundrecht des Art. 103 Abs. 1 GG". Wohl eher zutreffend, da in diesem Beschluss die Gegenvorstellung als ernst zu nehmender Rechtsbehelf nicht angesprochen wird: Rüsken in DStZ 2000, 815, 816, der meint, das Bundesverfassungsgericht habe dort sinngemäß die Frage aufgeworfen, ob bei greifbarer Gesetzwidrigkeit der an sich mit Rechtsmitteln nicht anfechtbaren Entscheidung eines Instanzgerichts das im Rechtsmittelzug nächsthöhere Gericht mit einem solchen außerordentlichen Rechtsbehelf angerufen werden könnte.

137 So schon die Bedenken des Bundesrates im Zusammenhang mit der Einführung des § 321 a ZPO; vgl. die Nachweise bei Hannich/Meyer-Seitz/Engers, S. 275; Schneider in MDR 2002, 1047, 1048; ders. in AnwBl 2002, 620; Stürner in JZ 1986, 526, 533. Im Ergebnis zutreffend, aber im einzelnen wenig differenzierend: Schwarze in ZZP 115 (2002) S. 25, 44 Fn. 84: „Denn die außerordentliche Anfechtbarkeit kann die verfassungsgerichtliche Kontrolle nicht ersetzen, und dass die außerordentliche fachprozessuale Anfechtbarkeit das Verfahren deshalb verkürzen wird, weil die Parteien sich mit der auf außerordentliche Rechtsmittel hin ergangene Entscheidungen zufrieden geben und nicht vor das Verfassungsgericht ziehen werden, ist zumindest in den Fällen, in denen es nicht um die Behebung einer Verfahrenspanne geht, nicht einmal eine fromme Hoffnung." Schwarzes Feststellung hinsichtlich des letztgenannten Aspekts trifft insoweit zu, wie dort eine Abhilfemöglichkeit des iudex a quo gemeint sein soll. Soweit in Fällen, bei denen es nicht um die Behebung von Verfahrenspannen geht und die Entscheidung eines Beschwerdegerichts vorliegt, wird dieser Umstand eine betroffene Partei eher davon abhalten, eine verfassungsgerichtliche Überprüfung vornehmen zu lassen, da hier die Entscheidung eines unbeteiligten Gerichts vorliegt.

auch in Fällen begründeter Rügen regelmäßig bereit sein wird, seine Entscheidung abzuändern. Das erkennende Gericht müsste, abgesehen von den Fällen alltäglicher im Geschäftsbetrieb auftretender Pannen, einräumen, Verfahrensrecht falsch angewendet zu haben, in Fällen „greifbarer Gesetzwidrigkeit" sogar eine Entscheidung getroffen zu haben, die jeder Grundlage entbehrt und mit der Rechtsordnung schlechthin unvereinbar ist. Autoren wie *Kahlke*[138]; *Zuck*[139], *Wank*[140], *Rüsken*[141], *Schellhammer*[142], *Deubner*[143], *Schneider*[144],

---

138 Kahlke in NJW 1985, 2231, 2233: „Die Anhörungsrüge hätte überdies den Nachteil, dass der sie verursacht habende Richter regelmäßig selbst über sein verletzendes Handeln zu befinden haben würde, was sich nicht mit dem Anspruch der Partei auf einen aus Neutralität und Distanz agierenden Richter vertragen würde."

139 Zuck in MDR 1999, 577: „In den Beratungen, an denen man selbstverständlich nicht teil hat, wird dann wohl gesagt, der Betroffene solle Verfassungsbeschwerde erheben, wenn ihm das Ergebnis nicht passe."

140 Wank in EwiR 2000, 577, 578: „Richtig ist grundsätzlich auch der Weg der Gegenvorstellung beim iudex a quo und dessen Abhilferecht, jedenfalls dann, wenn es um rechtliches Gehör geht und der Fehler noch korrigierbar ist. Fraglich ist aber, ob der iudex a quo auch der richtige Adressat ist, um die eigene Entscheidung als willkürlich zu qualifizieren. Jedenfalls in diesem Fall wird man - zumindest in einem zweiten Schritt - doch noch einen außerordentlichen Rechtsbehelf zur nächsten Instanz eröffnen müssen."

141 Rüsken in DStZ 2000, 815, 818: „Gleichwohl wird die Einsichtsfähigkeit des iudex a quo so sehr herausgefordert, dass sonderlich effektiver Rechtsschutz durch eine Selbstkorrektur von Rechtsfehlern dieser Art (scil.: insbesondere Verstöße gegen das Willkürverbot) kaum zu erwarten ist. Es (scil.: die Entscheidung durch den iudex ad quem) vermehrt die Chance des Rechtssuchenden, wenn über seine Verfahrensrüge oder die Rüge materiellrechtlicher Willkür nicht das erkennende Gericht entscheidet, das nicht in der erkenntnishemmenden Verlegenheit steht, einen Fehler eingestehen zu müssen."

142 Schellhammer in MDR 2001, 1081, 1083 eher moderat: „Man muss abwarten, ob die Gerichte bereit sind, ihre Fehler selbst zu korrigieren."

143 Deubner in JuS 2002, 899, 902: „Verstöße gegen Art. 103 Abs. 1 GG sind in der Regel lässliche Unachtsamkeiten, deren Korrektur von dem Richter, der sie begangen hat, erwartet werden kann. Von einem Richter die Korrektur von ihm getroffener willkürlicher Entscheidungen zu erwarten – Art. 3 Abs. 1 GG ist verletzt, wenn die Rechtsanwendung oder das Verfahren unter keinem denkbaren rechtlichen Aspekt mehr vertretbar ist und sich daher der Schluss aufdrängt, dass sie auf sachfremden und damit willkürlichen Erwägungen beruhen -, ist lebensfremd. Hier bedarf es, wenn eine wirksame Selbstkontrolle der Fachgerichtsbarkeit erfolgen soll, zwingend der Kontrolle durch ein vorgeordnetes Gericht."; ders. bereits in NJW 1980, 263, 267: „Bleibt Vorbringen aus rechtlichen Erwägungen – also bewusst – unberücksichtigt, wie das vor allem bei der ungerechtfertigten Zurückweisung verspäteten Vorbringens der Fall ist, bedarf es der Kontrolle durch eine übergeordnete Instanz, also eines Rechtsmittels, mit dem die Verletzung des Anspruchs auf rechtliches Gehör gerügt werden kann."

144 Schneider in MDR 2002, 1047, 1048: „Nunmehr entscheidet ein Richter, der fehlerhaft gearbeitet hat, in eigener Sache. Die Objektivität der neuen Entscheidung ist daher zweifelhaft."; ders. in AnwBl 2002, 620, 621: „Es ist grundsätzlich verfehlt, ein Gericht in eigener Sache entscheiden zu lassen. Das kann sehr leicht dazu führen, dass Richter eine ihnen unterlaufene Verletzung rechtlichen Gehörs herunterspielen."

Voßkuhle[145], *Gravenhorst*[146] und *Redeker*[147] sehen vor diesem Hintergrund die Forderung nach einer Korrektur durch den iudex a quo als untunlich oder sogar lebens-fremd[148] an. Im Übrigen liegt ebenfalls die Annahme nahe, dass eine Kor-rekturmöglichkeit ausschließlich durch den iudex a quo nicht geeignet erscheint, aufgetretene Verfahrens(grundrechts)verletzungen auch in zukünftigen Verfahren zu vermeiden[149].
Die Gegenvorstellung stellt somit in vielen Sachverhaltskonstellationen unter den Gesichtspunkten der Vermeidung von Verfassungsbeschwerden und somit der Korrektur von Verfahrens(grundrechts)verletzungen keine Alternative zur außerordentlichen Beschwerde dar.

---

145 Voßkuhle in NJW 2003, 2193, 2197: „Gerade dies (scil.: gemeint ist die effektive Beseitigung von Verfahrensfehlern durch den iudex a quo) erscheint aber mitunter äußerst zweifelhaft. Insbesondere in den Fällen, in denen der Verfahrensfehler nicht auf einer „Panne" beruht, sondern auf falschen rechtlichen oder arbeitsstrategischen Überlegungen kann bei realistischer Betrachtungsweise von dem jeweiligen Richter kaum erwartet werden, dass er innerhalb kürzester Zeit seine Meinung ändert und neu in die Sachprüfung einsteigt. Ganz abgesehen davon gehört zu den unverzichtbaren Kernelementen des gerichtlichen Rechtsschutzes die Neutralität und Distanz des agierenden Richters, der nicht Kontrolleur in eigener Sache sein darf."

146 Gravenhorst in MDR 2003, 887, 888: „Die Möglichkeit einer Abhilfe durch den iudex a quo wäre dabei durchaus sinnvoll, insbesondere für Fälle lediglich versehentlicher Verstöße („Pannenhilfe"). Liegt dagegen eine verfassungswidrige Rechtsauffassung des iudex a quo vor, so wäre eine Überprüfung gerade und allein durch ihn für die betroffenen Partei kaum mehr als eine Art Placebo; denn der iudex a quo ist in diesen Fällen ‚Überzeugungstäter', dürfte also kaum dazu zu bewegen sein, von seiner bisherigen Auffassung abzuweichen."

147 Redeker in NJW 2003, 2956, 2957 im Zusammenhang mit der aufgrund des Plenarbeschlusses des Bundesverfassungsgerichts vom 30.04.2003 durch den Gesetzgeber zu schaffenden Neuregelung: „Die Beschränkung auf den iudex a quo sollte nur die Ausnahme sein. Denn es ist nicht gerade wahrscheinlich, dass der iudex a quo, dem gerade der Verfahrensfehler vorgehalten wird, bereit ist, sich – auch bei innerer Bejahung des Mangels – noch zu einer anderen Sachentscheidung zu entschließen."

148 Dass auch Ausnahmen von dieser Einschätzung existieren beweist der dem Beschluss des OLG Karlsruhe, Beschl. v. 02.12.94 – 14 W 66/94 in NJW-RR 1995, 1536 zugrunde liegende Sachverhalt.

149 Schneider in MDR 1997, 991 führt aus, dass Fehler, die im Ergebnis zu Mehrarbeit führen, weil eine Sache zweimal bearbeitet werden muss, erfahrungsgemäß sehr schnell vermieden werden. Nur ein (wiederholtes) Eingreifen des übergeordneten Gerichts vermag eine schnelle Beseitigung und vor allem auch dauerhafte Verhinderung identischer Fehler gewährleisten, indem die angefochtene Entscheidung an den iudex a quo zurückverwiesen wird; ders. in MDR 1997, 1148, 1149: „...Denn die Ausnahmebeschwerde wegen Verletzung rechtlichen Gehörs ist als Sanktion die nachhaltigste Erziehungsmaßnahme." Der Zwang, sich erneut mit einer Sache befassen zu müssen, kann letztlich nur im Wege der außerordentlichen Beschwerde sichergestellt werden. So auch im Hinblick auf einen erzieherischen Effekt: Fischer in NJW 1993, 2417, 2420, 2421. Voßkuhle in NJW 2003,2193, 2198 konstatiert, die Erfahrung zeige, krasse richterliche Fehlentscheidungen seien insbesondere dort zu erwarten, wo nicht mit einer Kontrolle durch Kollegen zu rechnen sei.

3. Feststellung der Nichtigkeit greifbar gesetzwidriger Entscheidungen als Lösungsansatz

Insbesondere zu Beginn der achtziger Jahre wurde diskutiert, ob als Ansatz zur Lösung für die hier in Rede stehende Problematik nicht die Möglichkeit einer Nichtigkeitsfeststellungsklage in Betracht zu ziehen sei[150]. In Literatur[151] und auch Rechtsprechung[152] entbrannte ein intensiver Streit darüber, ob eine Anwendung des § 579 ZPO über seinen Wortlaut hinaus zulässig und angezeigt erschiene. Die in diesem Zusammenhang geführte Auseinandersetzung indiziert bereits, dass auch bei der Frage einer analogen Anwendung des § 579 Abs. 1 Ziff. 4 ZPO, zumindest unter rechtsdogmatischen Gesichtspunkten, sich keine hinreichende Rechtsklarheit erreichen lässt. Stellt sich die (nunmehr mit Einführung des § 321 a ZPO obsolet gewordene) Frage einer analogen Anwendung des § 579 Abs. 1 Ziff. 4 ZPO auf die Fälle der Verletzung des Anspruchs auf rechtliches Gehör schon im Fall von Urteilsverfahren als nicht unproblematisch dar, so ist die Möglichkeit einer Rüge anderer Verfahrensgrundrechtsverletzungen oder einer Anwendung auf Fälle „greifbarer Gesetzwidrigkeit" argumentativ kaum darlegungsfähig. Sollte hingegen die Möglichkeit einer analogen Anwendung des § 579 Abs. 1 Ziff. 4 ZPO auf die Verletzung des Anspruchs auf rechtliches Gehör in Beschlussverfahren, auf sonstige Verfahrensgrundrechtsverletzungen und auf die Fälle greifbarer Gesetzwidrigkeit aller argumentativen Probleme zum Trotz als grundsätzlich möglich angesehen werden, stellt sich die weitere Frage, in welchem Verhältnis die Nichtigkeitsklage zu den anderen in der Praxis anerkannten Rechtsbehelfen der außerordentlichen Beschwerde und der Gegenvorstellung steht. Eine einheitliche Beantwortung dieser Frage wird obergerichtlich kaum zu erreichen sein. Gewonnen wäre mit einer derartigen

---

150 BVerfG, Beschl. v. 22.01.92 – 2 BvR 40/92 in NJW 1992, 1030 f; BayVerfGH, Entsch. v. 29.10.93 – Vf.128-VI/92 in NJW 1994, 2280 f; BAG, Beschl. v. 21.07.93 – 7 ABR 25/92 in MDR 1994, 1044; insofern ist die Darstellung Hoerens in JR 1996, 199, 200, von Gerichten sei die Möglichkeit einer Nichtigkeitsfeststellungsklage bei krassen Fehlentscheidungen nie bedacht worden, zweifelhaft; MünchKomm ZPO/Braun § 567 Rn. 11; Braun in NJW 1981, 425 ff, ders. in NJW 1981 1196 f; ders. in NJW 1983, 1403 ff; Seetzen in NJW 1982, 2337 ff

151 *Für die Möglichkeit einer Nichtigkeitsklage:* Hoeren in JR 1996, 199, 200; Braun in NJW 1981, 425 ff, ders. in NJW 1981 1196 f; ders. in NJW 1983, 1403 ff
Gegen die Möglichkeit einer Nichtigkeitsklage: Seetzen in NJW 1982, 2337, 2340 f; Schneider in NJW 1981, 1196

152 *Für die Möglichkeit einer Nichtigkeitsklage:* BVerfG, Beschl. v. 29.10.97 – 2 BvR 1390/95 in NJW 1998, 745 im Fall eines gegen Art. 103 Abs. 1 GG verstoßenden Urteils; KG, Urt. v. 27.05.87 – 18 U 6829/86 in NJW-RR 1987, 1215, 1216; BAG, Beschl. v. 21.07.93 – 7 ARB 25/92 in NJW 1994, 1044
Gegen die Möglichkeit einer Nichtigkeitsklage: VGH Kassel, Beschl. v. 04.10.82 – IV 46/82 in NJW 1984, 378, 379; tendenziell BayVerfGH, Entsch. v. 29.10.93 – Vf.128-VI/92 in NJW 1994, 2280, 2281

Vorgehensweise nichts. Zutreffend ist daher die von *Hartmann*[153] getroffene Feststellung, die Frage einer Erweiterung des Anwendungsbereiches des § 579 Abs. 1 Ziff. 4 ZPO könne nur letztlich durch den Gesetzgeber geregelt werden. Im Ergebnis ist damit zu konstatieren, dass eine Übertragung der Grundsätze der Nichtigkeitsklage in analoger Anwendung des § 579 ZPO lediglich zu einer Intensivierung der Rechtsunsicherheit führen würden.

4. Fazit – Keine prozessualen Alternativen zu „außerordentlichen Beschwerden" erkennbar

Sämtliche in der Rechtspraxis vorgeschlagenen Lösungsansätze kranken schlichtweg daran, dass kein Rechtsbehelf eine hinreichende Rechtssicherheit gewährt, die betroffene Partei von der hilfsweisen Einlegung weiterer Rechtsmittel oder sogar der zunächst ausschließlich der Fristwahrung dienenden Erhebung einer Verfassungsbeschwerde zu entbinden, falls die Partei nicht Gefahr laufen will, ihrer Rechte verlustig zu werden.

Die zu den außerordentlichen Rechtsbehelfen vorgetragenen Begründungen ähneln sich letztlich darin, dass nur mittels dogmatischer Hilfskrücken die Korrektur schwerwiegender Verfahrensfehler beziehungsweise Verfahrensgrundrechtsverletzungen möglich scheint. Dogmatische Herleitungen leiden aber gemeinhin daran, dass sie nicht für jedes erkennende Gericht in derselben Weise nachvollziehbar sein müssen und daher zumindest die Gefahr von Unterschieden in der Rechtsanwendung hervorrufen. Dies führt im Ergebnis dazu, dass bei Vorliegen identischer Sachverhalte die Rechtsschutzmöglichkeiten der Betroffenen divergieren. Abhängig davon, welche Spruchpraxis im jeweiligen Gerichtsbezirk vorherrscht und welches Verfassungsgericht mittels Verfassungsbeschwerde angerufen werden soll, wird sich der Zugang zu Rechtsmittelinstanzen und zu einer verfassungsgerichtlichen Überprüfung unterschiedlich darstellen. Die Gegenvorstellung ist als ein in vielen Sachverhaltskonstellationen unzureichender Rechtsbehelf anzusehen[154].

---

153 Baumbach/Lauterbach/Albers/Hartmann/Hartmann § 579 Rn. 13

154 Bis zum Beschluss des Bundesverfassungsgerichts vom 30. April 2003 (Az.: 1 PBvU 1/02 in NJW 2003, 1924, 1929) schien der Prozess zunehmender Bedeutung der Gegenvorstellung in der zivilprozessualen Praxis noch nicht abgeschlossen zu sein. Ob tatsächlich die Bedeutung der Gegenvorstellung schwinden wird, hängt maßgeblich von der Bereitschaft des Bundesgesetzgebers, der Aufforderung des Bundesverfassungsgerichts nachzukommen und eine entsprechende Lösung zu finden.

Es ist daher festzustellen, dass die in der Gerichtspraxis entwickelten Rechtsinstitute der außerordentlichen Beschwerde und Gegenvorstellung keinen Rechtszustand hervorbrachten, der die Forderung nach legislativem Tätigwerden als unberechtigt erscheinen lässt[155].
An diese Feststellung schließt sich zunächst die Frage an, ob und inwieweit das Zivilprozessreformgesetz dem vielfach geäußerten Anliegen nach einem im vorgenannten Sinn verstandenen gesetzgeberischen Tätigwerden entspricht. Abhängig von deren Beantwortung wird die ebenfalls sich aufdrängende Frage nach einer zukünftigen Existenzberechtigung außerordentlicher Rechtsbehelfe, insbesondere der außerordentlichen Beschwerde einer Lösung zugeführt werden können.

5. Die sich aus dem Zivilprozessreformgesetz ergebenden Konsequenzen für Verfahrensgrundrechtsverletzungen und Sachverhalte „greifbarer Gesetzwidrigkeit"

„Der gesetzgeberische Reformeifer dürfte durch die Beratungen (scil.: des 61. Deutschen Juristentages) einen deutlichen Dämpfer erhalten haben." So lautete die Einschätzung von *Stüer*[156] in einer Nachbetrachtung zu den Ergebnissen des 61. Deutschen Juristentages im Jahr 1996. Diese Feststellung sollte sich jedenfalls bezogen auf die Einführung der Anhörungsrüge im Kern als eine unzutreffende Prognose erweisen.
So brachte die durch das Zivilprozessreformgesetz eingefügte Vorschrift des § 321 a ZPO eine über zwanzigjährige rechtswissenschaftliche und rechtspolitische Diskussion über die Einführung einer „Anhörungsrüge" in den Zivilprozess zumindest für einen Teilbereich zum Abschluss[157]. Allerdings ist zu konstatieren, dass im Rahmen des Gesetzgebungsverfahrens zum Zivilprozessreformgesetz die Diskussion um die Frage der Einführung des § 321 a ZPO nur

---

155 Eindeutig BVerfG, Beschl. v. 30.04.03 – 1 PBvU 1/02 in NJW 2003, 1924, 1929: „Diese Praxis (scil.: der Annahme von Verfassungsbeschwerden zwecks Vermeidung von Rechtsschutzlücken trotz Fehlens einer fachgerichtlichen Entscheidung über die Gehörsrüge) widerspricht der Aufgabenverteilung zwischen Fach- und Verfassungsgerichtsbarkeit. Sie kann nur für eine Übergangszeit hingenommen werden. Dem Gesetzgeber wird aufgegeben, bis zum 31.12.2004 eine Lösung zu finden, soweit dies nicht schon durch das Zivilprozessreformgesetz vom 27.07.2001 geschehen ist." Zu einem anderen Ergebnis gelangt Scherer in DRiZ 2000, 490, 494. Dabei geht sie zwar auch davon aus, dass Unklarheiten hinsichtlich der Anfechtbarkeit einer gerichtlichen Entscheidung für die Betroffenen mit Rechtsunsicherheiten verbunden sind und die klare Bestimmung der Voraussetzungen eines Rechtsmittels Aufgabe des Gesetzgebers ist. Allerdings sei der Gesetzgeber dieser Aufgabe in der Zivilprozessordnung mit ihren detaillierten Regelungen nachgekommen. Konsequenterweise stellt sich für Scherer in den hier problematisierten Prozesssituationen nur die Alternative zwischen Bestandskraft und Anfechtung mittels Verfassungsbeschwerde.

156 Stüer in DVBl 1996, 1243, 1244

157 Zöller/Gummer § 321 a Rn. 1

eine untergeordnete, die einer Regelung der greifbaren Gesetzwidrigkeit überhaupt keine Rolle spielte[158].
Die überwiegend sehr emotional geführten Diskussionen zwischen Regierungskoalition und Opposition als auch zwischen Regierungskoalition und berufsständischen Interessenverbänden konzentrierten sich – wie den Niederschriften, Protokollen und offenen Briefen zu entnehmen ist – hauptsächlich auf andere Bereiche wie beispielsweise die Neuregelung des Rechtsmittelzugs, die Einführung des originären Einzelrichters beim Landgericht und in der Berufungsinstanz sowie nicht zuletzt auf die kostenmäßigen Auswirkungen der Reformpläne. So verwundert es auch nicht, wenn das Echo auf die geplante Einführung des § 321 a ZPO in der Literatur nur eine untergeordnete Rolle spielte[159].
In dem novellierten Zivilprozessrecht lassen sich Anhörungsrügen für Beschlussverfahren ebenso wenig finden wie prozessuale Möglichkeiten, mit denen die Verletzung anderer Verfahrensgrundrechte als die Verletzung des Anspruchs auf rechtliches Gehör geltend gemacht werden können; Rechtsbehelfe mit denen das Vorliegen einer greifbaren Gesetzwidrigkeit (die ja nach ständiger Rechtsprechung weder die Verletzung des Anspruchs auf rechtliches Gehör noch die Verletzung des Anspruchs auf den gesetzlichen Richter umfasst) sind ebenfalls nicht vorgesehen. Trotz des Umstandes, dass der weitaus überwiegende Teil der Verfassungsbeschwerden mit einer Verletzung des Art. 103 Abs.1 GG begründet wird, hätte es nahegelegen, Fälle der Verletzung anderer Verfahrensgrundrechte wie auch gegebenenfalls Sachverhalte der greifbaren Gesetzwidrigkeit ebenfalls zu regeln[160]. Da dies jedoch nicht geschah, drängt sich das Problem auf, wie diese Sachverhaltskonstellationen auf der

---

158 So findet sich diesbezüglich weder eine Aussage der seinerzeitigen Bundesjustizministerin Däubler-Gmelin in ihrem Beitrag zur Reform des Zivilprozesses in ZRP 2000, 33 ff noch in den daraufhin erfolgten Reaktionen von Hansen in ZRP 2000, 26 ff sowie Ayad in ZRP 2000, 229 ff; insofern ist die von Müller in NJW 2002, 2743 getroffene Aussage zu hin-terfragen, es sei „ein wichtiges Anliegen des Zivilprozessreformgesetzes gewesen, die Kor-rekturmöglichkeiten bei Verletzung rechtlichen Gehörs im zivilgerichtlichen Instanzenzug zu verbessern".

159 Scherer in DRiZ 2000, 490 äußerte Ende des Jahres 2000 vor dem Hintergrund der intensiv und kontrovers geführten Debatten Zweifel betreffend die Einführung des § 321 a ZPO: „Ob die in der geplanten ZPO-Reform in § 321 a ZPO vorgesehene Anhörungsrüge geltendes Recht wird, ist – da die Reform insgesamt sehr umstritten ist – völlig offen."

160 Es stellt sich deshalb als zumindest mißverständlich dar, wenn Gummer in Zöller/ Gummer § 567 Rn. 18a unter Ziff. II „Die außerordentliche Beschwerde wegen greifbarer Gesetzwidrigkeit" im Zusammenhang mit Ausführungen zur außerordentlichen Beschwerde davon spricht, diesem Anliegen (gemeint ist, wie sich aus Rdnr. 18 zu § 567 ergibt, der Wunsch des Bundesverfassungsgerichts auf Abhilfe durch die Fachgerichtsbarkeit) sei durch die Einführung des § 321 a ZPO Rechnung getragen worden. Diese Aussage kann sich nur auf die nunmehr geschaffene instanzinterne Abhilfemöglichkeit bei der Verletzung des Anspruchs auf rechtliches Gehör beziehen. Den außerordentlichen Beschwerden zugrunde liegenden Sachverhalten ist jedenfalls nicht gesetzgeberisch Rechnung getragen worden.

Grundlage des derzeit geltenden Verfahrensrechts prozessual adäquat einer Lösung zugeführt werden können[161]. In diesem Zusammenhang stellt sich insbesondere die Frage einer Anwendbarkeit des § 321 a ZPO über seinen Wortlaut hinaus auf Beschlussverfahren, auf die Verletzung anderer Verfahrensgrundrechte, auf Fälle der greifbaren Gesetzwidrigkeit sowie, ob § 321 a ZPO auch auf Rechtsmittelverfahren Anwendung finden kann.

a) Die Interpretation des neuen Verfahrensrechts in der Literatur

Die sich auf der Grundlage des neuen Verfahrensrechts entwickelnde Literatur stellt ein uneinheitliches Bild dar, welches daraus resultiert, dass unterschiedliche Ansichten über den Anwendungsbereich des § 321 a ZPO bestehen. In weitaus stärkerem Maß als die Gegenvorstellung ist die außerordentliche Beschwerde in der Frage nach ihrer Existenz von dieser Diskussion betroffen.

Die Bandbreite der vertretenen Ansichten reicht von der Auffassung, außerordentliche Beschwerden gehörten weitestgehend der prozessualen Vergangenheit an, bis zu der Erkenntnis, das novellierte Zivilprozessrecht führe in diesem Bereich zu keinen Änderungen.

aa) Einschränkungen des Anwendungsbereiches außerordentlicher Beschwerden bis hin zur Aufgabe dieser Rechtsfigur

Teile der Literatur erachten auf der Grundlage des neuen Verfahrensrechts die Figur der außerordentlichen Beschwerde ausdrücklich als nunmehr obsolet[162].

---

161 So auch Pape in EWiR § 116 ZPO 1/02, 973: „Interessanter als eine Auseinandersetzung mit der Frage, ob es vorliegend überhaupt sinnvoll war, einen derartigen Rechtsbehelf (scil.: gemeint ist die außerordentliche Beschwerde) einzulegen, ist nach In-Kraft-Treten des neuen Zivilprozessrechts die zumindest bei groben Verfahrensverstößen relevante Frage, ob es einen außerordentlichen Rechtsbehelf wegen ‚greifbarer Gesetzwidrigkeit' nach In-Kraft-Treten des ZPO-RG 2001 überhaupt noch gibt, oder ob insoweit die Anrufung der nächsthöheren Instanz gar nicht mehr in Betracht kommt." Des Weiteren Hannich/Meyer-Seitz/Engers, ZPO-Reform, § 321 a Rn. 7: „Es ist deshalb zu begrüßen, dass der Gesetzgeber den vielfachen Forderungen aus Wissenschaft und Praxis nach einer instanzinternen Kontrolle unanfechtbarer Entscheidungen einen guten Schritt weit entgegengekommen ist und sich für die Zivilgerichtsbarkeit entschlossen hat, erstmals die Möglichkeit einer instanzinternen Korrektur von Verfahrensgrundrechtsverletzungen in Urteilsverfahren einzuführen. Ein wegen des begrenzten Anwendungsbereichs des § 321 a ZPO wohl nur ein erster aber wesentlicher Schritt auf dem vom Bundesverfassungsgericht vorgezeichneten Weg ist getan. Es bleibt abzuwarten, welche rechtstatsächlichen Erfahrungen die Praxis mit dieser Norm macht und welchen (ausdehnenden oder eher einengenden) Anwendungsbereich sie ihr letztlich geben wird."

162 MünchKomm ZPO/Aktualisierungsband - Lipp § 567 Rn. 13 ff; Lüke, Zivilprozessrecht S. 36: „Die außerordentliche Beschwerde hat ihre Bedeutung verloren."; Müller in NJW 2002, 2743, 2746 f; Greger in NJW 2002, 3049, 3053 spricht von dem „Ende der außerordentlichen Beschwerde".; Pape in EWiR § 116 ZPO 1/02, 973, 974: „(...) spricht einiges dafür, die außerordentliche Beschwerde wegen greifbarer Gesetzwidrigkeit mit dem In-Kraft-Treten des ZPO-RG 2001 als erledigt anzusehen."

So vertritt *Lipp* die Auffassung, Fälle der außerordentlichen Beschwerde werden mit der Einführung des § 321 a ZPO nicht mehr anzutreffen sein[163]. Die in dieser Form vertretene Ansicht überrascht, setzt sie doch voraus, dass sich die Fälle außerordentlicher Beschwerden auf Verfahrensgrundrechtsverletzungen reduzieren lassen. Hier hätte es einer Auseinandersetzung mit der Tatsache bedurft, dass nach teilweise höchstrichterlicher Rechtsprechung außerordentliche Beschwerden nicht allein in Fällen von Verfahrensgrundrechtsverletzungen als statthaft anerkannt wurden. Vom Grundsatz her nicht zu beanstanden ist der Standpunkt, § 321 a ZPO könne auch auf andere Verfahrensgrundrechtsverletzungen Anwendung finden. Die Argumentation auf dem Weg zu diesem Ergebnis erscheint jedoch nur schwer nachvollziehbar. *Lipp* geht dabei offensichtlich wie *Musielak*[164], von einem weiten Begriff des Anspruchs auf rechtliches Gehör aus, der sämtliche Verfahrensgrundrechte[165] umfasst. Dieser Argumentation folgend meint *Lipp*, es stelle sich als eine systemadäquate Lösung dar, den Anwendungsbereich des § 321 a ZPO sowohl auf bindende Beschlüsse

---

163 MünchKomm ZPO/Aktualisierungsband – Lipp § 567 Rn. 18: „Die Beschwerde wegen ‚greifbarer Gesetzwidrigkeit' dient dazu, eine sonst mögliche Verfassungsbeschwerde zu vermeiden. Ob und inwieweit dies eine außerordentliche Beschwerde zu rechtfertigen vermag, ist heftig umstritten. Dies kann jedoch heute dahinstehen, denn das Zivilprozessreformgesetz hat mit § 321 a ZPO ein besonderes Verfahren in den Zivilprozess eingeführt, das gerade einer derartigen Selbstkorrektur dient. Sieht das Gesetz nunmehr selbst einen besonderen Rechtsbehelf vor, der auf alle Grundrechtsverstöße bei unanfechtbaren und anfechtbaren Entscheidungen entsprechend anzuwenden ist, entfällt sowohl die Notwendigkeit als auch die Berechtigung für einer außerordentliche Beschwerde."

164 MünchKomm ZPO/Aktualisierungsband - Musielak § 321 a Rn. 3: „Andere das Prozessrecht prägende Verfassungsprinzipien, wie beispielsweise der Anspruch auf ein faires Verfahren und der Grundsatz der Waffengleichheit, sind jedenfalls eng mit dem Anspruch auf rechtliches Gehör verbunden und lassen sich durchaus auf dieses Grundrecht zurückführen. Dies rechtfertigt es, den Begriff des rechtlichen Gehörs im Sinn von § 321 a ZPO weit auszulegen." So auch Lüke, Zivilprozessrecht, S. 35, wonach Art. 103 Abs. 1 GG die Grundlage jeder Verfahrensnorm darstelle.

165 Als weitere, neben dem Anspruch auf rechtliches Gehör existierenden Verfahrensgrundrechte seien genannt: die Garantie des gesetzlichen Richters, die Zugangsgleichheit, die Rechtsanwendungsgleichheit, die Garantie eines fairen Verfahrens, die prozessuale Waffengleichheit sowie das Willkürverbot; vgl. Zöller/Vollkommer Einl. 101

einerseits als auch auf die Verletzung anderer Verfahrensgrundrechte andererseits auszudehnen[166]. Gedanklich setzt diese Argumentation voraus, dass Verfahrensgrundrechte sich auf den verfassungsrechtlichen Anspruch der Gewährung rechtlichen Gehörs zurückführen lassen können. Einen Nachweis für diese These bleibt *Musielak* indessen schuldig[167]. Ein Zusammenhang dergestalt, dass sich andere Verfahrensgrundrechte auf den Anspruch auf rechtliches Gehör zurückführen lassen, existiert nicht. Der Anspruch auf rechtliches Gehör stellt ein verfahrensrechtliches Grundprinzip mit Verfassungsrang dar, welches in engem Zusammenhang mit anderen verfassungsrechtlich fundierten Verfahrensgrundsätzen steht[168]. Unbestritten ist die enge Verbindung des Rechts auf ein faires Verfahren mit dem Anspruch auf rechtliches Gehör. Da - im Gegensatz zum Verfahrensgrundrecht auf ein faires Verfahren - der Anspruch auf rechtliches Gehör im Grundgesetz ausdrücklich geregelt ist, werden manche Fragen dem Grundrecht des Art. 103 Abs. 1 GG zugeordnet, die streng genommen den Anspruch auf ein faires Verfahren betreffen[169]. Dass Verfahrensgrundrechte nebeneinander existieren sei auch an einem Vergleich zwischen Art. 103 Abs. 1 GG und Art. 101 Abs. 1 S. 1 GG demonstriert. Die Gewährleistung des Art. 101 Abs. 1 S. 1 GG stellt eine besondere Ausprägung des allgemeinen rechtsstaatlichen Objektivitätsgebots dar. Sie soll gewährleisten, dass der zuständige Rich-

---

166 MünchKomm ZPO/Aktualisierungsband - Lipp Vor. § 567 Rn. 13: „Eine systemadäquate Lösung bietet sich an, wenn man die durch das Zivilprozessreformgesetz neu eingeführte Abhilfemöglichkeit für Verletzung rechtlichen Gehörs bei erstinstanzlichen Urteilen nach § 321 a ZPO auf bindende Beschlüsse entsprechend anwendet. Der Mangel kann dann mit einer förmlichen und befristeten Anhörungsrüge entsprechend § 321 a ZPO gerügt werden, wenn eine sofortige Beschwerde oder eine Rechtsbeschwerde nicht statthaft ist. Dieser neue zivilrechtliche Rechtsbehelf soll gerade Verletzungen rechtlichen Gehörs abhelfen, bei denen es wegen der Unanfechtbarkeit und Unabänderlichkeit der Entscheidung keinen anderweitigen Rechtsbehelf gibt und so die darauf gestützten Verfassungsbeschwerden vermeiden. Seinem Grundgedanken nach gilt § 321 a ZPO deshalb erstens nicht nur für erstinstanzliche Urteile, sondern für alle bindenden und unanfechtbaren Entscheidungen und zweitens nicht nur für Verletzungen des rechtlichen Gehörs, sondern für Verletzungen aller Verfahrensgrundrechte.“

167 Musielak in Musielak, Grundkurs ZPO, Rn. 549 enthält sich jedoch eines Kommentars über die Zukunft außerordentlicher Beschwerden und beschränkt sich lediglich auf eine kurze Darstellung der historischen Entwicklung und der aktuellen Rechtsprechung des Bundesgerichtshofes.

168 Stein/Jonas/Leipold Vor § 128 Rn. 62 ff

169 Stein/Jonas/Leipold Vor § 128 Rn. 65 b: „Das weite Verständnis des Rechts auf Gehör hindert aber nicht, den Anspruch auf ein faires Verfahren als den übergreifenden, allgemeinen Grundsatz für die Ausgestaltung des Verfahrens aufzufassen, zu dem der Anspruch auf Gehör (ebenso wie der Anspruch auf Gleichheit im Verfahren) im Verhältnis zur Spezialität stehen.“; Voßkuhle in NJW 2003, 2193, 2197: „Die verfassungsrechtliche Argumentation zu Art. 103 Abs. 1 GG lässt sich jedenfalls im Grundsatz ohne weiteres auf andere Verfahrensgrundsätze wie zum Beispiel Art. 101 Abs.1 GG, den Anspruch auf ein faires Verfahren, den Anspruch auf Waffengleichheit oder das Beschleunigungsgebot übertragen.“

ter generell vorbestimmt ist und nicht ad hoc und ad personam bestellt werden kann. Art. 101 Abs. 1 S. 2 GG soll in erster Linie Eingriffe der Exekutive in die gesetzlich vorgeschriebene Organisation und Zuständigkeit der Gerichte abwehren, bindet aber auch den Gesetzgeber und die Judikative[170]. Demgegenüber ist Kern des Schutzzweckes des Art. 103 Abs. 1 GG die Würde der Person. Über die Personen zustehenden Rechte soll nicht kurzerhand von Obrigkeitswegen verfügt werden; das Individuum ist nicht nur Objekt richterlicher Entscheidung, sondern soll vor einer Entscheidung, die seine Rechte betreffen, Gelegenheit zur Stellungnahme bekommen, um Einfluss auf das Verfahren und sein Ergebnis nehmen zu können[171]. Der Vergleich zeigt, dass Verfahrensgrundrechte einen unterschiedlichen Inhalt haben und demzufolge auch eine nicht vergleichbare Schutzfunktion ausüben. Somit lassen sich andere das Prozessrecht prägende Verfassungsprinzipien nicht auf den Anspruch auf rechtliches Gehör zurückführen. Es wäre demnach genauso unschlüssig, wenn umgekehrt argumentiert würde, das Recht auf die Gewährung rechtlichen Gehörs folge aus dem Grundsatz der Waffengleichheit oder dem Anspruch auf den gesetzlichen Richter. Das die Verfahrensgrundrechte zusammenhaltende Band stellt das Rechtsstaatsprinzip dar[172]. Somit ist festzustellen, dass eine begriffliche Umschreibung des von § 321 a ZPO umfassten Anwendungsbereiches über die Grenzen des Anspruchs auf rechtliches Gehör hinaus zum Scheitern verurteilt ist. Allein mittels eines Analogieschlusses kann die Verfahrensnorm des § 321 a ZPO über den Bereich des Anspruchs auf rechtliches Gehör hinaus auf andere Sachverhalte ausgedehnt werden kann[173].

Aber auch unter einem anderen Aspekt vermögen die Ausführungen *Lipps*[174] letztlich nur bedingt zu überzeugen, reduziert er den Anwendungsbereich außerordentlicher Beschwerden allein auf die Fälle der Verletzung von Verfahrensgrundrechten, wobei er unter Bezugnahme auf den Beschluss des 9. Zivilsenates des Bundesgerichtshofes vom 07. März 2002 die außerordentliche Beschwerde für obsolet erachtet. Allerdings differenziert der erkennende Senat dort zwischen greifbar gesetzwidrigen Entscheidungen, die einerseits durch die Verletzung von Verfahrensgrundrechten hervorgerufen werden und andererseits

---

170 BVerfG, Beschl. v. 27.09.02 – 2 BvR 1843/00 in NJW 2003, 345; Beschl. v. 10.07.90 – 1 BvR 984, 985 / 87 in BVerfGE 82, 286, 296: „Dieses Verfahrensgrundrecht soll der Gefahr vorbeugen, dass die Rechtsprechung durch eine Manipulierung der Spruchkörper – sei es durch andere Staatsgewalt, sei es durch die Rechtsprechung selbst – sachfremden Einflüssen ausgesetzt wird."; Leibholz/Rinck/Hesselberger Art. 101 Rn. 27, 28

171 BVerfG, Beschl. v. 11.03.75 – 2 BvR 139/75 in BVerfGE 39, 156, 168; Beschl. v. 09.07.80 – 2 BvR 701/80 in BVerfGE 55 1, 5/6; Leibholz/Rinck/Hesselberger Art. 103 Rn. 1

172 Für die Fälle des Art. 101 Abs. 1 S. 2 GG und Art. 103 Abs. 1 GG vgl. Leibholz/ Rinck/Hesselberger Art. 101 Rn. 32 und Art. 103 Rn. 1

173 Siehe dazu unten Ziffer b) cc) bbb)

174 MünchKomm ZPO/Aktualisierungsband - Lipp § 567 Rn. 18 dort Fn. 49

durch andere Ursachen bedingt sein können[175]. Konsequenterweise hätte eine Erläuterung erwartet werden dürfen, wie mit Fällen zukünftig umzugehen ist, die – obwohl sie greifbar gesetzwidrig sind – keine Verletzung von Verfahrensgrundrechten darstellen[176]. Dass auch andere Autoren bedauerlicherweise eine hinreichend kritische Auseinandersetzung mit dem Beschluss des 9. Zivilsenates des Bundesgerichtshofes vermissen lassen, ist indessen keine Seltenheit. Die durch *Lipp* vorgetragenen Argumente, die gegen die Statthaftigkeit außerordentlicher Beschwerden sprechen sollen, vermögen daher im Ergebnis nicht zu überzeugen.

Nach Auffassung *Gummers*[177] soll der Rechtsgedanke des § 321 a ZPO auch auf Fälle der Beseitigung schwerer Verfahrensfehler anwendbar sein, so dass eine entsprechende Selbstkorrektur innerhalb der Instanz auf dem Weg der Gegenvorstellung erreicht werden könnte. Dadurch soll ein „weitestgehender" Verzicht auf das systemwidrige Instrument der außerordentlichen Beschwerde denkbar sein. *Gummer* sieht somit aufgrund der nunmehr geltenden Rechtslage keine Probleme im Hinblick auf eine Ausweitung des § 321 a ZPO immanenten Rechtsgedankens auf anders gelagerte Sachverhalte. Die in dieser Form vorgesehene extensive Ausdehnung eines Rechtsgedankens setzt jedoch in jedem

175 BGH, Beschl. v. 07.03.02 – IX ZB 11/02 in NJW 2002, 1577: „... sieht der Senat keine Möglichkeit, an der bisherigen Rechtsprechung festzuhalten, die bei ‚greifbar gesetzwidrigen' Entscheidungen, *insbesondere* der Verletzung von Verfahrensgrundrechten, in eng begrenzten Ausnahmefällen die außerordentliche Beschwerde zum Bundesgerichtshof für zulässig gehalten hat."

176 Als derartige Beispiele nenne ich folgende Beschlüsse des Bundesgerichtshofes: Beschl. v. 08.10.92 – VII ZB 3/92 in NJW 1993, 135 f („Auslegung des § 127 Abs. 3 ZPO"); Beschl. v. 04.03.93 – V ZB 5/93 in NJW 1993, 1865 f („Prozesskostenauferlegung auf den Prozessbevollmächtigten").

177 Zöller/Gummer § 567 Rn. 18 a: „Diesem Anliegen (scil.: des Bundesverfassungsgerichts, das auf Selbstabhilfe durch die Fachgerichtsbarkeit drängte) ist in dem durch Zivilprozessreformgesetz neu eingeführten § 321 a ZPO Rechnung getragen worden. Die Vorschrift bezieht sich auf den Fall, dass das erstinstanzliche Verfahren durch – nicht mehr anfechtbares – Urteil abgeschlossen wurde. Der dem § 321 a ZPO zugrunde liegende Rechtsgedanke lässt sich aber auch auf durch Beschluss ergehende Entscheidungen übertragen. Es erscheint sachgerecht, in Fällen, in denen eine Anfechtung mit der sofortigen Beschwerde ausnahmsweise ausgeschlossen ist, die Selbstkorrektur innerhalb der Instanz im Wege einer Gegenvorstellung zu regeln. Eine sachgerechte Handhabung in diesem Sinn würde es ermöglichen, auf das systemwidrige Institut der außerordentlichen Beschwerde weitgehend zu verzichten und dadurch den vom Gesetzgeber statuierten Zugangsvoraussetzungen für das Beschwerdeverfahren wieder den Stellenwert zuzuordnen, der ihnen von Rechts wegen zukommt." Zu zuletzt zitiertem Satz ders. ergänzend in BGH Report 2002, 432, 433: „Die Rechtsprechung hat diesen Schritt schnell und konsequent getan." Und abschließend in Zöller/Gummer § 567 Rn. 25: „Man wird jetzt davon ausgehen müssen, dass zumindest bei schweren Verfahrensverstößen grundsätzlich auch gegen Beschlüsse im Beschwerdeverfahren die Gegenvorstellung eröffnet ist, da es wenig sinnvoll ist, die Korrektur über eine Verfassungsbeschwerde zu erzwingen."

Fall[178] eine Vergleichbarkeit der in Betracht kommenden Sachverhalte voraus. Es hätte also einer zusätzlichen Darlegung dergestalt bedurft, dass ein über die Gehörsrüge hinausgehender Regelungsgedanke in § 321 a ZPO enthalten ist, der sowohl andere Verfahrensgrundrechtsverletzungen als auch Fehler, die zu „greifbar gesetzwidrigen" Entscheidungen führen, umfasst. Unklar ist des Weiteren, was *Gummer* meint, wenn er davon spricht, bei einer sachgerechten Handhabung im Sinn des § 321 a ZPO weitgehend auf das Institut der außerordentlichen Beschwerde verzichten zu können. Was bedeutet „weitgehend"? In welchen Fällen bleibt die außerordentliche Beschwerde nach seiner Ansicht statthaft und in welchen nicht? Hierzu schweigt der Kommentar an dieser Stelle. Mag das Ergebnis, auf das Institut der außerordentlichen Beschwerde (weitgehend) verzichten zu können unter praktischen Gesichtspunkten wünschenswert sein, so muss es aber doch verwundern, dass *Gummer* davon ausgeht, mit dem Mittel der Gegenvorstellung würde den von dem Gesetzgeber statuierten Zugangsvoraussetzungen für das Beschwerdeverfahren wieder der Stellenwert zurückgegeben, der ihnen von Rechts wegen zukommt. Diese Feststellung erstaunt deshalb, weil gerade in Fällen außerordentlicher Beschwerden die analoge Anwendung der Zulässigkeitsvoraussetzungen der Beschwerde im Gegensatz zu dem gesetzlich nicht ansatzweise geregelten Gegenvorstellungsverfahren ein Mindestmaß an zivilprozessualer Rechtssicherheit gewährt. Konsequent wäre an dieser Stelle gewesen, sich auf den Grundsatz der formellen Rechtskraft zu berufen und jegliche Möglichkeit der Überprüfung rechtskräftiger Beschlüsse durch gesetzlich nicht vorgesehene Rechtsmittel zu verneinen. Das weitere Argument, der Weg über die Gegenvorstellung sei sinnvoll, um eine Korrektur schwerer Verfahrensfehler über eine Verfassungsbeschwerde zu verhindern, vermag ebenfalls nicht zu überzeugen. Letztlich dient nämlich auch das Rechtsinstitut der außerordentlichen Beschwerde der Verhinderung einer Fehlerkorrektur mittels Verfassungsbeschwerde[179]. Der einzige Aspekt, der sich im Zusammenhang mit einer Bevorzugung der Gegenvorstellung als tragend dargestellt hätte, wäre der gewesen, dass eine Korrektur auch schwerer Verfahrensfehler (zwingend) innerhalb der Instanz zu vollziehen sei. Hierzu verliert *Gummer* aber kein Wort, was insofern auch nicht weiter verwundert, als

---

178 An diesem Punkt fehlt es an einer klaren Entscheidung dahingehend, ob Gummer eine analoge Anwendung des § 321 a ZPO in Betracht zieht oder den gesetzlich nicht geregelten Rechtsbehelf der Gegenvorstellung angewendet wissen will. Ebenso unklar OLG Hamm, Beschl.v. 15.07.02 – 23 WE 175/02 in MDR 2003, 296, wenn von „einer Gegenvorstellung nach § 321 a ZPO" gesprochen wird.

179 So auch MünchKomm ZPO/Aktualisierungsband – Lipp § 567 Rn. 18, wenn auch mit dem Ergebnis, außerordentliche Beschwerden sollten keinen Anwendungsbereich mehr haben.

die Postulation dieses Grundsatzes durch den Bundesgerichtshof ebenfalls nirgendwo eine sachliche Begründung gefunden hätte[180].
Im Rahmen seiner Beschlussrezension zum Beschluss des 9. Zivilsenates des Bundesgerichtshofes vom 07. März 2002 vertritt *Gummer* die Auffassung, mangels einer entsprechenden Regelung der Fälle „grober Gesetzwidrigkeit" in § 574 Abs. 1 ZPO müsse geschlossen werden, der Gesetzgeber wollte - in Kenntnis der der außerordentlichen Beschwerde zugrunde liegenden Problematik - die Beschwerde und Rechtsbeschwerde nur in den gesetzlichen Fällen als eröffnet wissen[181]. Diese Feststellungen sind zweifelhaft, soweit *Gummer* unter Bezugnahme auf den Beschluss des 9. Zivilsenats des Bundesgerichtshofes vom 07. März 2002 damit zum Ausdruck bringen will, das Rechtsinstitut der außerordentlichen Beschwerde sei nunmehr obsolet geworden. Aber auch die weitere Feststellung, es wäre ohne weiteres für den Gesetzgeber möglich gewesen, eine Regelung betreffend die Statthaftigkeit der außerordentlichen Beschwerde einzufügen, hätte eine Vertiefung verdient. An anderer Stelle seiner Rezension führt *Gummer* aus, in seinem Beitrag sei nicht der Ort, die der außerordentlichen Beschwerde zugrunde liegende Problematik sowie die Versuche, diesem Rechtsbehelf klare Konturen zu geben, näher zu erörtern. Diese Sicht der Dinge ist inkonsequent, steht sie doch nicht in Übereinstimmung mit den dort zuvor gemachten Ausführungen. Genau an dieser Stelle wäre nämlich der Platz für entsprechende Erörterungen gewesen, wenn *Gummer* meint, es sei ohne weiteres möglich gewesen, eine gesetzliche Regelung, die die Statthaftigkeit der außerordentlichen Beschwerde eröffnet, zu fixieren. Schwierigkeiten, das Rechtsinstitut der außerordentlichen Beschwerde einer belastbaren Definition

---

180 Voßkuhle in NJW 2003, 2193

181 Gummer in BGH Report 2002, 432: „Der Senat konnte m.E. auch zutreffend darauf abstellen, dass der Gesetzgeber der ZPO-Reform, dem das Institut der außerordentlichen Beschwerde und die Diskussion um deren Begrenzung bekannt waren, die Fragen des Zugangs zu den Rechtsmittelinstanzen eingehend und detailliert neu geregelt hat. Dies gilt insbesondere für die Verfahren der Beschwerde und der Rechtsbeschwerde, die eine gänzliche Neuregelung erfahren haben. Es wäre ohne weiteres möglich gewesen, in den fein differenzierenden Katalog für die Statthaftigkeit der Rechtsbeschwerde in § 574 Abs. 1 ZPO eine weitere Nummer aufzunehmen, die das Rechtsmittel für Fälle „grober Gesetzwidrigkeit" eröffnet. Dies ist nicht geschehen. Hieraus ergibt sich der Schluss, dass der Gesetzgeber die Beschwerde und die Rechtsbeschwerde nur in den gesetzlich vorgesehenen Fällen eröffnet wissen will." Schneider in MDR 2002, 1047, 1049 meint, Gummer hätte in seiner Beschlussrezension die Aussage getroffen, „die außerordentliche Beschwerde sei abgeschafft worden". Diese Feststellung trifft hingegen in dieser Form nicht zu, denn auch Schneider müsste wissen, dass der Gesetzgeber die Fälle „greifbarer Gesetzwidrigkeit" nicht hätte „abschaffen" können. Der Gesetzgeber kann die zugrunde liegenden Sachverhaltskonstellationen einer gesetzlichen Regelung unterwerfen oder aber dies bewusst beziehungsweise unbewusst unterlassen. Von einer Abschaffung könnte hingegen nur dann gesprochen werden, wenn der Gesetzgeber einen gesetzlich geregelten Tatbestand der gesetzlichen Normierung entziehen würde.

zuzuführen, gibt er auch selbst indirekt zu, wenn er von „Versuchen, dem Rechtsbehelf klare Konturen zu geben", spricht. *Gummer* muss sich hier schon die Frage gefallen lassen, wie eine gesetzliche Regelung denn aussehen könnte, wenn – wie er zutreffend ausführt – es bislang bei Versuchen geblieben ist, dem Rechtsbehelf klare Konturen zu geben. Insgesamt stellt sich *Gummers* Begründung der von ihm vertretenen Ansicht, das Rechtsinstitut der außerordentlichen Beschwerde sei weitestgehend verzichtbar, als wenig belastbar dar. Im Übrigen ist sich die Formulierung „weitgehend verzichtbar" nicht hilfreich für die Bestimmung des Anwendungsbereiches außerordentlicher Beschwerden[182].

bb) Keine Änderung der Rechtslage

Ein Großteil der Stimmen in der Literatur kommt in ihrer Einschätzung zu dem Ergebnis, das Zivilprozessreformgesetz habe im Hinblick auf die Frage der Statthaftigkeit außerordentlicher Beschwerden keine Änderung der Rechtslage, bewirkt.

Albers[183] befindet sich mit seinen Ausführungen auf dem Boden der bereits seit geraumer Zeit gefestigten und nunmehr auch als ständige Rechtsprechung zu bezeichnenden Spruchpraxis des Bundesgerichtshofes, im Fall der Verletzung des Anspruchs auf rechtliches Gehör und des gesetzlichen Richters nicht die außerordentliche Beschwerde, sondern die Gegenvorstellung als eröffnet anzusehen. In Ergänzung seiner Ausführungen in Bezug auf die außerordentliche Beschwerde[184], ist zu schließen, dass für die Verletzung des Anspruchs auf rechtliches Gehörs oder des Anspruchs auf den gesetzlichen Richter „in Anlehnung an § 321 a ZPO und § 33 a StPO" eine Gegenvorstellung, in Fällen der greifbaren Gesetzwidrigkeit weiterhin die außerordentliche Beschwerde statthaft ist. Noch deutlicher wird *Hartmann*, wenn er an anderer Stelle ausdrücklich

182 Ähnlich unklar Hannich/Meyer-Seitz/Treber, ZPO-Reform, § 567 Rn. 12: „Gleiches gilt, wenn man die Gegenvorstellung entsprechend § 321 a ZPO wegen der Verletzung rechtlichen Gehörs ausnahmsweise für zulässig erachtet. Auch hier ist die Notfrist des § 321 a Abs. 2 S. 2 ZPO zu beachten. Insoweit kommt allenfalls noch die so genannte außerordentliche Beschwerde in Betracht."

183 Baumbach/Lauterbach/Albers/Hartmann/Albers § 567 Rn. 9: „Die Beschwerde wird nicht dadurch eröffnet, dass der Anspruch auf rechtliches Gehör oder auf den gesetzlichen Richter verletzt wird. Die Grundrechte können nämlich auf einem anderen Weg einfacher, schneller und billiger gewahrt werden, ohne dass Grundsätze des Beschwerderechts angetastet werden: in Anlehnung an § 321 a ZPO und an § 33 a StPO ist in solchen Fällen eine Gegenvorstellung zuzulassen (auch bei Verletzung von Grundrechten braucht von Verfassungswegen kein Instanzenzug eröffnet zu werden)".

184 Baumbach/Lauterbach/Albers/Hartmann/Albers § 567 Rn. 10: „Für die außerordentliche Beschwerde gelten die Zulässigkeitsvoraussetzungen, an die sich der Beschwerdeführer bei einem statthaften Rechtsmittel halten müsste."

von dem Fortbestand der außerordentlichen Beschwerde ausgeht[185]. Aus *Albers* Kommentierung lassen sich für die Praxis keine Veränderungen im Hinblick auf die Statthaftigkeit von Gegenvorstellung und außerordentlicher Beschwerde erkennen; allerdings stellt sich die Frage, was darunter zu verstehen ist, wenn er von einer Statthaftigkeit der Gegenvorstellung „in Anlehnung an § 321 a ZPO, § 33 a StPO" spricht[186].
Auch andere Kommentatoren halten nach wie vor das Rechtsinstitut der außerordentlichen Beschwerde für statthaft[187].
Teilweise stellen sich die diesbezüglichen Kommentarstellen im Vergleich zu den Auflagen vor Inkrafttreten des Zivilprozessreformgesetzes als unverändert

---

185 Baumbach/Lauterbach/Albers/Hartmann/Hartmann § 127 Rn. 25: „Zwar enthält die ZPO diesen Grundsatz (scil.: dass das PKH - Verfahren nicht vor ein Gericht kommen soll, vor das die Hauptsache nicht kommen kann) jetzt an manchen Stellen - umso näher hätte es gelegen, das Problem der greifbaren Gesetzwidrigkeit mitzuregeln. Da der Gesetzgeber dies aber nicht getan hat, müssen die dazu entwickelten Maßstäbe auch weiterhin Beachtung finden."

186 Falls damit gemeint sein soll, dass der § 321 a ZPO immanente Rechtsgedanke Voraussetzung für eine Statthaftigkeit der Gegenvorstellung sein soll, drängt sich die Frage auf, an welchem Punkt eine Vergleichbarkeit zwischen Verletzung rechtlichen Gehörs und Verletzung des Anspruchs auf den gesetzlichen Richter liegt.

187 Musielak/Ball § 567 Rn. 17; Gehrlein S. 233 / Rn. 113; Thomas/Putzo/Reichold § 567 Rn. 7 ff entgegen der 24. Auflage nunmehr einschränkend in der 25. Auflage, § 567 Rn. 8: „Nach der ZPO Reform ist die außerordentliche Beschwerde weitgehend abgelöst durch die Gegenvorstellung in entsprechender Anwendung von § 321 a ZPO", Rn. 9: „Die außerordentliche Beschwerde ist wohl nicht ganz entbehrlich. Denn es sind Fälle denkbar, in denen die greifbare Gesetzwidrigkeit keinen Verfassungsverstoß darstellt, die Entscheidung aber so offenkundig rechtswidrig ist, dass sie nicht bestehen bleiben kann."; Schwarze in ZZP 115 (2002) S. 25, ff; Jauernig § 75 IV

dar[188], womit sich selbstredend die Frage aufdrängt, ob die sich möglicherweise aus dem Zivilprozessreformgesetz ergebenden Konsequenzen für das Rechtsinstitut der außerordentlichen Beschwerde überhaupt erkannt wurden. Jedenfalls ist mangels anders lautender Erkenntnisse davon auszugehen, dass Auswirkungen auf die außerordentliche Beschwerde erkannt und entsprechend gewürdigt worden.

Jauernig[189] geht ebenfalls von einer nach wie vor bestehenden Existenz außerordentlicher Beschwerden aus, meint aber, ein Zurückdrängen dieser könne auf einem Umweg dadurch erreicht werden, dass die §§ 567, 572 Abs. 1 1. Hs. ZPO dem iudex a quo nunmehr die Möglichkeit einräumen, der sofortigen Beschwerde abzuhelfen. Diese Prognose stellt sich jedoch unter zwei Aspekten als zweifelhaft dar. Zum einen wird die Bereitschaft des iudex a quo, eigene „greifbar gesetzwidrige" Entscheidungen[190] aufzuheben, im Regelfall nur rudimentär ausgeprägt sein wird; darüber hinaus existiert eine Vielzahl von Beschlüssen, die schon, weil sie nicht die Voraussetzungen des § 567 Abs. 1 ZPO erfüllen, qua

---

188 Die 24. Auflage von Thomas/Putzo aus dem Jahr 2002 betreffend die Rdnrn. 7 – 10 zu § 567 beinhaltete noch den identischen Wortlaut wie er in der 22. Auflage aus dem Jahr 1999 in den Rdnrn. 7a – 7c zu § 567 zu finden ist; Rn. 8 zu § 567: „Grundsatz: Ein nach gesetzlichen Vorschriften unanfechtbarer Beschluss kann ausnahmsweise mit der sofortigen Beschwerde anfechtbar sein, wenn die Entscheidung jeder gesetzlichen Grundlage entbehrt und inhaltlich dem Gesetz fremd ist." Zu den entsprechenden Änderungen in der nachfolgenden nunmehr aktuellen 25. Auflage vgl. vorherige Fußnote.
Ebenfalls im Wortlaut mit der ersten Auflage identisch sind die Ausführungen in der aktuellen zweiten Auflage von Ball/Musielak § 567 Rn. 17: „Verläßt das Gericht mit der Entscheidung den gesetzlichen Rahmen, so kann die Anfechtung nicht daran scheitern, dass innerhalb dieses Rahmens ein Rechtsmittel nicht vorgesehen ist. Vielfach wird allerdings anstelle der außerordentlichen Beschwerde der einfachere und weniger stark in das Rechtsmittelsystem eingreifende Rechtsbehelf der Gegenvorstellung in Betracht kommen, der auch im Geltungsbereich des § 318 ZPO die Möglichkeit einer Selbstkorrektur innerhalb der Instanz eröffnet. Das gilt insbesondere für die Korrektur unanfechtbarer Entscheidungen, die unter Verletzung von Verfahrensgrundrechten zustande gekommen sind. Nicht hierher gehört der Fall, dass eine gesetzlich nicht vorgesehene Entscheidung grob verfahrensfehlerhaft zustande gekommen ist oder auf einer ‚schlechthin unvertretbaren' Rechtsauffassung beruht". Und weiter: „Soweit eine außerordentliche Beschwerde wegen ‚greifbarer Gesetzwidrigkeit' anzuerkennen ist, kann es für deren Statthaftigkeit keinen Unterschied machen, ob nach dem Gesetz ein Rechtsmittel nicht vorgesehen ist oder es nur im Einzelfall an den Voraussetzungen seiner Statthaftigkeit fehlt (a. A. OLG Köln NJW-RR 96, 1022 ff). Die außerordentliche Beschwerde kann sich daher auch gegen Entscheidungen über die Erstbeschwerde richten, sofern diese – und nicht nur die Ausgangsentscheidung (BGH NJW 97, 744) greifbar gesetzwidrig ist. Für Berufung und Revision ist eine außerordentliche Beschwerde wegen ‚greifbarer Gesetzwidrigkeit' bislang nicht anerkannt. Eine überzeugende Begründung gibt es dafür aber nicht."

189 Jauernig § 75 IV

190 Wohlgemerkt - es geht hierbei nicht um Fehler und Versehen, die im Alltagsgeschäft auftreten und im Regelfall leicht zu korrigieren sind.

Gesetz nicht dem Beschwerderechtszug eröffnet sind. So können Entscheidungen der Obergerichte von vornherein nicht mittels der sofortigen Beschwerde einer Überprüfung unterzogen werden, auch wenn sie sich als „greifbar gesetzwidrig" darstellen. In jedem Fall ist das Vorliegen einer gerichtlichen Entscheidung Voraussetzung des § 567 Abs. 1 ZPO. Deshalb ist eine sofortige Beschwerde unstatthaft, wenn das Gericht eine Entscheidung unterlässt. Diese Sachverhaltsvariante war ebenfalls Gegenstand außerordentlicher Beschwerden. Aus den vorgenannten Gründen ist eine Reduzierung außerordentlicher Beschwerden nur in dem Fall denkbar, dass die Anzahl qua Gesetz unanfechtbarer Entscheidungen gesenkt wird. Für das hier zu erörternde Problem ist jedoch primär von Bedeutung, dass die außerordentliche Beschwerde nach Auffassung *Jauernigs* nicht qua Gesetz ausgeschlossen ist, sondern sich lediglich die Anzahl der in Betracht kommenden Fälle reduzieren könnte. Ebenfalls von keinen Änderungen betreffend die Statthaftigkeit der außerordentlichen Beschwerde geht *Gehrlein*[191] aus. Im Ergebnis stimmt *Schneider*[192] mit dieser Einschätzung überein, wenn er ausführt, dass außerhalb des Anwendungsbereiches des § 321 a ZPO die von der Rechtsprechung entwickelten Grundsätze (entweder Ausnahmebeschwerde oder Gegenvorstellung) anwendbar blieben. Dies betreffe erstinstanzliche Beschlüsse und Beschwerdeentscheidungen. *Schneider* begründet seine Auffassung im Übrigen in Replik zu *Gummer* damit, aus dem Schweigen des Gesetzgebers folge nichts[193]. Die Frage, wie ein Schweigen des Gesetzgebers zu bewerten ist, stellt sich aber in vorliegendem Fall nicht, weil der Gesetzgeber sich zu den Fällen der greifbaren Gesetzwidrigkeit geäußert hat. In den Gesetzesmaterialien zur Neukonzeption des Beschwerderechts im Allgemeinen Teil unter Ziff. IV. 4 d findet sich die Aussage,

---

191 Gehrlein S. 233 / Rn. 113: „Da die ZPO Novelle zum Komplex der außerordentlichen Beschwerde wegen greifbarer Gesetzesverletzung schweigt, dürften die Grundsätze weiter anwendbar sein."; ders. in MDR 2003, 547, 554: „Das Rechtsinstitut der außerordentlichen Beschwerde, *das der Gesetzgeber im Rahmen der ZPO-Reform nicht abschaffen wollte*, wurde vom BGH aufgegeben."

192 Schneider in MDR 2002, 1047, 1049

193 Schneider in MDR 2002, 1047, 1049: „(...) insbesondere nicht aus einer so stümperhaft konzipierten ZPO Novelle 2002."

mit der Neukonzeption des Beschwerderechts die Anzahl der Fälle greifbarer Gesetzwidrigkeit reduzieren zu wollen[194].
Auch *Deubner*[195] vermag offensichtlich keine Änderungen hinsichtlich der weiteren Existenz außerordentlicher Beschwerden zu erkennen, wenn er entgegen der Begründung des Beschlusses des 9. Zivilsenates des Bundesgerichtshofes ausführt, das Zivilprozessreformgesetz enthalte keine Grundsatzentscheidung des Gesetzgebers gegen die außerordentliche Beschwerde.
Schwarze, der seinen Beitrag zur außerordentlichen Anfechtbarkeit zivilgerichtlicher Entscheidungen ausdrücklich auf materiell-rechtliche Verstöße ausgerichtet hat, kommt im Zusammenhang mit der Einführung des § 321 a ZPO zu dem Ergebnis, dass sich dadurch die Frage der außerordentlichen Anfechtbarkeit zivilgerichtlicher Entscheidungen wegen Verfahrensfehler zu einem erheblichen Teil erledigt hat[196]. Aber diese Feststellung impliziert auch, dass nach wie vor von der Existenz des Instituts der außerordentlichen Beschwerde auszugehen ist[197].
Aus der Kommentierung *Vollkommers* zu § 321 a ZPO lassen sich in Abweichung von *Gummers* Ausführungen weitere Rückschlüsse über den Fortbestand der außerordentlichen Beschwerde ziehen. Im Gegensatz zu der wenig präzisen Definition eines nach wie vor bestehenden Anwendungsbereiches der

194 Nachweise bei Hannich/Meyer-Seitz/Engers, S. 391, 392: „Abhilfemöglichkeit des Ausgangsgerichts – Der Entwurf dehnt die Abhilfebefugnis des Erstgerichts, die nach geltendem Recht nur für die einfachen Beschwerden gilt (§ 571 ZPO), nunmehr auf alle (generell befristeten) sofortigen Beschwerden aus. Vorbild für diese Regelung sind die anderen Verfahrensordnungen (VwGO, FGO und SGG), die seit Anbeginn bei ihren generell befristeten Beschwerden eine Abhilfe durch das Ausgangsgericht zulassen. Die Abhilfemöglichkeit erhält den Verfahrensbeteiligten die Instanz. Sie ermöglicht dem Erstrichter eine schnelle Selbstkorrektur und erreicht auf diese Weise sowohl eine Verfahrensverkürzung als auch eine Entlastung des Gerichts. ..... *Als weitere Nebenfolge ist zu erwarten, dass die Verfassungsbeschwerden und die außerordentlichen Beschwerden wegen greifbarer Gesetzwidrigkeit oder der Verletzung des Anspruchs auf rechtliches Gehör ohne Rechtsschutzeinbuße zurückgehen werden.* Die generelle Abhilfemöglichkeit des Erstgerichts im neu geregelten Beschwerdeverfahren bildet auf diese Weise das erweiterte Gegenstück zum Abhilfeverfahren bei erstinstanzlichen unanfechtbaren Urteilen, die auf einer Verletzung des Anspruchs auf rechtliches Gehör beruhen."

195 Deubner in JuS 2002, 899, 902

196 Schwarze in ZZP 115 (2002) S. 25, 32 Fn. 32

197 Ders. a.a.O. S. 50, wenn er von einer immer noch bestehenden Notwendigkeit einer „Bereinigung dieser Fehlentwicklung" spricht.

außerordentlichen Beschwerde durch *Gummer*[198], umschreibt *Vollkommer* diesen wesentlich genauer. Unter Bezugnahme auf *Schneider*[199] stellt *Vollkommer*[200] fest, außerhalb des Anwendungsbereiches des § 321 a ZPO verbleibe es bei den bisher von der Rechtsprechung entwickelten Grundsätzen. *Vollkommer* verweist dabei auf eine andere seiner Kommentarstellen[201], aus der sich ergibt, dass mit „außerhalb des Anwendungsbereiches des § 321 a ZPO" auch die Fälle gemeint sind, in denen Beschwerdeentscheidungen nicht mit der Rechtsbeschwerde angegriffen werden können. Hier erkennt *Vollkommer* einen möglicherweise in Betracht kommenden zukünftigen Anwendungsbereich außerordentlicher Beschwerden. Bemerkenswert ist, dass *Vollkommer* die Möglichkeit einer Statthaftigkeit sowohl ausdrücklich wie auch ausschließlich auf Beschwerdeentscheidungen als eröffnet ansieht, nicht aber auf erstinstanzliche Beschlüsse, die – ohne dass sie mangels der Erfüllung der Voraussetzungen des § 567 Abs. 1 ZPO oder einer entsprechender Zulassung im Rechtsbeschwerdeverfahren einer Überprüfung unterzogen werden – sich ebenfalls als greifbar gesetzwidrig darstellen können. Als Begründung für diese Sichtweise sollen die Gesetzesmotive dienen, wie sich aus der gemeinsamen Betrachtung zweier Kommentarstellen ergibt[202]. Aus dem Hinweis auf die Motive des Gesetzgebers ergibt sich jedoch nicht, der nunmehr ausschließliche Anwendungsbereich außerordentlicher Beschwerden sei auf Fälle von Beschwerdeentscheidungen beschränkt, gegen die eine Rechtsbeschwerde nicht eröffnet ist. *Vollkommer* hätte im Übrigen – wenn er schon die Bundestagsdrucksache 14/4722 bemüht –

---

198 Zöller/Gummer § 567 Rn. 18 a: „...auf das systemwidrige Institut der außerordentlichen Beschwerde kann weitgehend verzichtet werden."

199 Schneider MDR 2002, 1047, 1049

200 Zöller/Vollkommer § 321 a Rn. 3 unter b): „Außerhalb des Anwendungsbereiches von § 321 a ZPO verbleibt es bei den bisher von der Rechtsprechung entwickelten außerordentlichen Rechtsbehelfen. Bei der Verletzung von sonstigen Verfahrensgrundrechten (z.B. Anspruch auf ein faires und willkürfreies Verfahren) führt § 321 a ZPO zu keiner Rechtsänderung."

201 Zöller/Vollkommer Einl. Rn. 103: „Im Beschwerderechtszug unterlaufene Verstöße gegen Verfahrensgrundrechte können mit der zugelassenen Rechtsbeschwerde (§ 574 ZPO) geltend gemacht werden: insoweit gelten die Grundsätze der zugelassenen Revision entsprechend; da eine Nichtzulassungsbeschwerde fehlt, ist *bei Beschwerdeentscheidungen*, gegen die eine Rechtsbeschwerde nicht stattfindet, Raum für Gegenvorstellungen und außerordentlichen Beschwerden wegen greifbarer Gesetzwidrigkeit und Verletzung von Verfahrensgrundrechten."

202 Zöller/Vollkommer § 321 a Rn. 3 b) sowie Einl. Rn. 103: „Der Gesetzgeber des Zivilprozessreformgesetzes hat für Teilbereiche eine Selbstkontrolle innerhalb der Instanz ermöglicht". Dann folgt eine Wiedergabe der Bundestagsdrucksache 14/4722 S. 69: „Eine Nebenfolge davon ist, dass außerordentliche Beschwerden wegen greifbarer Gesetzwidrigkeit oder Verletzung des Anspruchs auf rechtliches Gehör und Verfassungsbeschwerden zurückgehen werden. ....Das Gegenstück zu dem Abhilfeverfahren gemäß in dem Urteilsverfahren bildet die generelle Abhilfemöglichkeit des Erstgerichts im Beschwerdeverfahren (gem. §§ 567 Abs. 1, 572 Abs. 1)."

konsequenterweise in diesem Zusammenhang auch die mit der Einführung des § 321 a ZPO abgegebene Stellungnahme der Bundesregierung[203] diskutieren sollen, wonach eine Überprüfung solcher Entscheidungen, die schon eine Überprüfung der Verletzung rechtlichen Gehörs zum Gegenstand hatten, im Rahmen von Beschlussverfahren nicht gewollt ist. Gemäß § 574 Abs. 3 ZPO überprüft die Vorinstanz und entscheidet über das Vorliegen der Zulassungsgründe des § 574 Abs. 1 Ziff. 2 ZPO, so dass die Annahme einer Statthaftigkeit außerordentlicher Beschwerden in diesen Fällen zu einer Überprüfung der Überprüfungsentscheidung führen würde. Unabhängig von den vertretenen Ansichten ist jedoch augenfällig, dass es offensichtlich keiner der Kommentatoren für angezeigt hielt, sich mit dem Gesetzgebungsverfahren und den zugrunde liegenden Gesetzesmaterialien intensiver auseinanderzusetzen; insbesondere von den jeweiligen, die aufgrund der neuen Rechtslage entweder von einer Einschränkung des Anwendungsbereiches außerordentlicher Beschwerden ausgehen oder aber sogar ihre Existenzberechtigung bestreiten, hätte eine substantiiertere Bearbeitung dieses Themas gerade dahingehend erwartet werden dürfen, aus welchen Gründen denn nunmehr von einer so maßgeblichen Änderung der Rechtslage auszugehen sei. Eine bloße Wiederholung von Auszügen aus der Bundestagsdrucksache 14/4722 zu den §§ 567 ff ZPO wird einem Anspruch auf kritische Würdigung nicht gerecht[204]. Im Rahmen der Diskussion um den Anwendungsbereich des § 321 a ZPO ergibt die Literaturauswertung ein leicht verändertes Bild, werden für diese Fragestellung in stärkerem Maß die Gesetzgebungsmaterialien hinzugezogen.

So gelangt *Schmidt*[205] zu der in dieser Deutlichkeit erstaunlichen Feststellung, die Gesetzesgeschichte, insbesondere die Argumentation der Bundesregierung spreche eindeutig gegen eine ausdehnende Anwendung des § 321 a ZPO auch auf andere Entscheidungen, um sich dann mit dieser kritisch auseinanderzusetzen. Ebenfalls auf die im Gesetzgebungsverfahren erfolgten Stellungnahmen von Bundesrat und Bundesregierung geht *Müller*[206] im Zusammenhang mit der

---

203 Hannich/Meyer-Seitz/Engers, S. 277

204 Vgl. stellvertretend Abramenko in NJW 2003, 1356, 1357: „Aus ähnlichen Gründen dürfte selbst bei erheblichen Gesetzesverletzungen eine außerordentliche Beschwerde nicht statthaft sein. Denn der Gesetzgeber hat die Beschränkung der Rechtsmittel in Kenntnis der Diskussion um außerordentliche Beschwerden bewusst vorgenommen."

205 Schmidt in MDR 2002, 915, 918; allerdings differenziert Schmidt nicht hinreichend zwischen den Verfahrensgrundrechtsverletzungen auf der einen Seite und den in Betracht kommenden Entscheidungsarten auf der anderen Seite: „Nachdem der Gesetzgeber nunmehr in § 321 a ZPO für einen kleinen Teilbereich eine Regelung getroffen hat, drängt sich die Übernahme dieser Bestimmung für die anderen, *nicht geregelten Fälle der Verfahrensgrundrechtsverletzungen* geradezu auf. Es spricht deshalb alles dafür, nicht nur die Frist des § 321 a Abs. 2 S. 2 ZPO, sondern die gesamte Bestimmung auf *andere als die in § 321 a ZPO genannten Entscheidungen analog anzuwenden.*"

206 Müller in NJW 2002, 2743, 2746

Frage ein, ob § 321 a ZPO nur im erstinstanzlichen Verfahren gelte. Im Ergebnis gelangt Müller zu der Erkenntnis, § 321 a ZPO fände Anwendung auch außerhalb des erstinstanzlichen Verfahrens, wie auch – sinngemäß – auf Beschlussverfahren. Ebenso spreche die ratio legis des § 321 a ZPO dafür, die Vorschrift analog anzuwenden bei Verstößen gegen andere Verfahrensgrundrechte als die Verletzung des Anspruchs auf rechtliches Gehör, namentlich in Fällen der Verletzung des Art. 101 Abs. 1 S. 2 GG, eines fairen Verfahrens und der prozessualen Waffengleichheit.

cc) Fazit

Als Zwischenresultat ist festzuhalten, dass sich in der Literatur eine tiefgreifende Meinungsverschiedenheit über die Frage entwickelt, wie zukünftig mit dem Rechtsinstitut der außerordentlichen Beschwerde umzugehen sein wird. Teilweise wird die Auffassung vertreten, das novellierte Prozessrecht hätte keine Auswirkungen auf die Statthaftigkeit der außerordentlichen Beschwerde; die entgegengesetzte Ansicht meint, mit der Einführung des § 321 a ZPO und der Neuregelung des Beschwerderechts seien zukünftig Sachverhaltskonstellationen, auf die das gesetzlich ungeregelte Rechtsinstitut der außerordentlichen Beschwerde Anwendung fände, nicht mehr denkbar. Den Vertretern beider Ansichten ist jedoch gemein, dass sie sich, wenn überhaupt, nur sehr eingeschränkt mit den dem Zivilprozessreformgesetz zugrunde liegenden Gesetzesmaterialien auseinandersetzen. Eine derartige Auseinandersetzung hätte aber zumindest im Fall der Negierung der Existenz außerordentlicher Beschwerden nahe gelegen, da der Gesetzgeber Fälle der außerordentlichen Beschwerde nicht ausdrücklich geregelt hat und deshalb eine Begründung für die durch das Zivilprozessreformgesetz hervorgerufene Veränderungen zu geben war.
Wenn auch die Anzahl der Rügen, der Anspruch auf rechtliches Gehör sei verletzt, die Anzahl solcher, mit denen die Verletzung anderer Verfahrensgrundrechte begründet werden, übersteigt, hätten keine Gründe dagegen gesprochen, ein legislatives Tätigwerden hinsichtlich sämtlicher diesbezüglich relevanter Bereiche zu fordern. Es wäre nur systemgerecht gewesen, mit der Novellierung des Prozessrechts nicht nur eine Anhörungsrüge einzuführen, sondern Regelungen für Verfahrensgrundrechtsverletzungen insgesamt zu treffen. In diesem Zusammenhang wäre es auch ein Versuch wert gewesen, eine Verfahrensform zu finden, die die Fälle „greifbar gesetzwidriger Entscheidungen“ betrifft. Dies ist jedoch nicht erfolgt, so dass sich die Frage anschließt, welche Erkenntnisse für diese gesetzlich ungeregelten Fallgruppen aus den gesetzgeberischen Motiven folgen, die dem Zivilprozessreformgesetz zugrunde liegen.

b) Die Gesetzesmaterialien

Bis auf wenige Ausnahmen unterzogen sich die Autoren, die sich zum Fortbestand außerordentlicher Beschwerden äußerten, offensichtlich kaum der Mühe, im Vorfeld ihrer Bearbeitungen die Gesetzesmaterialien heranzuziehen und einer kritischen Würdigung zu unterziehen. Jedenfalls wurde weitestgehend versäumt, innerhalb der Beiträge auf eine entsprechende Untersuchung hinzuweisen.

Zur Beantwortung der Frage nach der Zukunft der außerordentlichen Beschwerde mittels Einsichtnahme in die Gesetzgebungsmaterialien sind zwei Ansatzpunkte zu beachten: zum einen die Einführung des § 321 a ZPO, zum anderen auch die Neuregelung des Beschwerderechts in den §§ 567 ff ZPO. Aus den Gesetzgebungsmaterialien ergeben sich Zweifel an einer nachhaltigen gesetzgeberischen Lösung aller mit der außerordentlichen Beschwerde zusammenhängenden Probleme.

aa) Die Einführung des § 321 a ZPO

Es mag verwundern, die Gesetzesmaterialien zu § 321 a ZPO für die Frage des zukünftigen Umgangs mit Fällen der außerordentlichen Beschwerde heranzuziehen, musste die Rüge der Verletzung des Anspruchs auf rechtliches Gehör zumindest nach ständiger höchstrichterlicher Rechtsprechung und weitaus überwiegender Meinung in der zivilprozessualen Literatur mittels Gegenvorstellung geltend gemacht werden, da die Verletzung des rechtlichen Gehörs regelmäßig die nachfolgende Entscheidung nicht zu einer „greifbar gesetzwidrigen" machte.

Eine Analyse der Gesetzgebungsmaterialien zu § 321 a ZPO ist dessenungeachtet aus verschiedenen Gründen angezeigt: Zunächst ist festzustellen, dass die Verletzung von Verfahrensgrundrechten allgemein in den Gesetzgebungsmaterialien zu § 321 a ZPO Gegenstand kontroverser Diskussionen gewesen ist, daraus also über den eigentlichen Regelungsbereich des § 321 a ZPO hinaus weitergehende Erkenntnis gewonnen werden können[207]. Im Übrigen ist zumindest in der obergerichtlichen Rechtsprechung (immer noch) eine starke Tendenz erkennbar, die Verletzung des Anspruchs auf rechtliches Gehör als einen Fall der greifbaren Gesetzwidrigkeit zu sehen und damit die außerordentliche Beschwerde als statthaft anzuerkennen; der dritte Grund für einen Rückgriff auf § 321 a ZPO ist in dem Beschluss des 9. Zivilsenats vom 07. März 2002 zu sehen, in welchem dieser zur Begründung seiner Rechtsauffassung, er sehe keine Möglichkeit, an der bisherigen Rechtsprechung festzuhalten, die bei greifbar gesetzwidrigen Entscheidungen, insbesondere der Ver-

---

207 Vgl. auch Prütting in EWiR § 574 ZPO 1/02, 835, 836: „Unstreitig dürfte jedenfalls im Anwendungsbereich des neuen § 321 a ZPO kein Raum mehr für außerordentliche Beschwerden sein."

letzung von Verfahrensgrundrechten in eng begrenzten Ausnahmefällen eine außerordentliche Beschwerde für statthaft erachte, den neu eingeführten § 321 a ZPO heranzieht. Die Stellungnahme des Bundesrates[208] sah in dem Gesetzentwurf betreffend § 321 a ZPO Defizite:
Zunächst befand der Bundesrat, die Regelung des § 321 a ZPO sei nicht geeignet, zu einer Entlastung des Bundesverfassungsgerichts zu führen. Nach einer statistischen Erhebung des Bundesverfassungsgerichts für die Jahre 1995 bis 1999 seien nur ca. 11 % der gegen Gerichtsentscheidungen gerichteten Verfassungsbeschwerden, also ca. 240 Verfassungsbeschwerden jährlich, erfolgreich. Davon wiederum sei nur ein Teil auf die Rüge der Verletzung rechtlichen Gehörs gestützt worden, wovon wiederum nur ein Teil amtsgerichtliche Entscheidungen betraf, gegen die ein Rechtsmittel nicht eröffnet war[209]. Des weiteren vertrat der Bundesrat die Auffassung, von dem Rechtssuchenden könne nicht verlangt werden, die Entscheidung des Gerichts im Abhilfeverfahren nach § 321 a ZPO, eine Verletzung von Verfahrensgrundrechten liege nicht vor, zu akzeptieren, da diese von dem Gericht getroffen wird, dem ein entsprechender Vorwurf gemacht werde. Für die in dieser Bearbeitung zu diskutierende Fragestellung hat der Bundesrat neben dem zuvor dargestellten Aspekt einen weiteren Kritikpunkt dargelegt:

> „Unabhängig von diesen Erwägungen (scil.: die Frage einer Entlastung des Bundesverfassungsgerichts betreffend) ist die vorgeschlagene Regelung auch verfassungsrechtlich verfehlt. Wenn man eine gesetzliche Regelung zur Beseitigung von Verfahrensgrundrechtsverletzungen für erforderlich hält, müsste diese alle Verfahrensentscheidungen betreffen, bei denen die Verfahrensordnung einen ordentlichen Rechtsbehelf nicht mehr vorsieht, also auch unanfechtbare Beschlüsse, wie etwa Beschlüsse gem. § 127 Abs. 2 S. 2 2. HS. oder § 522 Abs. 2 S. 1 ZPO. Es erscheint auch nicht sachgerecht, über die Rüge der Verfahrensgrundrechtsverletzung das Gericht entscheiden zu lassen, dem ein entsprechender Vorwurf gemacht wird. ..."

Hierauf antwortete die Bundesregierung wie folgt[210]:

> „...Der Hinweis des Bundesrates, dass die Regelung konsequenterweise auf alle Verfahrensentscheidungen ausgedehnt werden müßte, bei denen die Verfahrensordnungen einen ordentlichen Rechtsbehelf nicht mehr vorsehen, verkennt die Notwendigkeit eines jeden Rechts-

---

208 Sämtliche im Zusammenhang mit der Auswertung der Gesetzesmaterialien verbundenen Verweise auf diese beziehen sich auf die Nachweisstelle Hannich/Meyer-Seitz/Engers, S. 272 ff; die die Gesetzgebungsmaterialien enthaltende Bundestagsdrucksache 14/47222 ist auch unter folgender Internetadresse zu finden: www.parlamentsspiegel.de oder direkt unter http://dip.bundestag.de; hier: Hannich/Meyer-Seitz/Engers, S. 275 f

209 Hannich/Meyer-Seitz/Engers, S. 275

210 Hannich/Meyer-Seitz/Engers, S. 277

> mittelsystems, im Interesse der Rechtssicherheit – aber auch des effektiven Ressourceneinsatzes – die Überprüfungsmöglichkeiten nicht ins Unendliche auszudehnen. Einer Überprüfung der Überprüfungsentscheidung, etwa vom Bundesrat in Bezug genommenen § 522 Abs. 2 ZPO, in dessen Rahmen eine geltend gemachte Verletzung des Anspruchs auf rechtliches Gehör bereits zu prüfen ist, bedarf es deshalb nicht. Diese Sachlage stellt sich im Rahmen von unanfechtbaren Beschlüssen, etwa § 127 Abs. 2 ZPO anders dar; die Bundesregierung wird im weiteren Gesetzgebungsverfahren deshalb prüfen, ob insoweit von rechtsmittelbeschränkenden Regelungen abgesehen wird."

Sowohl die Stellungnahme von Bundesrat und die Replik der Bundesregierung bedürfen einer kritischen Analyse.

Die durch den Bundesrat getroffene Feststellung, die Regelung des § 321 a ZPO sei nicht geeignet, zu einer Entlastung des Bundesverfassungsgerichts zu führen, vermag jedenfalls mit dem Argument, nur ca. 11 % der gegen Gerichtsentscheidungen gerichtete Verfassungsbeschwerden seien jährlich erfolgreich, nicht zu überzeugen. Für die hier in Rede stehende Arbeitsbelastung des Bundesverfassungsgerichts ist nicht die Anzahl der erfolgreichen Verfassungsbeschwerden von Bedeutung, sondern gerade die hohe Anzahl nicht erfolgreicher Verfassungsbeschwerden[211].

Stichhaltiger ist jedenfalls der in der Stellungnahme des Bundesrates genannte Gesichtspunkt, die von einer (möglichen) Verletzung des Anspruchs auf rechtliches Gehörs betroffene Partei werde sich durch die Regelung des § 321 a ZPO nicht davon abhalten lassen, im Fall der Nichtabhilfe Verfassungsbeschwerde zu erheben. Ein Argument, das bereits im Jahr 1980 durch den Deutschen Anwaltsverein in die seinerzeitige Diskussion eingebracht wurde[212]. Sollte diese Befürchtung zutreffen, so darf in der Tat der Eintritt eines das Bundesverfassungsgericht entlastenden Effekts bezweifelt werden. Wie der Bundesrat feststellte wird auch die Erklärung des Fachgerichts, es habe das Vorbringen des Beschwerdeführers bei seiner Entscheidung erwogen, das Bundesverfassungsgericht letztlich nicht von der Notwendigkeit entbinden, die Prozessakten durchzuarbeiten. Die Frage, ob tatsächlich eine Entlastung des Bundesverfassungsgerichts eintritt, wird erst im Lauf der Zeit beantwortet werden können. Der hier allein relevante Aspekt, den es zu untersuchen gilt, ist vielmehr die

---

211 Auf diesen Aspekt hat zutreffenderweise schon im Jahr 1986 Stürner in JZ 1986, 526, 533 hingewiesen: „Von den 45 % Verfassungsbeschwerden, die Art. 103 Abs. 1 GG betreffen, sind es ja nicht die wenigen erfolgreichen oder begründeten Rügen, die das Bundesverfassungsgericht ernsthaft belasten, sondern die Masse aussichtsloser Beschwerden."

212 In ZRP 1980, 333 (die beschwerte Partei wolle keinen Nachholung einer versäumten Anhörung, sondern eine neue Entscheidung)

Frage, ob sich Anhaltspunkte aus dem Gesetzgebungsverfahren ergeben, wie zukünftig mit Fällen der außerordentlichen Beschwerde umzugehen ist.
In diesem Zusammenhang stellt sich die kritische Stellungnahme des Bundesrates als nicht hinreichend dar. Der Bundesrat spricht Verfahrensgrundrechtsverletzungen an. Verfahrensgrundrechtsverletzungen stellen aber nach der neuesten höchstrichterlichen Rechtsprechung nur einen Teil der Fälle „greifbarer Gesetzwidrigkeit“ dar[213]. Mit dem Terminus „Verfahrensgrundrechtsverletzungen“ werden automatisch alle die Fälle greifbarer Gesetzwidrigkeit ausgeschieden, die ausschließlich auf der Verletzung materiell-rechtlicher Normen basieren oder aber zwar unter verfahrensrechtlichen Gesichtspunkten greifbar gesetzwidrig sind, jedoch keine Verfahrensgrundrechtsverletzung darstellen[214]. Demgegenüber erachtet der Bundesrat eine Regelung zur Beseitigung von Verfahrensgrundrechtsverletzungen hinsichtlich aller Verfahrensentscheidungen, bei denen die Verfahrensordnung einen ordentlichen Rechtsbehelf nicht mehr vorsieht, als notwendig, so im Fall unanfechtbarer Beschlüsse. Bei der Kritik des Bundesrates ging es also nicht um die Einführung einer § 321 a ZPO entsprechenden Regelung auf alle denkbaren Fälle der greifbaren Gesetzwidrigkeit, sondern ausschließlich um eine Erweiterung der Korrekturmöglichkeit von Verfahrensgrundrechtsverletzungen auf alle Verfahrensentscheidungen, die unanfechtbar sind. Einen sinnvollen Ansatzpunkt für eine entsprechende Kritik des Bundesrates stellte die Begründung des Regierungsentwurfs in dem Punkt dar, in welchem die Bundesregierung zum Ausdruck brachte, der Regierungsentwurf erfülle die in Wissenschaft und Praxis geäußerten Wünsche nach instanzinterner Kontrolle. Die Begründung des Regierungsentwurfs zu § 321 a ZPO ist im Hinblick auf die Frage einer analogen Anwendung des § 321 a ZPO auf Fälle anderer Verfahrensgrundrechtsverletzungen nicht eindeutig. Die Begründung thematisiert, was sich von selbst versteht, zunächst die Frage der Möglichkeit einer Selbstkorrektur des iudex a quo. Allerdings führt die Begründung weiterhin aus, dass die Einführung des § 321 a ZPO „den in Wissenschaft und Praxis geäußerten Wunsch nach einer instanzinternen Kontrolle unanfechtbarer Urteile, die auf der Verletzung eines Verfahrensgrundrechts beruhen, erfüllt“[215]. Bis zu dieser Stelle

---

213 Vgl. BGH, Beschl. v. 07.03.02 – IX ZB 11/02 in NJW 2002, 1577: „(...)greifbar gesetzwidrigen Entscheidungen, **insbesondere** bei der Verletzung von Verfahrensgrundrechten (...).“

214 Als Beispiel sei hier der durch den 5. Zivilsenat des Bundesgerichtshofs entschiedene Fall der Kostenbelastung eines Prozessbevollmächtigten genannt - BGH, Beschl. v. 04.03.93 – V ZB 5/93 in NJW 1993, 1865. Die Vielzahl der denkbaren Gründe, die zu einer „greifbaren Gesetzwidrigkeit“ führen können zeigt Pawlowski, S. 91 ff, wo eine Differenzierung in einzelne Fehlergattungen vorgenommen wird.

215 Hannich/Meyer-Seitz/Engers, S. 273; die Forderung nach instanzinterner Kontrolle kann sich weder aus Verfassungsrecht herleiten noch wurde sie durch das Bundesverfassungsgericht postuliert.

war in der Begründung ausschließlich von der Verletzung des Anspruchs auf rechtliches Gehör die Rede. Die von dem Begründungsentwurf in Bezug genommenen Nachweise für Wissenschaft und Praxis beschränken sich jedoch nur teilweise auf die ausschließliche Forderung, der Gesetzgeber müsse den Bereich der Verletzung des Anspruchs auf rechtliches Gehör regeln[216]. Anders als die Begründung des Regierungsentwurfs erläutern will, stimmt die in § 321 a ZPO getroffene Regelung lediglich bedingt mit den Forderungen von Wissenschaft und Praxis überein. Unabhängig von der an dieser Stelle noch nicht zu beantwortenden Frage, ob eine analoge Anwendung des § 321 a ZPO erforderlich ist und in welchen Fällen die entsprechenden Voraussetzungen vorliegen, sind hier zwei Resultate festzuhalten: Zunächst hat der Bundesrat die Gelegenheit verpasst, die Gesetzesbegründung in diesem Punkt als Ansatz für eine in ihrem Umfang hinreichende Kritik zu machen. Die auf die Stellungnahme des Bundesrates erfolgende Replik der Bundesregierung ist inhaltlich auf diese zugeschnitten. Im Zusammenhang mit Ziff. IV.1.d des Allgemeinen Teils der Begründung zum Regierungsentwurf, der nur von einem Abhilfeverfahren bei der Verletzung des Anspruchs auf rechtliches Gehör beziehungsweise der Verletzung von Verfahrensgrundrechten spricht[217], konnte die Stellungnahme des Bundesrates aus Sicht der Bundesregierung nur als Aufforderung verstanden werden, den Regelungsbereich des § 321 a ZPO auf alle unanfechtbaren Verfahrensentscheidungen, nicht aber auf alle in Betracht kommenden Gründe, die zu einer Anerkennung der außerordentlichen Beschwerde führen, zu erweitern beziehungsweise an einem anderen Punkt im Rahmen des Zivilprozessreformgesetzes zu regeln. Die Gesetzesbegründung verbaut somit in diesem Punkt nicht die Möglichkeit einer analogen Anwendung des § 321 a ZPO auf andere Verfahrensgrundrechtsverletzungen, da sich aus ihr nicht ableiten lässt, der Gesetzgeber habe mit der Regelung des § 321 a ZPO einen Tatbestand schaffen wollen, der von vornherein ausschließlich die Verletzung rechtlichen Gehörs umfasst.

Weiterhin hat die Erwiderung der Bundesregierung auf die Frage des Fortbestandes außerordentlicher Beschwerden nur eine eingeschränkte Aussagekraft:

---

216 So: Niemann/Herr in ZRP 2000, 278, 281, 282; für eine umfassendere, nicht allein die Verletzung des rechtlichen Gehörs betreffende gesetzliche Regelung: Gottwald, Gutachten A für den 61. Deutschen Juristentag S. 27 ff, 29, 30, dessen vorgeschlagenes Verbesserungsverfahren auf „wesentliche Verfahrensfehler, *insbesondere* der Versagung rechtlichen Gehörs" anwendbar sein sollte; Feiber in NJW 1996, 2057, 2059: „Als Nebenfolge dieser Verbesserung, die natürlich auch die *Behebung schwerer Verfahrensfehler* erfassen müsste, könnte sich ergeben, dass die Verfassungsbeschwerden und die Rechtsmittel ‚wegen greifbarer Gesetzwidrigkeit' oder Verletzung des rechtlichen Gehörs der Zahl nach deutlich zurückgingen und zwar ohne Einbuße an Rechtsschutz."

217 Hannich/Meyer-Seitz/Engers, S. 272, 273

Eindeutig formuliert ist der Wille der Bundesregierung, dass eine Überprüfung von rechtskräftigen Überprüfungsentscheidungen nicht gewollt ist, wenn die erste Überprüfung bereits die identische Rüge (der Verletzung des rechtlichen Gehörs) zum Gegenstand hatte. In Fällen erstinstanzlicher unanfechtbarer Beschlüsse wollte die Bundesregierung – so die Aussage in der Bundestagsdrucksache 14/4722 - in eine erneute Prüfung eintreten, ob von rechtsmittelbeschränkenden Regelungen Abstand genommen werden könne. Unabhängig davon, ob derartige Prüfungen durchgeführt wurden, haben diese jedenfalls weder einen Niederschlag in den Gesetzgebungsmaterialien noch in der verabschiedeten Fassung des Zivilprozessreformgesetzes gefunden. Nicht ohne weiteres nachvollziehbar ist jedoch der Umstand, dass exemplarisch für derartige Überlegungen § 127 Abs. 2 2. Hs. ZPO herangezogen wurde. Gerade in diesem Fall existiert ein durchaus nachvollziehbarer Grund für die dort verankerte rechtsmittelbeschränkende Regelung. Es soll verhindert werden, dass im Verfahren über Prozesskostenhilfe ein weitergehender Instanzenzug eröffnet wird als in der Hauptsache. Damit soll insbesondere der Gefahr widersprüchlicher Entscheidungen begegnet werden, zu denen es käme, wenn das Beschwerdegericht die Erfolgsaussichten abweichend von dem in der Hauptsache abschließend entscheidenden Gericht des ersten Rechtszuges beurteilen würde[218].

Als Fazit der Auswertung der Gesetzgebungsmaterialien zu § 321 a ZPO ergibt demnach folgendes:

Der Gesetzgeber hat ausdrücklich die Verletzung des Anspruchs auf rechtliches Gehör in Urteilsverfahren geregelt. Die Frage, ob die Anhörungsrüge auch auf

---

218 Hannich/Meyer-Seitz/Engers, S. 169

andere Verfahrensentscheidungen, wie beispielsweise unanfechtbare Beschlüsse, übertragen werden kann, hat der Gesetzgeber erkannt, aber nicht geregelt[219]. Gründe für die Annahme, er habe bewusst von einer entsprechenden Regelung Abstand genommen sind jedoch nicht ersichtlich[220]. Eine Überprüfung von Überprüfungsentscheidungen soll nach dem Willen des Gesetzgebers zumindest dann nicht stattfinden, wenn die erste Überprüfung (auch) die Frage der einer Verletzung rechtlichen Gehörs (Ergänzung des Verfassers: oder eines anderen Verfahrensgrundrechts) umfasst. Eine Ausdehnung des Anwendungsbereichs des § 321 a ZPO auf andere Verfahrensgrundrechtsverletzungen als die Verletzung des Anspruchs auf rechtliches Gehör ist zumindest nicht ausgeschlossen. Für das Problem des Fortbestandes der außerordentlichen Beschwerde unter Geltung des neuen Verfahrensrechts sind die Gesetzesmaterialien zu § 321 a ZPO, da sie diesbezüglich kaum verwertbare Ansätze enthalten, weitgehend unergiebig.

---

219 A.A.: OLG Oldenburg, Beschl. v. 14.10.02 – 11 UF 208/01 in MDR 2003, 229, 230: „Obwohl der Bundesrat in seiner Stellungnahme zu § 321 a ZPO ausdrücklich darauf hingewiesen hat, die Regelung sei unvollständig, weil sie nicht alle Entscheidungen, bei denen die Verfahrensordnung einen ordentlichen Rechtsbehelf nicht mehr vorsehe, erfasse, hat die Bundesregierung in ihrer Gegenerklärung die Erforderlichkeit der Einbeziehung weiterer Entscheidungen verneint. Daraus ergibt sich, dass der Gesetzgeber nicht etwa eine Einbeziehung nicht rechtsmittelfähiger Berufungsurteile vergessen hat, sondern er vielmehr die mit dem neuen § 321 a ZPO geschaffenen Möglichkeit der Selbstkorrektur unanfechtbarer Urteile entsprechend dem Wortlaut der Norm auf bestimmte Fälle beschränken wollte. Damit handelt es sich um eine Ausnahmevorschrift, die, weil der Gesetzgeber bewusst nur eine Teilregelung geschaffen hat, nicht, auch mit dem Ziel der Entlastung des BVerfG, extensiv ausgelegt werden darf.“ Diese Argumentation des Oberlandesgerichts Oldenburg vermag nicht zu überzeugen: Der Verweis auf das Gesetzgebungsverfahren geht deshalb fehl, weil der Gesetzgeber ausdrücklich eine doppelte Überprüfung der Verletzung rechtlichen Gehörs vor dem Hintergrund eines effektiven Ressourceneinsatzes vermeiden wollte („Die Überprüfung von Überprüfungsentscheidungen“). Um einen solchen Fall handelt es sich bei der Verletzung des rechtlichen Gehörs durch ein nicht berufungsfähiges Urteil aber gerade nicht. Immerhin akzentuiert der erkennende Senat, dass die Replik der Bundesregierung sich auf Verfahrensentscheidungen beschränkt.

220 Im Ergebnis so auch Schneider in MDR 2002, 1047, 1049: „Aus dem Schweigen des Gesetzgebers folgt nichts.“

bb) Die Neukonzeption des Beschwerderechts

Die Änderungen des Beschwerderechts werden neben der Einführung des § 321 a ZPO als weiterer Grund dafür benannt, dass zukünftig außerordentliche Beschwerden in der Praxis nicht mehr anzutreffen sein werden oder aber zumindest zahlenmäßig von einer Reduzierung auszugehen sei[221]. Unter Ziff. IV. 4 d. spricht die Begründung des Regierungsentwurfs in der Tat von einer Reduzierung der Anzahl außerordentlicher Beschwerden durch eine ausgedehnte Abhilfebefugnis des Erstgerichts[222]. Eine Reduzierung der Anzahl außerordentlicher Beschwerden wegen greifbarer Gesetzwidrigkeit setzt aber denknotwendigerweise die gesetzlich nicht ausgeschlossene weitere Existenz dieses Rechtsinstituts voraus. Dies ist die in diesem Zusammenhang erste bedeutende Erkenntnis für die Frage des Fortbestandes außerordentlicher Beschwerden. Der Verweis auf die Gesetzgebungsmaterialien kann somit gerade nicht zu der Erkenntnis führen, Fälle greifbarer Gesetzwidrigkeit seien unter der Geltung des neuen Verfahrensrechts nicht mehr anzutreffen.

Aber auch im Übrigen lassen sich aus der Bundestagsdrucksache 14/4722 keine Gesichtspunkte herausfiltern, die zwingend zu der Erkenntnis führen, außerordentliche Beschwerden seien zukünftig unstatthaft[223]. Mit der Neufassung des § 567 ZPO hat sich insofern keine Änderung ergeben als die Absätze 1 und 2 der alten Fassung des § 567 ZPO entsprechen. Es verbleibt damit auch unter Geltung des neuen Beschwerderechts dabei, dass die sofortige Beschwerde in vielen Fällen keine Anwendung findet, obwohl die Voraussetzungen des § 567 Abs. 1 Nr. 2 ZPO eigentlich erfüllt sind[224]. So erklärt das Gesetz Entscheidungen beispielsweise für unanfechtbar in den §§ 225 Abs. 3, 319 Abs. 3, 336 Abs. 2, 620 c S. 2, 707 Abs. 2 S. 2, 813 b Abs. 5 S. 4 i. V. m. § 764 Abs. 3 ZPO. Der Zweck der in § 572 Abs. 1 ZPO vorgesehenen Abhilfebefugnis des

---

221 Zöller/Vollkommer § 321 a Rn. 3b; Einl. 103 vertritt die Auffassung, Fälle der außerordentlichen Beschwerde werden zukünftig in der Praxis nur noch Relevanz im Fall der Anfechtung von Beschwerdeentscheidungen haben, die mit der Rechtsbeschwerde nicht angefochten werden können. Auch Jauernig § 75 IV meint, durch die Zulässigkeit einer Abhilfe durch das erkennende Gericht auf sofortige Beschwerden könnten greifbare Gesetzwidrigkeiten in der unteren Instanz im Wege der Selbstkontrolle wenn auch nicht beseitigt, so doch reduziert werden. Für den Bereich des Verwaltungsprozessrechts, das in § 148 Abs.1 VwGO eine Abhilfemöglichkeit des iudex a quo anders als das Zivilprozessrecht vorsah, meint Kraheberger in DöV 2002, 19, 21, „durch die bestehende Selbstkontrolle des iudex a quo würde nicht ausgeschlossen, dass ein Gericht seinen evidenten Gesetzesverstoß nicht beseitigt."

222 Zöller/Vollkommer § 321 a Rn. 4; Nachw. bei Hannich/Meyer-Seitz/Engers, S. 391, 392 (bereits zitiert)

223 Gehrlein in MDR 2003, 547, 554 daher mit der zutreffenden Folgerung, dass der Gesetzgeber im Rahmen der ZPO-Reform das Rechtsinstitut der außerordentlichen Beschwerde nicht habe abschaffen wollen, sondern dass dieses vom Bundesgerichtshof aufgegeben wurde.

224 MünchKomm ZPO/Aktualisierungsband – Lipp § 567 Rn. 12

iudex a quo entspricht weitestgehend der in § 321 a ZPO[225]. Die Fehlerquellen, die sich der Gesetzgeber vorstellte, als er sowohl im Fall des § 321 a ZPO als auch des § 572 Abs.1 ZPO die Abhilfemöglichkeit des iudex a quo einführte sind aber weitestgehend nicht die, die zur greifbaren Gesetzwidrigkeit von Entscheidungen führen. Eine Reduzierung der Anzahl außerordentlicher Beschwerden wird sich daher aus der nunmehr eingeführten Abhilfemöglichkeit des iudex a quo mutmaßlich kaum ergeben; eine solche wird letztlich nur durch eine Reduktion qua Gesetz unanfechtbarer Beschlüsse resultieren. An diesem Punkt ist jedenfalls zunächst die Feststellung zu treffen, dass sich aus den Gesetzgebungsmaterialien zu den §§ 567 ff ZPO nicht die Konsequenz ergibt, es existiere unter Geltung des neuen Beschwerderechts kein Anwendungsbereich außerordentlicher Beschwerden mehr.

Als Fazit der Auswertung der Gesetzgebungsmaterialien zu § 321 a ZPO und den §§ 567 ff ZPO ist somit festzuhalten, dass sich aus diesen nicht ergibt, das Rechtsmittel der außerordentlichen Beschwerde sei nach Inkrafttreten des Zivilprozessreformgesetzes nunmehr generell unstatthaft. Vielmehr geht der Gesetzgeber, wenn er sich eine Reduzierung der Anzahl mit außerordentlichen Beschwerden begründeten Rügen mittels Selbstabhilfe durch den iudex a quo im Fall des § 572 Abs. 1 ZPO erhofft, grundsätzlich von einem Fortbestand dieses Rechtsinstituts aus. Die Frage, die sich daran anschließt, kann nur die sein, welche Sachverhaltskonstellationen existieren, auf die außerordentliche Beschwerden Anwendung finden. Soweit Verfahren vorhanden sind, die ein höheres Maß an Rechtssicherheit versprechen, werden sich außerordentliche Be-schwerden als obsolet darstellen. Vor diesem Hintergrund ist von entscheidender Bedeutung, auf welche Sachverhalte der Rechtsgedanke des § 321 a ZPO Anwendung findet[226].

---

225 Nachweise bei Hannich/Meyer-Seitz/Engers, S. 406: „Dem Ausgangsrichter wird durch die Einräumung der Abhilfemöglichkeit die Gelegenheit gegeben, seine Entscheidung nochmals zu überprüfen, sie kurzer Hand zurückzunehmen oder zu berichtigen. Die Abhilfebefugnis dient der Selbstkontrolle des Gerichts und erhält den Betroffenen die Instanz, was insbesondere in den Fällen der Verletzung des Anspruchs auf rechtliches Gehör sachgerecht ist. Sie verkürzt das Verfahren und entlastet das Beschwerdegericht, weil es mit der Korrektur von Fehlern, die das Ausgangsgericht selbst erkennt oder mit der Nachholung des rechtlichen Gehörs von vornherein nicht befasst wird. Das Verfahren kann somit trotz Fehlerhaftigkeit seinen endgültigen Abschluss in der Instanz finden."

226 Ausdrücklich auf den Aspekt der Rechtssicherheit im Hinblick auf den Anwendungsbereich des § 321 a ZPO bezieht sich das OLG Celle, Beschl. v. 04.12.02 – 13 U 77/02 in NJW 2003, 906, 907. Für das Verhältnis der Gegenvorstellung zu § 321 a ZPO führt es aus: „Hierfür (scil.: die Durchbrechung der Rechtskraft im Fall von Verletzungen rechtlichen Gehörs in Beschlussverfahren) bietet § 321 a ZPO ein sachgerechtes, fristgebundenes Instrument, das geeignet ist, in einem gesetzlich geregelten Verfahren die erforderliche Rechtssicherheit zu gewährleisten. Dann aber ist es konsequent, in den Fällen, in denen die Verletzung des rechtlichen Gehörs gerügt wird, statt der Gegenvorstellung nunmehr § 321 a ZPO entsprechend anzuwenden."

cc) Die Regelungsbereiche des § 321 a aufgrund Analogien

Die Frage nach der Reichweite des Anwendungsbereiches des § 321 a ZPO hat eine Vielzahl von Kontroversen hervorgerufen, die derzeit in der Fachliteratur diskutiert werden. Im Einzelnen sind folgende Punkte umstritten:

- Besteht die Möglichkeit, § 321 a ZPO im Fall der Verletzung rechtlichen Gehörs auch in Beschlussverfahren zur Anwendung zu bringen?
- Kann der Rechtsgedanke des § 321 a ZPO sowohl auf Entscheidungen Anwendung finden, die unter anderen Verfahrensgrundrechtsverletzungen als solchen der Verletzung des Anspruchs auf rechtliches Gehör zustande gekommen sind, als auch auf Entscheidungen, die sich als greifbar gesetzwidrig darstellen?

- Findet § 321 a ZPO auf alle Instanzenzüge Anwendung?[227]

Bei der Frage einer Erweiterung des Anwendungsbereiches des § 321 a ZPO über dessen Wortlaut hinaus handelt es sich rechtssystematisch um die Frage nach der Zulässigkeit eines Analogieschlusses, der auch im Verfahrensrecht

---

227 Da diese Fragestellung für das hier zu bearbeitende Thema von untergeordneter Bedeutung ist, wird sie keiner gesonderten Untersuchung unterzogen werden. Allerdings ist diese Frage heftig umstritten. **Gegen eine Anwendung in Berufungsverfahren** sprechen sich aus: Zöller/Vollkommer § 321 a Rn. 4; Musielak/Musielak § 321 a Rn. 2; MünchKomm ZPO/Aktualisierungsband - Musielak § 321 a Rn. 1; Hannich/Meyer-Seitz/Engers, ZPO-Reform, § 321 a Rn. 13; Gehrlein in MDR 2003, 421, 424; Hansens in AnwBl. 2002, 125, 128; Redeker in NJW 2003, 2956, 2957; Voßkuhle in NJW 2003, 2193, 21999; OLG Rostock, Beschl. v. 09.04.03 – 6 U 101/02 in NJW 2003, 2105 f = MDR 2003, 1012; OLG Oldenburg, Beschl. v. 14.10.02 – 11 UF 208/01 in MDR 2003, 229, 230. **Für eine Anwendung in Berufungsverfahren:** Thomas/Putzo/Reichold § 321 a Rn. 18: „Entsprechende Anwendung von § 321 a ZPO kommt in Betracht bei Berufungsurteilen gegen die eine Nichtzulassungsbeschwerde wegen § 26 Nr. 8 oder 9 EGZPO nicht zulässig ist sowie bei ablehnenden Zulassungsbeschlüssen des Revisionsgerichts".; Lüke, Zivilprozess-recht S. 35; Rimmelspacher in JZ 2003, 797, 798/799; Müller in NJW 2002, 2743, 2745, 2746; Schneider in AnwBl. 2002, 9, 10; ders. in AnwBl. 2002, 620, 621, 622; Schmidt in MDR 2002, 915, 918.; OLG Celle, Beschl. v. 04.12.02 – 13 U 77/02 in NJW 2003, 906 f mit der im Übrigen zutreffenden Feststellung, dass es sich bei dem von der Beklagten eingelegten Rechtsbehelf um eine Rüge analog § 321 a ZPO handelt und nicht etwa um eine form- und fristlos einzulegende Gegenvorstellung. Das Oberlandesgericht Celle begründet seine Auffassung damit, dass § 525 S. 1 ZPO die Vorschriften, die für den ersten Rechtszug gelten auch auf das Berufungsverfahren für anwendbar erkläre, soweit sich aus den §§ 511 ff ZPO nichts Abweichendes ergibt. Das Oberlandesgericht Celle, gelangt insofern zutreffend zu dem Ergebnis, die entsprechende Anwendung des § 321 a ZPO auf Berufungsverfahren – etwa das Zurückweisungsverfahren nach § 522 Abs. 2 ZPO - sei durch das Gesetz vorgezeichnet (Vgl. hierzu die nicht von der Hand zu weisenden Gegenargumente des Oberlandesgerichts Rostock aaO). Die durch das Oberlandesgericht Oldenburg vorgebrachten Gesichtspunkte vermögen hingegen nicht zu überzeugen. Dass der Verweis auf das Gesetzgebungsverfahren fehlgeht, hatte ich bereits zuvor an anderer Stelle ausgeführt. Im Übrigen vermag der Hinweis, Gegenvorstellungen und außerordentliche Beschwerden wegen greifbarer Gesetzwidrigkeit hätten vor Inkrafttreten des § 321 a ZPO ausschließlich auf unanfechtbare erstinstanzliche Beschlüsse Anwendung gefunden, ebenfalls nicht zu überzeugen. Zum einen trifft die Aussage schlichtweg in dieser pauschalen Form nicht zu, zum anderen mutet es kaum nachvollziehbar an, einen in der Vergangenheit umstrittenen Anwendungsbereich gesetzlich nicht fixierter Rechtsbehelfe für die Frage des Anwendungsbereiches eines jetzt Geschaffenen heranzuziehen. Im Übrigen scheint der erkennende Senat zu übersehen, dass der Anwendungsbereich außerordentlicher Beschwerden für die hier in Rede stehende Frage einer Gehörsrüge mangels Parallelität nichts hergibt. Zutreffenderweise verweist das OLG Celle, Beschl. v. 02.01.03 – 9 U 139/02 in OLG Report Celle 2003, 93 = MDR 2003 593 darauf, dass § 321 a ZPO einer analogen Anwendung dann nicht zugänglich ist, wenn eine Partei gesetzlich normierte Rechtsmittel – in vorliegendem Fall eine Nichtzulassungsbeschwerde – erheben könnte.

grundsätzlich statthaft ist[228]. Ebenso wie in anderen Rechtsgebieten vollzieht sich die Analogieprüfung im Verfahrensrecht nach den allgemeinen Grundsätzen, nämlich anhand der Prüfungsmaßstäbe Gesetzeslücke, rechtsähnliche Lage und allgemeiner Rechtsgedanke[229]. Sämtliche Autoren, die sich mit einer erweiternden Auslegung des § 321 a ZPO befassen und diese im Ergebnis bejahen[230], lassen es an einer intensiveren Auseinandersetzung mit diesen Kriterien fehlen[231]. Ein Analogieschluss setzt regelmäßig die Existenz einer planwidrigen Regelungslücke voraus[232]. Bei der Beurteilung dieser Frage sind wiederum die Gesetzesmaterialien hinzuzuziehen, aus denen sich ergeben kann, ob es sich um eine Planwidrigkeit handelt oder nicht[233]. Des Weiteren hat eine Vergleichbarkeit zwischen dem gesetzlich geregelten Tatbestand, also dem, der im Wege der Analogie herangezogen werden soll, und dem ungewollt gesetzlich nicht geregelten zu existieren[234].
Hinsichtlich der ersten der zuvor benannten drei offenen Fragen[235], ob eine Erweiterung des Anwendungsbereiches über § 321 a ZPO hinaus auch auf Beschlussverfahren stattfindet, liegt das Problem in der Konstruktion einer einfachen Analogie. Gleiches gilt für die Übertragbarkeit des Rechtsgedankens des § 321 a ZPO auf andere Verfahrensgrundrechtsverletzungen in Urteilsverfahren. Der Aspekt einer Ausweitung des Anwendungsbereiches auf Beschlussverfahren, in denen andere Verfahrensgrundrechtsverletzungen als die Verletzung des Anspruchs auf rechtliches Gehör auftreten, setzt einen Analogieschluss in doppelter Hinsicht voraus. Entsprechende Prüfungsparameter gelten für die in Betracht kommenden Fälle greifbarer Gesetzwidrigkeit.

---

228 Zöller/Vollkommer Einl. Rn. 97; es handelt sich hingegen nicht um die Frage einer richterlichen Rechtsfortbildung wie in den Fällen der Gegenvorstellung und außerordentlichen Beschwerde. Entsprechend differenziert Larenz in NJW 1965, 1, 2 zwischen einer „Lückenausfüllung“ und der Schaffung eines neuen Rechtsinstituts, dessen Fehlen nicht als „Lücke“ des Gesetzes angesehen werden kann.

229 Thomas/Putzo/Reichold Einl. VI Rn.6

230 Zöller/Gummer § 567 Rn. 25; Müller in NJW 2002, 2743, 2747; Schmidt in MDR 2002, 915, 918; Pape in EWiR § 116 ZPO 1/02, 973

231 So führt Schmidt in MDR 2002, 915, 918 nach Erläuterungen, die nicht in Zusammenhang mit einem Analogieschluss stehen, aus: „Es spricht alles dafür, die gesamte Bestimmung des § 321 a ZPO auf andere als die in § 321 a ZPO genannten Entscheidungen analog anzuwenden.“

232 BGH, Beschl. v. 19.10.89 – III ZR 111/88 in NJW 1990, 838, 839; Zöller/Vollkommer Einl. Rn. 97

233 OLG München, Beschl. v. 26.10.98 – 11 W 2892/98 in MDR 1999, 58, 59

234 BGH, Urt. v. 13.07.88 – IVa ZR 55/87 in BGHZ 105, 140, 143

235 Die Frage, ob § 321 a ZPO auch in Berufungsverfahren Anwendung findet, ist nicht im Wege einer Analogielösung zu beantworten, da § 525 S. 1 ZPO für das Berufungsverfahren die Vorschriften für das Verfahren vor den Landgerichten für entsprechend anwendbar erklärt. Zu diesen Vorschriften des ersten Abschnitts des zweiten Buchs der Zivilprozessordnung gehört auch § 321 a ZPO.

aaa) Übertragung des Rechtsgedankens des § 321 a ZPO auf Beschlussverfahren im Fall der Verletzung des Anspruchs auf rechtliches Gehör

Ausweislich seines Wortlauts findet das Abhilfeverfahren des § 321 a ZPO auf Antrag der durch das Urteil beschwerten Partei statt. Als Konsequenz daraus soll folgen, dass § 321 a ZPO ausschließlich auf Urteilsverfahren Anwendung finden soll[236]. Beruhe ein unanfechtbarer Beschluss auf der Verletzung rechtlichen Gehörs, so könne die betroffene Partei nur im Wege der Gegenvorstellung eine Abänderung des Beschlusses erreichen[237]. Diese sich streng an den Gesetzeswortlaut klammernde Sichtweise ist jedoch nicht unumstritten, lassen sich doch für eine analoge Anwendung des § 321 a ZPO auch auf Beschlussverfahren durchaus gewichtige Gründe finden.

Grundvoraussetzung für jede Analogie ist eine Gesetzeslücke, also eine planwidrige Unvollständigkeit des Gesetzes[238]. Eine solche ist zu unterscheiden von einer rechtspolitisch möglicherweise verbesserungsbedürftigen, aber eindeutig vorhandenen Regelung. Die Grenze zwischen einer Gesetzeslücke und einem Fehler des Gesetzes in rechtspolitischer Sicht kann nur im Wege einer Fragestellung dergestalt gezogen werden, ob das Gesetz, gemessen an seiner eigenen Regelungsabsicht unvollständig ist[239] oder ob nur die von ihm getroffene Entscheidung einer rechtspolitischen Kritik nicht standhält. Maßstäbe zur Beurteilung dieser Frage sind im ersten Fall die Regelungsabsicht und die immanente Teleologie des Gesetzes selbst, im zweiten Fall die an das Gesetz herangetragene, rechtspolitisch begründete Kritik[240].

Rechtspolitisch gewollt war eine Entlastung des Bundesverfassungsgerichts von der Korrektur einfacher, ohne weiteres vermeidbarer Verfahrensfehler, insbesondere der Verletzung des Anspruchs auf rechtliches Gehör. Ein Großteil dieser Fehler taucht in Beschlussverfahren auf[241]. Um dem Anspruch einer Entlastung des Bundesverfassungsgerichts mittels normativer Ansätze gerecht zu werden, hätte der Gesetzgeber konsequenterweise auch die Rüge der Verletzung rechtlichen Gehörs in Beschlussverfahren in den Anwendungsbereich des § 321 a ZPO aufnehmen müssen. Gemessen an der von dem Gesetzgeber mit der Einführung des § 321 a ZPO erwünschten Regelungsabsicht handelt es sich um eine Regelungslücke.

---

236 Jauernig § 29 III; Hannich/Meyer-Seitz/Engers, ZPO-Reform, § 321 a Rn. 13

237 So offensichtlich auch BayObLG, Beschl. v. 18.09.02 – 2Z BR 38/02 in MDR 2003, 170 mit einem Verweis auf § 321 a ZPO im Klammerzusatz.

238 Larenz/Canaris S. 194

239 Larenz in NJW 1965, 1, 2

240 Larenz/Canaris S. 195

241 Schneider in NJW 1981, 1196; zustimmend Braun in seiner entsprechenden Replik auf Schneider in NJW 1981, 1196

Im Ergebnis wird es sich auch um eine planwidrige Regelungslücke handeln[242]. Im Rahmen der im Gesetzgebungsverfahren stattgefundenen Diskussion zwischen Bundesrat und Bundesregierung stellte sich die Frage einer Ausweitung des in § 321 a ZPO zu findenden Rechtsgedankens auch auf Beschlussverfahren. Der Gesetzgeber hatte sich nur eingeschränkt dahingehend geäußert, eine Überprüfung von Beschlüssen, die ihrerseits Beschlüsse unter dem Aspekt der Verletzung rechtlichen Gehörs überprüft hätten, solle nicht geregelt werden; die Sachlage stelle sich im Fall der Anfechtung unanfechtbarer erstinstanzlicher Beschlüsse anders dar. Unabhängig davon, ob eine diesbezügliche Prüfung durch die Bundesregierung stattfand, sprechen jedenfalls die Kenntnisnahme der Bundesregierung und das von ihr geäußerte Problembewusstsein zunächst gegen eine „Planwidrigkeit". Dies gilt jedoch nur dann uneingeschränkt, soweit der Begriff „Planwidrigkeit" unter definitorischen Gesichtspunkten allein von einer entsprechenden Kenntnis des Normgebers abhängig gemacht wird[243]. Wie der Begriff „Planwidrigkeit" schon indiziert, ist der Gesetzesplan eigentlicher Ansatzpunkt und auch Beurteilungsmaßstab für eine gegebenenfalls vorliegende Planwidrigkeit. Der dem Gesetz zugrunde liegende Regelungsplan ist aus ihm selbst im Wege der historischen und teleologischen Auslegung zu ermitteln. Beurteilungsmaßstab für das Vorliegen einer Gesetzeslücke, also einer planwidrigen Unvollständigkeit des Gesetzes, sind demnach nicht allein die Absichten und bewusst getroffenen Entscheidungen des Gesetzgebers, sondern vielmehr auch die objektiven Rechtszwecke und allgemeinen Rechtsprinzipien[244]. Bei Zugrundelegung dieser Definition der „Planwidrigkeit" stehen

---

242 **A.A.**: Musielak, Grundkurs ZPO Rn. 550: „§ 321a ZPO analog findet keine Anwendung bei unanfechtbaren Beschlüssen, es sei denn, man wolle dem Gesetzgeber unterstellen, er habe das häufig diskutierte und deshalb nahe liegende Problem der Gehörsverletzung durch unanfechtbare Beschlüsse nicht erkannt und deshalb eine Lücke im Gesetz gelassen."; Schilken Rn. 991: „Da der Gesetzgeber die Rügemöglichkeit bewusst auf erstinstanzliche Entscheidungen und auf die Verletzung des Anspruchs auf rechtliches Gehör beschränkt hat, fehlt es auch an einer Gesetzeslücke für eine entsprechende Anwendung des § 321 a ZPO und ist zudem bei strenger Betrachtung eigentlich auch eine Gehörsrüge ausgeschlossen."; Gravenhorst in MDR 2003, 887, 888 unter Bezugnahme auf den Beschluss des Bundesverfassungsgerichts vom 30.04.03 (Az.: 1 PBvU 1/02 in NJW 2003, 1924 ff): „Das Bundesverfassungsgericht hat nunmehr ein Gesetzgebungsdefizit verbindlich festgestellt und damit denknotwendigerweise auch eine zwar ‚planmäßige' aber verfassungswidrige ‚Gesetzeslücke' im Sinn der Methodenlehre zur Rechtsfigur der Analogie konstatiert." (vgl. die Kritik an dem Beschluss des Bundesverfassungsgericht von Kley in DVBl 2003, 1159 ff); Scherer in DRiZ 2000, 490, 496 folgert aus der in der Vergangenheit gescheiterten Einführung der Anhörungsrüge in Bezug auf das Vorliegen einer Regelungslücke, dass bereits nicht von dem Vorhandensein einer solchen im Hinblick auf die Verletzung rechtlichen Gehörs gesprochen werden könne.

243 So aber offenbar Scherer in DRiZ 2000, 490, 496

244 Larenz/Canaris S. 194, 195

einem Analogieschluss keine Bedenken entgegen[245]. Rechtszweck ist die Entlastung des Bundesverfassungsgerichts von Verfassungsbeschwerden, die mit einer Verletzung rechtlichen Gehörs begründet werden, auf der Basis sicherer Rechtsgrundlagen[246]. Die Basis sicherer Rechtsgrundlagen würde jedoch für den Bereich unanfechtbarer Beschlüsse nicht erreicht werden, falls eine Übertragung des Rechtsgedankens des § 321 a ZPO nicht erfolgte.
In diesem Fall wäre zum Zweck der Korrektur der Verletzung des Anspruchs auf rechtliches Gehör auf gesetzlich nicht geregelte Rechtsbehelfe zurückzugreifen[247], was nicht als „systemadäquate Lösung"[248] zu bezeichnen ist. Ebenfalls wird auch dem einer analogen Anwendung immanenten Prinzip der Gleichbehandlung des Gleichartigen[249] Rechnung getragen, stellen sich doch die zu beurteilenden Sachverhalte als vergleichbar sind. Ansatzpunkt ist jeweils die Verletzung des Anspruchs auf rechtliches Gehör. Die Gründe für diesen Verfahrensfehler[250] mögen – abhängig von der zugrunde liegenden Verfahrensart, sei es Urteilsverfahren oder Beschlussverfahren – unterschiedlich sein. Dies ist jedoch hier nicht entscheidend[251], da § 321 a ZPO unter diesem Aspekt nicht allein auf das Urteilsverfahren „zugeschnitten" ist. Unter rechtsdogmatischen Gesichtspunkten bestehen somit insgesamt keine Bedenken hinsichtlich einer analogen Anwendung des § 321 a ZPO auf Beschlussverfahren. Ein gegen eine erweiternde Auslegung des Anwendungsbereiches des § 321 a ZPO sprechendes Argument könnte die Mehrbelastung der erstinstanzlichen Gerichte durch eine entsprechende Überprüfung von gerügten Beschlüssen darstellen; dies ist

245 Von dem Vorliegen einer Planwidrigkeit als Voraussetzung für eine analoge Anwendung des § 321 a ZPO im Fall einer Verletzung rechtlichen Gehörs geht das OLG Naumburg, Beschl. v. 04.09.02 – 10 W 07/02 in NJW-RR 2003, 353 aus: „Die Abänderbarkeit der vorgenannten Entscheidung ergibt sich in analoger Anwendung des § 321 a ZPO auf formell unanfechtbare Beschlüsse. (...) Die Gründe für diese gesetzliche Neuregelung – die Chance zur instanzinternen Behebung schweren Verfahrensunrechts sowie zugleich die Entlastung des BVerfG – treffen in gleicher Weise auf formell unanfechtbare Beschlüsse zu. Hierzu fehlt es allerdings an einer gleichlautenden Regelung. Der Senat erachtet diese Gesetzeslücke als planwidrig."; **a.A.**: Musielak, Grundkurs ZPO, Rn. 550

246 Zöller/Vollkommer § 321 a Rn. 1; MünchKomm ZPO/Aktualisierungsband – Musielak § 321 a Rn. 1; Baumbach/Lauterbach/Albers/Hartmann/Hartmann § 321 a Rn. 2. In der amtlichen Begründung zu § 321 a ZPO findet sich kein entsprechender Hinweis auf den Aspekt der Rechtssicherheit.

247 In diesem Sinn konsequent: Jauernig § 29 III, allerdings ohne entsprechende Begründung. Ebenfalls ohne eine entsprechende Erörterung und streng an dem Wortlaut der Vorschrift haftend, demnach einer analogen Anwendung des § 321 a ZPO tendenziell eher ablehnend gegenüberstehend: Musielak/Musielak § 321 a Rn. 1

248 MünchKomm ZPO/Aktualisierungsband - Lipp Vor § 567 Rn. 13

249 Larenz/Canaris S. 195

250 Eine Auflistung von Beispielen zur Frage der Verletzung rechtlichen Gehörs bietet: Baumbach/Lauterbach/Albers/Hartmann/Hartmann § 321 a Rn. 32

251 Im Ergebnis so auch Müller in NJW 2002, 2743, 2745: „Auf die äußere Form der Entscheidung kann es schwerlich ankommen."

ein Aspekt, der ausweislich des historischen Rückblicks schon seit jeher die Diskussion um die Einführung der Gehörsrüge maßgeblich prägte. Aus der Replik der Bundesregierung auf die Stellungnahme des Bundesrates ergibt sich, dass der Aspekt des sorgfältigen Umgangs mit den Ressourcen sich auf die Überprüfung von Überprüfungsentscheidungen bezieht, allerdings die Sachlage im Fall erstinstanzlicher unanfechtbarer Beschlüsse anders beurteilt werden könne. Nach Auffassung der Bundesregierung stellten danach die kostenmäßigen Auswirkungen denkbarer Verzichte auf rechtsmittelbeschränkende Regelungen im Fall nicht anfechtbarer Beschlüsse kein Kriterium dar, welches von vornherein eine Beschränkung des Anwendungsbereiches des § 321 a ZPO auf Urteilsverfahren rechtfertigen würde. Darüber hinaus ist für die hier zu diskutierende Frage der Zulässigkeit einer analogen Anwendung des § 321 a ZPO von Bedeutung, dass eine Auslegung unzulässig ist, die ausschließlich der Einsparung richterlicher Arbeitsbelastung dient[252]. Im Übrigen würde der Ausschluss einer Gehörsrüge unter diesem Gesichtspunkt zu der der Öffentlichkeit kaum zu vermittelnden Situation führen, dass der iudex a quo, dem die Verletzung rechtlichen Gehörs unterlaufen ist, allein unter Belastungsgesichtspunkten an einer Korrektur (die, so auch die Vorstellung des Gesetzgebers, schnell und ohne größere Probleme machbar sei) gehindert wäre. Letztendlich könnte sich das Argument einer wesentlichen Mehrbelastung nur dann als schlüssig darstellen, wenn mit einer Beschränkung des § 321 a ZPO auf Urteilsverfahren keine Möglichkeit existieren würde, die Rüge einer Verletzung rechtlichen Gehörs im Beschlussverfahren geltend machen zu können. Hier aber existiert – unbeschadet der erkennbaren Defizite – der durch sämtliche Instanzen dem Grunde nach anerkannte Rechtsbehelf der Gegenvorstellung, mit dem die Verletzung rechtlichen Gehörs in Beschlussverfahren gerügt werden kann. Auch hier hat der iudex a quo seine Entscheidung einer Untersuchung zu unterziehen. Solange nicht eine schlüssige Erklärung dafür vorgebracht wird, warum eine Ausweitung des Anwendungsbereiches des § 321 a ZPO auf Beschlussverfahren im Vergleich zu dem praktizierten Rechtsbehelf der Gegenvorstellung eine wesentliche Mehrbelastung für den iudex a quo bedeutet, besteht kein Anlass, unter diesem Aspekt von einer erweiternden Auslegung des § 321 a ZPO Abstand zu nehmen.

Der 9. Zivilsenat des Bundesgerichtshofes hielt in seinem Beschluss vom 07. März 2002[253] auch auf der Grundlage des aktuellen Verfahrensrechts die Gegen-

---

252 BVerfG, Beschl. v. 09.08.78 – 2 BvR 831/76 in BverfGE 49, 148, 165 f; Beschl. v. 03.04.79 – 1 BvR 994/96 in BVerfGE 51, 113/114; Urt. v. 11.06.80 – 1 BPvU 1/79 in NJW 1981, 41/42; Zöller/Vollkommer Einl. 96; Kley in DVBl 2003, 1159, 1161; **a.A.** offensichtlich Pape in KTS 1993, 179, 185 gegen die Zulassung außerordentlicher Rechtsbehelfe: „Im Vordergrund muß – auch im Hinblick auf die zunehmende Verknappung der Mittel der Justiz – die vom Gesetzgeber gewollte Unanfechtbarkeit stehen."

253 Az.: IX ZB 11/02 in NJW 2002, 1577

vorstellung als statthaften Rechtsbehelf für die Korrektur von Verstößen gegen den Anspruch auf rechtliches Gehör in Beschlussverfahren für zulässig, was keine Veränderung seiner ständigen Rechtsprechung darstellt. Lediglich in Bezug auf die in § 321 a Abs. 2 ZPO vorgesehene Frist meinte der Bundesgerichtshof eine Aussage dahingehend treffen zu müssen, diese solle auch auf die Fälle der in Betracht kommenden Gegenvorstellung anzuwenden sein. Ansonsten hat der 9. Zivilsenat kein Wort über eine gegebenenfalls in Betracht kommende analoge Anwendung des § 321 a ZPO verloren[254]. Aufgrund der Vielzahl der mit dem Rechtsinstitut der Gegenvorstellung verbundenen Unsicherheiten wäre es nur konsequent gewesen, hätte der 9. Zivilsenat des Bundesgerichtshofes eine Aussage dahingehend getroffen, das in § 321 a ZPO vorgesehene Verfahren solle in Gänze auf die Fälle der Verletzung des Anspruchs auf rechtliches Gehör in Beschlussverfahren anzuwenden sein[255].

---

254 BGH, Beschl. v. 07.03.02 - IX ZB 11/02 in NJW 2002, 1577; Die mit dem Rechtsbehelf der Gegenvorstellung einhergehenden verfassungsprozessualen Probleme wurden bereits in ihren Grundzügen sowohl im Hinblick auf die Wahrung der Subsidiarität der Verfassungsbeschwerde nach § 90 Abs. 2 S. 1 BVerfGG als auch der Wahrung der Monatsfrist des § 93 Abs. 1 BVerfGG dargestellt. Aber es tauchen auch andere prozessuale Fragestellungen im Zusammenhang mit der Gegenvorstellung auf: Unterliegt die Erhebung der Gegenvorstellung einem Anwaltszwang? Welche Anforderungen sind an die Einlegungsschrift zu stellen? Wie läuft das daraufhin durchzuführende Verfahren ab? In welcher Form hat die abschließende Entscheidung zu ergehen und welche Wirkungen hat diese? Und nicht zuletzt drängt sich auch die Frage auf, warum ausweislich Ziff. 1960 KV im Fall einer erfolglosen Rüge der Verletzung des Anspruchs auf rechtliches Gehör – also bei Verwerfung oder Zurückweisung der Rüge in vollem Umfang – eine Gebühr in Höhe von 50.-- EUR erhoben wird, eine erfolglose Gegenvorstellung jedoch gerichtsgebührenfrei bleibt. Demgegenüber stellt § 321 a ZPO einen im Hinblick auf die formellen Anforderungen gesetzlich klar und eindeutig geregelten Rechtsbehelf dar, der hinsichtlich der einzuhaltenden Form und Frist wie auch bezüglich des nachfolgenden Verfahrens der betroffenen Partei und dem erkennenden Gericht unmißverständliche Vorgaben macht.

255 Voßkuhle in NJW 2003, 2193, 2198, 2199: „Vielmehr spricht die grundsätzlich entsprechende Heranziehung der für Urteile geltenden Bestimmungen auf Beschlüsse dafür, § 321 a ZPO auch auf unanfechtbare Beschlüsse anzuwenden, zumal der Gesetzgeber bei Erlass dieser Vorschrift noch von der verfassungsrechtlichen Zulässigkeit der Gegenvorstellung ausgehen musste.“; Lipp in NJW 2002, 1700, 1702 einerseits: „Zugleich steht damit ein geregeltes Verfahren zur Verfügung, während der bloße Rückgriff auf anderweitig geregelte Fristen wie zum Beispiel auf die Wiedereinsetzungsfrist des § 234 Abs. 1 ZPO, die Monatsfrist des § 93 Abs. 1 BVerfGG oder auch die vom 9. Zivilsenat erwogene Frist des § 321 a Abs. 2 S. 2 ZPO nur die Frage der Befristung des außerordentlichen Rechtsbehelfs beantwortet und daher insgesamt keine befriedigende Lösung bildet.“ Andererseits „ist die Entscheidung jedoch nachdrücklich zu begrüßen, gibt sie doch eine klare und der Konzeption des neuen Rechtsmittelrechts entsprechende Antwort auf die äußerst umstrittene Frage nach der Zulässigkeit außerordentlicher Rechtsmittel wegen der Verletzung von Verfahrensgrundrechten. Darüber hinaus zeigt sie die Richtung an, in der eine sowohl den verfassungsrechtlichen Vorgaben als auch dem Prozessrecht tragende und zudem praktikable Lösung dieser Fälle zu finden ist.“

bbb) Übertragung des Rechtsgedankens des § 321 a ZPO auf andere Verfahrensgrundrechtsverletzungen als die Verletzung des Anspruchs auf rechtliches Gehör

Ausweislich der Analyse der Gesetzgebungsunterlagen ist eine entsprechende Anwendung des § 321 a ZPO auf andere Verfahrensgrundrechtsverletzungen nicht von vornherein ausgeschlossen. Der Gesetzgeber hat die Frage der Korrektur von Verstößen gegen andere Verfahrensgrundrechte unbewusst nicht geregelt[256]. Die Diskussionen während des Gesetzgebungsverfahrens hatten nur die Fragen der Verfahrensentscheidungen, nicht aber die anderer Verfahrensgrundrechtsverletzungen zum Gegenstand. Der Gesetzgeber meinte, wie seiner Begründung[257] zu entnehmen ist, jedoch dem in Wissenschaft und Praxis geäußerten Wunsch zu entsprechen, eine instanzinterne Kontrolle für Verfahrensgrundrechtsverletzungen zu schaffen. Ausweislich der diesbezüglich genannten Nachweisstellen war der Wunsch jedoch der, dass nicht nur die Gehörsrüge geregelt werden sollte[258].

An dieser Stelle ist die Frage nach einer Vergleichbarkeit der in Betracht kommenden Sachverhalte geboten. Wird der von *Musielak*[259] vertretenen Auffassung gefolgt, ist diese Vergleichbarkeit unproblematisch gegeben; es stellt sich hier sogar die Frage, ob überhaupt Raum für Analogie besteht, da seine Ausführungen durchaus auch so verstanden werden können, andere Verfahrensgrundrechte stellten sich als Bestandteil des Anspruchs auf die Gewähr rechtlichen Gehörs dar. Aber auch ohne diesen Ansatzpunkt zu vertreten, ist es sachgerecht und vertretbar, den Regelungsbereich des § 321 a ZPO auf andere

---

256 A.A.: Voßkuhle in NJW 2003, 2193, 2199 und offensichtlich Hinz in WuM 2002, 1, 7

257 Nachweise bei Hannich/Meyer-Seitz/Engers, S. 273

258 Vergleiche nur Gottwald, Gutachten A für den 61. Deutschen Juristentag in Band I S. A 27 ff zu Ziff. 5 – „Verbesserungsverfahren – Gegenvorstellung – Anhörungsrüge wegen der Verletzung rechtlichen Gehörs"

259 MünchKomm ZPO/Aktualisierungsband - Musielak § 321 a Rn. 3; Musielak/Musielak § 321 a Rn. 4: „Der Begriff des rechtlichen Gehörs i.S.v. § 321 a ZPO ist weit auszulegen. Wie ausgeführt lassen sich verschiedene das Prozessrecht prägende Verfassungsprinzipien wie z.B. der Anspruch auf ein faires Verfahren und in gewisser Weise sogar auch der Grundsatz der Waffengleichheit durchaus auf den Anspruch auf rechtliches Gehör des Art. 103 Abs. 1 GG zurückführen. Denn wollte man den Anwendungsbereich der Anhörungsrüge einengen, hätte dies zwangsläufig zur Folge, dass die betroffene Partei doch noch auf den Weg der Verfassungsbeschwerde verwiesen würde." Demzufolge auch konsequent in Musielak, Grundkurs ZPO Rn. 550: „Es erscheint zweifelhaft, ob die Abänderbarkeit bindender Beschlüsse nur auf die Fälle der Gehörsverletzung beschränkt werden soll oder nicht auch auf andere schwerwiegende Rechtsverletzungen, insbesondere Grundrechtsverletzungen ausgedehnt werden kann."
Lipp in NJW 2002, 1700,1702 hält sich dort mit Definierungsversuchen zum Anwendungsbereich des Art. 103 Abs.1 GG zurück, kommt aber nichtsdestoweniger wegen der „verfassungsrechtlich gebotenen Selbstkorrektur der Zivilgerichte" zu dem Ergebnis, § 321 a ZPO fände bei der Verletzung aller Verfahrensgrundrechte Anwendung.

Verfahrensgrundrechte anzuwenden, soweit eine Heilung des jeweiligen Verfahrensfehlers instanzintern – entsprechend der ratio des § 321 a ZPO – schnell und effektiv zu erwarten ist. Die Nähe der verschiedenen das Prozessrecht prägenden Verfassungsprinzipien zueinander und die dabei festzustellenden Überschneidungen erklären sich aus ihren gemeinsamen Wurzeln[260]. Es erscheint daher sinnvoll, auf diese Wurzeln Rückgriff zu nehmen und damit den Anspruch auf ein faires Verfahren zum Maßstab einer analogen Anwendung des § 321 a ZPO zu machen[261]. Auf diesem Weg erfolgt eine Konkretisierung des § 321 a ZPO immanenten Rechtsgedankens dahingehend, dass dieser die Verletzung der Grundsätze des Vertrauensschutzes, der überprüfbaren Verfahrensgestaltung und der prozessualen Fürsorgepflicht umfasst. Auch sonstige verfassungsrechtliche Verfahrensgrundsätze werden durch eine analoge Anwendung des § 321 a ZPO erfasst[262], sei es, dass sie neben den zuvor Genannten sich unmittelbar aus dem Anspruch auf ein faires Verfahren ableiten lassen oder aber als selbständige Verfahrensgrundrechte neben dieses treten. Hier sei insbesondere der sich aus dem allgemeinen Gleichheitssatz und dem Rechtsstaatsprinzip abzuleitende Grundsatz der Waffengleichheit genannt. Eine Ausnahme hiervon stellen jedoch die Fälle „willkürlicher Entscheidungen" dar[263]. Der Aspekt einer durch die vorgenannte Erweiterung des Anwendungsbereiches des § 321 a ZPO entstehende Mehrbelastung ist zu vernachlässigen. Neben den unter aaa) genannten Aspekten kommt hinzu, dass Rügen anderer Verfahrens-

260 Musielak/Musielak Einl. Rn. 32

261 Stein/Jonas/Leipold Vor § 128 Rn. 65 b Fn. 315: „Praktisch wirkt daher der Anspruch auf faires Verfahren innerhalb des deutschen Verfassungsrechts als Auffangtatbestand." Hinsichtlich der Reichweite des Anspruchs auf ein faires Verfahren vgl. Stein/Jonas/Leipold Vor § 128 Rn. 66 ff; vgl auch Kley in DVBl 2003, 1159 ff, der in dem dem Beschluss des BVerfG vom 30.04.2003 (Az.: 1 PBvU 1/02) zugrunde liegenden Sachverhalt nicht eine Verletzung des Art. 103 Abs.1 GG, sondern eine Verletzung des Anspruchs auf ein faires Verfahren erkennt.

262 In diese Richtung auch, allerdings nicht hinreichend differenzierend Pape in EWiR § 116 ZPO 1/02, 973, 974,: „Die Praxis sollte sich darauf einstellen, dass gegen Beschlüsse, in denen elementare Verfahrensgrundsätze verletzt werden, etwa der Anspruch auf rechtliches Gehör nicht beachtet wird, Anträge auf Fortführung des Verfahrens analog § 321 a ZPO zu stellen sind."; vgl. auch Rimmelspacher in JZ 2003, 797, 799 (unter Bezugnahme auf den Plenarbeschluss des Bundesverfassungsgerichts vom 30.04.2003 – Az.: 1 PBvU 1/02 in NJW 2003, 1924 ff): „Was der Legislative danach als Aufgabe bliebe, wäre zu prüfen, ob die Regelung des § 321 a ZPO auf alle Fälle der Verletzung eines Verfahrensgrundrechts auszudehnen ist. Ausdrücklich gefordert hat das Bundesverfassungsgericht dies in seinem Beschluss vom 30.04.2003 nicht. Auf der von dieser Entscheidung vorgezeichneten Linie läge eine solche Ausdehnung aber gleichwohl."

263 Für eine identische Behandlung von Verfahrensgrundrechtsverletzungen bis zur Grenze des Willkürverbots: Kley in DVBl 2003, 1159, 1161, 1162

grundrechtsverletzungen als die der Verletzung rechtlichen Gehörs zahlenmäßig gering sind[264].

ccc) Übertragung des Rechtsgedankens des § 321 a ZPO auf Fälle des Verstoßes gegen das Willkürverbot

Mit den unter aaa) und bbb) vorgenommenen Konkretisierungen stellt sich der im Wege von Analogien zu definierende Regelungsbereich des § 321 a ZPO als erschöpft dar. Eine darüber hinausgehende Ausdehnung des Rechtsgedankens des § 321 a ZPO auf Fälle des Verstoßes gegen das Willkürverbot ist ausgeschlossen. Das Verbot der Willkür umfasst nach Ansicht des Bundesverfassungsgerichts das Verbot der objektiven Unangemessenheit einer Maßnahme, die unabhängig von einem Schuldvorwurf objektiv nicht mehr verständlich ist. So liegt Willkür vor, wenn eine Norm nicht beachtet oder der Inhalt einer Norm krass missbraucht wurde, ohne dafür eine Begründung zu geben, so dass sich der Schluss aufdrängt, dass sie auf sachfremden Erwägungen beruht, die schlechthin unhaltbar sind[265]. Eine Entscheidung stellt sich hingegen dann nicht als willkürlich dar, wenn sie sich mit der Rechtslage eingehend auseinandersetzt und nicht jedes sachlichen Grundes entbehrt[266]; selbst ein eindeutiger Fehler bei der Gesetzesanwendung genügt demnach nicht für die Annahme von Willkür[267]. An dieser Stelle wird auch der Grund dafür sichtbar, weshalb eine analoge Anwendung des § 321 a ZPO nicht die Fälle erfassen kann, die entsprechend obiger Definition als willkürliche Entscheidungen zu klassifizieren sind[268]. Der Gesetzgeber wollte mit der Regelung des § 321 a ZPO eine rasche Abhilfemöglichkeit für solche „Pannen" schaffen, die in der Hektik des Alltagsgeschäfts

---

264 Stürner in JZ 1986, 526, 533, wonach 45 % der Verfassungsbeschwerden mit einer Verletzung des Art. 103 Abs. 1 GG begründet werden; Redeker in NJW 2003, 2956, 2957

265 BVerfG, Beschl. v. 30.01.96 – 1 BvR 2388/95 in NJW 1996, 1531; Beschl. v. 20.09.00 – 1 BvR 441/00 in NJW 2001, 1200; VerfGH Bln., Beschl. v. 22.02.01 – VerfG 111/00 in JR 2002, 453; BGH, Beschl. v. 09.07.02 – ARZ 110/02 in MDR 2002, 1450, 1451; so zuletzt auch mit Beschl. v. 19.12.02 – VII ZR 101/02 in NJW 2003 Heft Nr. 8 , Seite VIII: „(...) unter keinem denkbaren Aspekt rechtlich vertretbar und daher auf sachfremden Erwägungen beruhend." Beispiele für Fälle von Willkürentscheidungen lassen sich finden bei Stein/Jonas/Leipold Vor § 128 B III Rn. 64. Kritisch zu diesem Prüfungsmaßstab: Stürner in JZ 1986, 526, 532

266 Ständige Rspr.: BVerfG, Beschl. v. 03.11.92 – 1 BvR 1243/88 in BVerfGE 87, 278; Beschl. v. 26.05.93 – 1 BvR 208/93 in BVerfGE 89, 1, 13; Urt. v. 08.07.97 – 1 BvR 1934/93 in BVerfGE 96, 189, 203; Beschl. v. 20.09.00 – 1 BvR 441/00 in NJW 2001, 1200; BGH, Beschl. v. 10.09.02 – X ARZ 217/02 in MDR 2002, 1446; Beschl. v. 09.07.02 – ARZ 110/02 in MDR 2002, 1450, 1451; VerfGH Bln., Beschl. v. 22.02.01 – VerfG 111/00 in JR 2002, 453

267 BVerfG, Beschl. v. 03.02.92 – 1 BvR 1243/88 in BVerfGE 87, 278

268 So aber offensichtlich Musielak, Grundkurs ZPO Rn. 550: „Es erscheint zweifelhaft, ob die Abänderbarkeit bindender Beschlüsse nur auf die Fälle der Gehörsverletzung beschränkt werden soll oder nicht auch auf andere schwerwiegende Rechtsverletzungen, insbesondere Grundrechtsverletzungen ausgedehnt werden kann."

auftreten und sich leicht beheben lassen[269]. Grund für diese Pannen sind oft Mängel in Verfahrensabläufen[270]: eine Frist wird übersehen, eine Zustellung ist nicht in Ordnung, ein Schriftsatz gerät in die falsche Akte oder die notwendige Anhörung eines Beteiligten wird schlicht vergessen. Um solche Art Fehler handelt es sich im Fall willkürlicher Entscheidungen aber nicht, setzt doch die Annahme von Willkür eine schlechthin unhaltbare Entscheidung voraus, die Ergebnis eines gedanklichen Prozesses ist[271]. Im Fall der Verletzung rechtlichen Gehörs liegt als Ergebnis zwar ebenfalls eine unrichtige Entscheidung vor. Der zugrunde liegende Fehler ist aber häufig „technisch" bedingt und legt nicht den Verdacht nahe, er beruhe auf sachfremden Erwägungen, wie dies regelmäßig in Fällen von Willkürentscheidungen anzunehmen ist.
Ist nach zuvor Gesagtem der Regelungsbereich des § 321 a ZPO mangels Analogiefähigkeit auf Fälle willkürlicher Entscheidungen nicht eröffnet, so stellt sich im Anschluss an diese Feststellung die Frage, wie mit Verstößen gegen den aus Art. 101 Abs. 1 S. 2 GG folgenden Anspruch auf den gesetzlichen Richter umzugehen ist. Für eine Einbeziehung derartiger Verstöße in den Anwendungsbereich des § 321 a ZPO spricht die bisherige einheitliche verfahrensrechtliche Behandlung durch den Bundesgerichtshof, die als verbindendes prozessuales Element zwischen den Verfahrensgrundrechtsverletzungen in diesen Fällen die Statthaftigkeit außerordentlicher Beschwerden verneinte. Sowohl in den Fällen der Verletzung des Art. 103 Abs. 1 GG als auch des Art. 101 Abs. 1 S. 2 GG wurde bei unanfechtbaren Beschlüssen stets die Gegenvorstellung als statthaft anerkannt. Eine derartige Betrachtungsweise ist jedoch nicht unproblematisch.

---

269 Mußgnug in NJW 1978, 1358/1359: „Dass es immer wieder zu solchen Beschlüssen kommt liegt jedoch nicht etwa daran, dass die Untergerichte Art. 103 Abs. 1 GG nicht verstehen würden. Sie geraten mit ihm vielmehr allein deshalb in Konflikt, weil ihnen im Drang der Geschäfte verzeihliche, aber für den Betroffenen folgenschwere Unaufmerksamkeiten unterlaufen."; Weber in JuS 1983, 219: „Bei den mit Erfolg geltend gemachten Verletzungen des Grundrechts aus Art. 103 Abs. 1 GG handelt es sich in aller Regel nicht um das Ergebnis einer später vom BVerfG beanstandeten unrichtigen Rechtsauslegung der Instanzgerichte, sondern um die Folge unbewusster Unaufmerksamkeiten, die in den normalen Rechtswegen wegen Fehlens einer Rechtsmittelinstanz nicht mehr korrigiert werden können."

270 BVerfG, Beschl. v. 30.06.76 – 2 BvR 164/76 in BVerfGE 42, 243, 248 jeweils m.w.N.

271 Hierzu ist auch der Sonderfall der Nichtbeachtung einer Gesetzeslage zu zählen. Vgl. diesbezüglich zuletzt BGH, Beschl. v. 10.09.02 – X ARZ 217/02 in MDR 2002, 1446. Eine Differenzierung nach den Fehlerquellen nimmt auch Rüsken in DStZ 2000, 815, 818 vor: nicht mit ‚Überlegung' ergriffene Verfahrensmaßnahmen, sondern eine ungewollte Verletzung von Verfahrensgrundrechten („Pannen") soll das Gericht auf Gegenvorstellung ausbügeln können. Ebenso zutreffend differenziert Voßkuhle in NJW 2003, 2193, 2197, wenn er zwischen Verfahrensfehlern, die auf einer Panne und solchen differenziert, die auf falschen rechtlichen oder arbeitsstrategischen Überlegungen beruhen.

Ein willkürlicher Verstoß gegen Art. 101 Abs. 1 S. 2 GG setzt nach ständiger höchstrichterlicher und obergerichtlicher Rechtsprechung[272] voraus, dass die Anwendung des Verfahrensrechts auf „unsachlichen", „nicht mehr zu rechtfertigenden" Erwägungen beruht oder die Entscheidung oder die Maßnahme keinen Bezug zu dem gesetzlich vorgegebenen Maßstab aufweist beziehungsweise „sich derart weit von der auszulegenden Norm entfernt, dass sich der Schluss aufdrängt, sie beruhe auf sachfremden Erwägungen". Ebenso wie im Fall anderer willkürlicher Entscheidungen wird auch an dieser Stelle deutlich, warum die willkürliche Verletzung des Rechts auf Entscheidung durch den gesetzlichen Richter keinen Sachverhalt darstellt, der unter einen im Wege der Analogie ausgedehnten Anwendungsbereich des § 321 a ZPO fällt. Es mangelt ebenso wie in anderen Fällen von Willkürentscheidungen an einer Vergleichbarkeit der zugrunde liegenden Sachverhalte mit der gesetzlichen Wertung des § 321 a ZPO, weil diese einen abweichenden Fehlergrund, eine „technische Panne", nicht aber eine fehlerhafte Rechtsanwendung voraussetzt. Darüber hinaus lassen sich auch andere gesetzliche Wertungen finden, willkürliche Verstöße gegen den gesetzlichen Richter nicht durch den iudex a quo heilen zu lassen. Ein derartiger Verstoß gegen Art. 101 Abs. 1 S. 2 GG stellt im Rahmen von Urteilsverfahren gemäß § 547 Ziff. 1 ZPO einen absoluten Revisionsgrund dar; mithin soll nicht der iudex a quo über diese Rüge entscheiden[273]. Ein Blick in die Gesetzesmaterialien vermag diese Sichtweise nicht zu erschüttern. Nach Auffassung des Gesetzgebers gewährt Art. 101 Abs. 1 S. 2 GG zwar jedermann seinen gesetzlichen Richter, fordert aber nicht die Möglichkeit eines Streits darüber in mehreren Instanzen[274]. Diesbezüglich ist zunächst festzustellen, dass diese Aussage lediglich zum Ausdruck bringt, von Verfassungswegen müsse nicht eine weitere Instanz eröffnet werden. Daraus kann jedoch nicht geschlossen werden, dass die Eröffnung einer weiteren Instanz von Verfassungswegen unzulässig sei. Sollte jedoch gemeint sein es sei überhaupt keine weitere Instanz eröffnet, würde dies jedoch im Widerspruch zu der in § 547 Ziff. 1 ZPO getroffenen Regelung stehen. Aus diesem Umstand folgert *Gummer*[275], dass die Aus-

---

272 BVerfG, Beschl. v. 19.07.67 – 2 BvR 489/66 in NJW 1967, 2151, 2152; BGH, Beschl. v. 05.10.82 – X ZB 4/82 in BGHZ 85, 116; BSG, Beschl. v. 21.11.1989 – 11 Bar 121/88 in NZA 90, 663, 664; BFH, Beschl. v. 17.01. 89 – VII R 187/85 in DRiZ 89, 380; OLG Schleswig, Urt. v. 11.07.86 – 14 U 263/85 in NJW 1988, 69, 70; OLG Frankfurt/Main, Beschl. v. 28.09.87 – 22 W 29/87 in NJW 1988, 79; LG Frankfurt/Main, Urt. v. 09.11.87 – 2/24 S 242/87 in NJW 1988, 70, 72; Baumbach/Lauterbach/Albers/Hartmann/Albers § 16 GVG Rn. 5; Zöller/Gummer GVG § 16 Rn. 2

273 **A.A.** für den Bereich der StPO: BVerfG, Beschl. v. 12.01.83 – 2 BvR 9964/82 in NJW 1983, 1900: die Subsidiarität der Verfassungsbeschwerde ist mittels Gegenvorstellung zu wahren.

274 Hannich/Meyer-Seitz/Engers, S. 321

275 Zöller/Gummer GVG § 21 e Rn. 53

sage, es werde kein Instanzenzug eröffnet, nicht bei einem willkürlichen Verstoß gegen Art. 101 Abs. 1 S. 2 GG gilt.
Mit dieser Feststellung wird aber auch gleichzeitig das Tor zur Statthaftigkeit der außerordentlichen Beschwerde für die Rüge eines Verstoßes gegen den Anspruch auf den gesetzlichen Richter aufgestoßen. Obwohl an dieser Stelle lediglich die Reichweite des § 321 a ZPO immanenten Rechtsgedankens und nicht eine Abgrenzung zwischen außerordentlicher Beschwerde und Gegenvorstellung zu erörtern ist, bedarf es des Hinweises darauf, dass nicht zwischen verschiedenen Willkürtatbeständen differenziert werden kann[276]. Hier stellt der Rechtsbehelf der außerordentlichen Beschwerde die einzig in Betracht kommende Möglichkeit dar, willkürliche Entscheidungen, unabhängig davon, ob sie gleichzeitig eine Verletzung des Art. 101 Abs. 1 S. 2 GG bedingen, schnell und effektiv beseitigen zu können. Im Gegensatz zu *Schwarze*[277] und *Lotz*[278] stimmen Autoren wie *Kahlke*[279], *Zuck*[280], *Wank*[281], *Rüsken*[282], *Schellhammer*[283],

---

276 An dieser Stelle sei auf die definitorische Nähe zwischen der Annahme einer Willkürentscheidung und den Voraussetzungen der Statthaftigkeit außerordentlicher Beschwerden hingewiesen.
Die Abgrenzungsschwierigkeiten, die derartige Differenzierungen mit sich bringen zeigen die Ausführungen des 1. Zivilsenates des Bundesgerichtshofes, Beschl. v. 26.05.94 – I ZB 4/94 in NJW 1994, 2363, 2364. Dieser hatte im Fall eines seinerzeit zwischenzeitlich überholten Meinungsstreits in kaum mehr nachvollziehbarer Weise zwischen einer „schlechthin unvertretbaren" Entscheidung auf der einen Seite und einer „der deutschen Rechtsordnung gänzlich fremden, mit ihr schlechthin unvereinbaren" Entscheidung auf der anderen Seite unterschieden. In diesem Fall wurde die Statthaftigkeit der außerordentlichen Beschwerde mit der Begründung abgelehnt, die von der Vorinstanz vertretene Ansicht sei zwar schlechthin unvertretbar, mit der deutschen Rechtsordnung aber nicht gänzlich unvereinbar. Auch Treber in Hannich/Meyer-Seitz/Treber, ZPO-Reform, § 567 Rn. 8 erkennt die Abgrenzungsproblematik: „Diese Institut (scil.: die außerordentliche Beschwerde) ist wegen der damit verbundenen Rechtsunsicherheit umstritten. Denn die Abgrenzung des ‚schweren Verfahrensfehlers' von der greifbaren Gesetzwidrigkeit ist im Einzelfall schwer zu leisten."

277 Schwarze in ZZP 115 (2002) S. 25, 35: „Psychologisch fordert sie (scil.: die Einsicht in die Begrenztheit menschlichen Handelns) den Beteiligten die Fähigkeit ab, die selbst für richtig befundene Gesetzesauslegung als potentiell falsch anzusehen. (....) Auch wenn der Richter in einen Rollenkonflikt gerät wird ihm mit dieser Reflexivität nichts zugemutet."

278 Lotz in NJW 1996, 2130, 2133, wonach auch im Hinblick auf Art. 101 Abs. 1 S. 2 GG ausschließlich eine Korrekturmöglichkeit durch den iudex a quo als geringerer Eingriff gewertet wird und die übergesetzliche Korrektur von unabänderlichen Entscheidungen nur auf die Extremfälle von „Pannen" beschränkt sein soll. Nicht nachvollziehbar ist der in diesem Zusammenhang vorgetragene Aspekt, eine Entscheidung des iudex a quo würde aus Sicht der Prozessökonomie das Ergebnis weniger einschneidend verfälschen. Diese Sichtweise kann – wenn überhaupt – uneingeschränkt nur für den Fall der Behebung einfacher Fehler gelten.

279 Kahlke in NJW 1985, 2231, 2233

280 Zuck in MDR 1999, 577

281 Wank in EwiR 2000, 577, 578

282 Rüsken in DStZ 2000, 815, 818

283 Schellhammer in MDR 2001, 1081, 1083 eher moderat

Deubner[284], *Schneider*[285], *Voßkuhle*[286], *Gravenhorst*[287] und *Redeker*[288] darin überein, von einem Richter die Korrektur einer von diesem getroffenen willkürlichen Entscheidung zu verlangen sei untunlich oder sogar lebensfremd. Hier bedarf es, wenn eine wirksame Kontrolle durch die Fachgerichtsbarkeit erfolgen soll, zwingend der Kontrolle durch ein übergeordnetes Gericht. Dementsprechend ist die Ansicht, im Wege einer Gegenvorstellung in Anlehnung an § 321 a ZPO, §§ 33 a, 311 a StPO könne die Verletzung des Anspruchs auf den gesetzlichen Richter gerügt werden[289], nicht ohne weiteres nachvollziehbar. Zunächst will nicht einleuchten, was mit der Formulierung „in Anlehnung" gemeint ist. Soweit damit eine Anwendung der in § 321 a ZPO enthaltenen Verfahrensvorschriften gemeint sein soll, handelt es sich um eine analoge Anwendung, die die Annahme einer gesetzlich nicht geregelten Gegenvorstellung ausschließt[290]. Soll es hingegen bei einer Statthaftigkeit der Gegenvorstellung verbleiben, wird nicht deutlich, worin die Anlehnung an § 321 a ZPO zu sehen ist. Die Statthaftigkeit der Gegenvorstellung wird – wie regelmäßig – ausschließlich vor dem Hintergrund eines andernfalls eintretenden, nicht ge-

---

284 Deubner in JuS 2002, 899, 902; ders. in NJW 1980, 263, 267

285 Schneider in MDR 2002, 1047, 1048; ders. in AnwBl 2002, 620, 621

286 Voßkuhle in NJW 2003,2193, 2197

287 Gravenhorst in MDR 2003, 887, 888

288 Redeker in NJW 2003, 2956, 2957

289 Baumbach/Lauterbach/Albers/Hartmann/Albers § 567 Rn. 9; auf der Grundlage des Rechts vor Inkrafttreten des Zivilprozessreformgesetzes: Stein/Jonas/Grunsky § 567 V Rn. 28

290 Thomas/Putzo/Reichold Einl. VI Rn. 6: „Versagt die Analogie, so muss der Richter die Gesetzeslücke schließen, indem er das Recht frei findet."

wünschten Ergebnisses versucht zu erklären[291]. Ist jedoch erklärtes Ziel die Verhinderung von Verfassungsbeschwerden, so bedarf es unter Effektivitätsgesichtspunkten der Anerkennung der Statthaftigkeit außerordentlicher Beschwerden[292].

Festzustellen bleibt an diesem Punkt, dass Verstöße gegen das Willkürverbot nicht von dem Rechtsgedanken des § 321 a ZPO erfasst werden, weshalb auch

---

291 Ohne dogmatische Begründung und ausschließlich ergebnisorientiert: Stein/Jonas/Grunsky § 567 V Rn. 28: „Bei der Verletzung des Anspruchs auf rechtliches Gehör läßt sich die Statthaftigkeit einer Gegenvorstellung mit einer Analogie zu den §§ 33 a, 311 a StPO begründen. Bei einem Verstoß gegen die Garantie des gesetzlichen Richters besteht zwar keine Analogiemöglichkeit, doch ist die Notwendigkeit einer Entlastung des Bundesverfassungsgerichts hier ebenso wie bei Art. 103 Abs. 1 GG gegeben, weshalb die Gegenvorstellung insoweit ebenfalls statthaft ist." Ebenso Baumbach/Lauterbach/Albers/Hartmann/Albers Grundz. § 567 Rn. 5 „(...) weil sonst der Umweg über die Verfassungsbeschwerde eingeschlagen werden müßte."
Die Rechtsprechung des Bundesgerichtshofes hat es ebenfalls an jeglichen dogmatischen Ansätzen fehlen lassen. Vgl. BGH, Beschl. v. 25.11.99 – IX ZB 95/99 in NJW 2000, 590: in Anschluss an die Feststellung, die durch das Oberlandesgericht vorgenommene Auslegung sei unter keinem rechtlichen Gesichtspunkt vertretbar und beruhe auf sachfremden Erwägungen, weshalb sie gegen das Grundrecht auf ein willkürfreies Verfahren verstoße, stellt der 9. Zivilsenat lapidar und ohne Ansatz einer Begründung fest, „dies eröffne allerdings noch nicht die nach § 567 Abs. 4 ZPO ausgeschlossene Beschwerde". Die Frage, ob bei diesen Sachverhaltskonstellationen die wirksame Vermeidung von Verfassungsbeschwerden durch Gegenvorstellungsverfahren betrieben werden kann, lässt der erkennende Senat ebenso unbeantwortet wie die Frage, in welchen Fällen denn dann eine eigentlich ausgeschlossene Beschwerde als statthaft anzuerkennen ist. Das Bundesverfassungsgericht hat sich lediglich vage hinsichtlich der Statthaftigkeit einer Gegenvorstellung im Fall eines Verstoßes gegen Art. 101 Abs. 1 S. 2 GG ausgesprochen. Vgl. diesbezüglich BVerfG, Beschl. v. 12.01.83 – 2 BvR 964/82 in BVerfGE 63, 77, 79 im Fall der Mitwirkung eines nach § 23 Abs. 2 S. 1 StPO ausgeschlossenen Richters: „Von Verfassungswegen liegt diese Lösung nahe. Nach der grundgesetzlichen Kompetenzverteilung obliegt zunächst den Fachgerichten die Aufgabe, das hier allein in Rede stehende Verfahrensgrundrecht des Art. 101 Abs. 1 S. 2 GG zu wahren und durchzusetzen sowie einen etwa eingetretenen Grundrechtsverstoß selbst zu beseitigen. Einer Gegenvorstellung des Beschwerdeführers kann danach der Erfolg nicht von vornherein abgesprochen werden."

292 Inkonsequent Rüsken in DStZ 2000, 815, 818, der zum einen ausführt: „Vielmehr hat hier die verfassungsrechtliche Logik um der Rechtsschutzgewährleistungsgarantie willen einen Rechtsbehelf (scil.: gemeint ist die Gegenvorstellung) hervorgebracht, mit dem die Rechtsschutzgewährleistungsgarantie schwerlich wirksam eingelöst werden kann, wie nicht zuletzt die – soweit ersichtlich – ausnahmslose Erfolglosigkeit solcher Willkür-Rügen beim iudex a quo zeigt.", um dann zum anderen festzustellen: „Für einen außerordentlichen Rechtsbehelf zu einem instanziell höheren Gericht sehe ich folglich entgegen vielfacher Andeutungen in der bisherigen Rechtsprechung des BFH auch bei Grundrechtsverstößen des unteren Gerichts keinen Raum". Hiervon macht Rüsken eine Ausnahme von Entscheidungen, die in der Finanzgerichtsordnung keine Grundlage haben, weil sie nicht ergehen dürfen oder ihr Inhalt der Finanzgerichtsordnung völlig fremd ist. Hier werden jedoch wieder die bereits erörterten Abgrenzungsprobleme auftreten.

willkürliche Verstöße gegen Art. 101 Abs. 1 S. 2 GG nicht analog § 321 a ZPO gerügt werden können.

ddd) Übertragung des Rechtsgedankens des § 321 a ZPO auf Fälle der „greifbaren Gesetzwidrigkeit" entsprechend der höchstrichterlichen Rechtsprechung

Die Feststellung, Fälle der greifbaren Gesetzwidrigkeit ließen sich nicht unter den im Weg einer Analogie erweiterten Anwendungsbereich des § 321 a ZPO fassen, scheint vor dem Hintergrund des bisher Gesagten leicht zu treffen zu sein. Die höchstrichterliche Rechtsprechung deckt sich soweit mit der Rechtsprechung des Bundesverfassungsgerichts zur richterlichen Willkür, als eine greifbare Gesetzwidrigkeit in solchen Fällen angenommen wird, bei denen die Rechtsanwendung oder das Verfahren unter keinem juristischen Gesichtspunkt mehr rechtlich vertretbar ist[293]. Insofern sind die in Bezug auf die Fälle richterlicher Willkür gemachten Ausführungen auf die hier interessierenden Fälle greifbarer Gesetzwidrigkeit übertragbar[294]. Soweit allerdings zwischen der Willkürrechtsprechung des Bundesverfassungsgerichts und den in der höchstrichterlichen Rechtsprechung anerkannten Fällen außerordentlicher Beschwerden ein Unterschied dergestalt gesehen wird, dass eine außerordentliche Beschwerde dann (noch) nicht als statthaft angesehen wurde, wenn eine offensichtlich einschlägige Norm nicht berücksichtigt wurde, der Inhalt der Norm in krasser Weise missdeutet oder die Rechtsanwendung bei verständiger Würdigung der das Grundgesetz beherrschenden Gedanken nicht mehr verständlich ist, hat diese Differenzierung keine Auswirkungen für die hier zu beantwortende Frage der Übertragbarkeit des Rechtsgedankens des § 321 a ZPO auf derartige Fälle.

Die Vorschrift des § 321 a ZPO soll dadurch der Entlastung des Bundesverfassungsgerichts dienen, dass dieses sich nicht mit Verstößen gegen Art. 103 Abs. 1 GG befassen muss, die die erste Instanz aus Gleichgültigkeit oder Gedankenlosigkeit oder sogar ohne Vorwerfbarkeit begangen hatte und bei nochmaliger Prüfung voraussichtlich selbst beheben kann[295]. Es soll also die Korrektur typischer Fehler[296], die im Rahmen des Alltagsgeschäfts auftreten und ohne Ein-

---

293 BGH, Beschl. v. 03.04.51 – I ARZ 75/51 in BGHZ 1, 341, 342; Beschl. v. 19.01.93 – X ARZ 845/92 in NJW 1993, 1273; Baumbach/Lauterbach/Albers/Hartmann/Albers § 567 Rn. 7 m.w.N.

294 Im Sinn einer völligen Deckungsgleichheit dergestalt, dass im Fall einer „greifbaren Gesetzwidrigkeit" stets ein Verstoß gegen das Verbot willkürlicher Rechtsanwendung vorliegt: Lotz in NJW 1996, 2130; Laws in MDR 2000, 173

295 Baumbach/Lauterbach/Albers/Hartmann/Hartmann § 321 a Rn. 2

296 BVerfG, Beschl. v. 30.06.76 – 2 BvR 164/76 in BVerfGE 42, 243, 248 m.w.N.

schaltung einer höheren Instanz oder sogar des Bundesverfassungsgerichts behoben werden können, ermöglicht werden[297].

Bei den der außerordentlichen Beschwerde zugrunde liegenden Fallkonstellationen handelt es sich aber regelmäßig nicht um solche Fehler, die in der Hektik des Alltagsgeschäfts geschehen, denen also nicht Gleichgültigkeit oder Gedankenlosigkeit zugrunde liegt. Der Regelfall der Gründe, die zu einer Anerkennung der Statthaftigkeit der außerordentlichen Beschwerde führt ist eine Auseinandersetzung mit Rechtsnormen, die jedoch ein derart fehlerhaftes Ergebnis bedingt, dass eine Entscheidung dieser Art, dieses Inhalts oder von diesem Gericht jeder gesetzlichen Grundlage entbehrt und inhaltlich dem Gesetz fremd ist, sie sich also mit der Rechtsordnung als schlichtweg unvereinbar darstellt. Vor diesem Hintergrund erklärt sich auch, warum der Bundesgerichtshof in ständiger Rechtsprechung zwischen der Verletzung des Anspruchs auf rechtliches Gehör und den Fällen greifbarer Gesetzwidrigkeit differenzierte[298]. Es besteht also ein qualitativer Unterschied zwischen den auftretenden Verfahrensfehlern, die sich auf die Statthaftigkeit von Rechtsbehelfen auswirkte[299].

Auf die Schaffung einer Korrekturmöglichkeit durch die nächst höhere Instanz kann der Gesetzgeber in Fällen eines evidenten Versehens oder eines „technisch bedingten" Fehlers verzichten, lassen sich diese doch ohne großen Aufwand und „Gesichtsverlusts" durch den Richter, in dessen Verantwortungsbereich der Fehler fällt, korrigieren[300]. Im Rahmen der Korrektur von Verfahrensfehlern, die auf einer fehlerhaften Rechtsanwendung beruhen und eine außerordentliche Beschwerde begründen könnten, wird sich eine derartige unproblematische Korrektur kaum durchführen lassen, setzt eine solche doch regelmäßig eine erneute Auseinandersetzung mit dem (Verfahrens-) Recht voraus, an deren Ende im Fall einer begründeten Rüge der erkennende Richter sich und den am Verfahren beteiligten Parteien eingestehen müsste, nicht in der Lage gewesen zu sein, (Verfahrens-) Recht zutreffend anzuwenden und dadurch eine greifbar

---

297 Nachweise bei Hannich/Meyer-Seitz/Engers, S. 272, 273: Der Gesetzgeber spricht von der Korrektur objektiver Verfahrensfehler; Weber in JuS 1983, 219: „(...) so stellt sich aber der Regelfall der Verletzung rechtlichen Gehörs dar: Hierbei handelt es sich nicht um eine später vom BVerfG zu korrigierende unrichtige Rechtsauslegung der Instanzgerichte."

298 BGH, Beschl. v. 07.01.57 – II ZB 23/56 in NJW 1957, 713; Beschl. v. 03.12.64 – Ia ZB 18/64 in BGHZ 43, 12, 19; Beschl. v. 19.10.77 – VIII ZB 23/77 in NJW 1978, 1585; Beschl. v. 16.04.86 – IVb ZB 14/86 in NJW-RR 1986, 1263; Beschl. v. 16.09.97 – X ZB 15/96 in NJW 1998, 459; Beschl. v. 28.10.98 – VIII ZR 190/98 in NJW 1999, 290, 291

299 Pawlowski, S. 89: „Die Analyse der verwendeten Definitionen (scil.: der Fehler, die zur Annahme der Statthaftigkeit außerordentlicher Beschwerden führen) ergibt nur, dass eine besondere Qualität des Fehlers vorliegen muss, um die außerordentliche Anfechtung zu rechtfertigen."

300 Müller in NJW 2002, 2743, 2745: „Die Bereitschaft dazu (scil.: zur Fehlerbehebung) dürfte insbesondere in den zahlreichen Fällen versehentlicher ‚Pannen' vorhanden sein."

gesetzwidrige Entscheidung produziert zu haben. Je intensiver sich der Fehler in rechtlicher Hinsicht darstellt umso problematischer wird eine Korrektur durch den iudex a quo sein. Entsprechendes wird in Fällen zu gelten haben, in denen dem iudex a quo in der Vergangenheit bereits ein entsprechender Fehler unterlief. Folglich verwundert es nicht, wenn Gerichte trotz (angeblich erfolgter) erneuter Rechtsprüfung an ihrem „greifbar gesetzwidrigen" Spruch festhalten.

Als Resümee bleibt festzuhalten, dass – unabhängig von der Frage, ob die den außerordentlichen Beschwerden zugrunde liegenden Sachverhaltskonstellationen gleichzeitig auch Verstöße gegen das Verbot richterlicher Willkür darstellen – die in der höchstrichterlichen Rechtsprechung anerkannten Fälle der außerordentlichen Beschwerde mangels Vergleichbarkeit der Sachverhalte keine analoge Anwendung des § 321 a ZPO rechtfertigen.

eee) Übertragung des Rechtsgedankens des § 321 a ZPO auf Sachverhalte der greifbaren Gesetzwidrigkeit entsprechend der Rechtsprechung der Obergerichte

Die Obergerichte hatten in einer Vielzahl von Entscheidungen von den engen Voraussetzungen der Rechtsprechung des Bundesgerichtshofes zur Statthaftigkeit außerordentlicher Beschwerden Abstand genommen. So nahmen Obergerichte zum Teil eine greifbare Gesetzwidrigkeit auch in Fällen einer Verletzung des Anspruchs auf rechtliches Gehör an[301]. Hier wird unproblematisch eine analoge Anwendung des § 321 a ZPO auf im Rahmen von Beschlussverfahren vorliegende Verletzungen rechtlichen Gehörs angezeigt sein[302].

Hinsichtlich der Frage einer analogen Anwendung des § 321 a ZPO auf andere Fallkonstellationen gilt es zu differenzieren. Hierfür werden sich aber weder die für Fälle greifbarer Gesetzwidrigkeit von *Ebbeler*[303] durchgeführte Fallgruppenbildung nach Arten der angreifbaren Beschlüsse noch die von *Pawlowski*[304] vorgeschlagene Differenzierung nach verletzten Rechtsnormen anbieten. Entsprechend des § 321 a ZPO immanenten Regelungsgehalts kann eine adäquate Differenzierung nur anhand des Fehlers, der die greifbare Gesetzwidrigkeit des Beschlusses bedingt haben soll, durchgeführt werden. Die Frage nach der Möglichkeit einer analogen Anwendung des § 321 a ZPO auf Sachverhalte, die nach

---

301 OLG Düsseldorf, Beschl. v. 07.04.87 – 10 W 33/87 in NJW-RR 1987, 1200; OLG Köln, Beschl. v. 14.06.94 – 3 U 22/94 in FamRZ 1995, 377, 378; OLG Hamm, Beschl. v. 26.09.95 – 27 W 15/95 in ZIP 1996, 718; OLG Koblenz, Beschl. v. 25.10.95 – 5 W 590/95 in MDR 1997, 976 = NJW-RR 1997, 957, 958

302 **A.A.**: BGH, Beschl. v. 07.03.02 - Az.: IX ZB 11/02 in NJW 2002, 1577: im Fall der Verletzung rechtlichen Gehörs in Beschlussverfahren stellt sich die Gegenvorstellung als statthafter Rechtsbehelf dar.

303 Ebbeler, S. 106 ff

304 Pawlowski, S. 91 ff

der Rechtsprechung der Obergerichte die Annahme einer „greifbarer Gesetzwidrigkeit" rechtfertigen, beantwortet sich danach, ob dem Beschluss ein Fehler zugrunde liegt, der – entsprechend des Rechtsgedankens des § 321 a ZPO und den hierzu zuvor entwickelten Kriterien – einer leichten, unproblematischen Korrektur durch den iudex a quo zugänglich ist. Nur in diesen Fällen wird von dem Vorhandensein einer für die Annahme einer Analogie vergleichbaren Sachverhaltskonstellation auszugehen sein. Insofern ergeben sich zu den unter bbb) und ccc) gemachten Ausführungen hier keine Abweichungen.
Somit verbleibt die Frage nach sonstigen Fallgruppen, die nach der Rechtsprechung der Obergerichte als greifbar gesetzwidrig bewertet wurden, wie beispielsweise eine fehlenden oder unzureichende Begründung[305] oder Fälle der Ablehnung einer Berichtigung ohne sachliche Prüfung[306]. Als weitere Voraussetzung einer jeden Übertragung des Rechtsgedankens des § 321 a ZPO ist die Notwendigkeit der Vermeidung von andernfalls zwingend in Betracht kommender Verfassungsbeschwerden zu beachten. Es werden also notwendigerweise solche Sachverhaltskonstellationen ausscheiden, bei denen entsprechend obergerichtlicher Rechtsprechung zwar eine „greifbare Gesetzwidrigkeit", nicht aber die Verletzung eines Verfahrensgrundrechts zu erkennen ist. Hinsichtlich dieser Fallgruppen wird die Einführung des § 321 a ZPO keine Änderungen mit sich bringen. Hier wird sich auch weiterhin die Frage stellen, ob die entsprechenden Fallgestaltungen Gegenstand außerordentlicher Beschwerden oder Gegenvorstellungen sein werden.

c) Fazit

Das Zivilprozessreformgesetz vom 27. Juli 2001 schafft nur für einen Teil der hier einschlägigen Probleme einen Lösungsansatz. Der Gesetzgeber hat die Problematik der Verfahrensgrundrechtsverletzungen nur eingeschränkt, die den außerordentlichen Beschwerden zugrunde liegenden Konstellationen greifbar gesetzwidriger Entscheidungen überhaupt nicht erkannt. Dementsprechend beschränkt sich die durch den Gesetzgeber mittels des neu eingeführten § 321 a ZPO eingeführte Lösung dem Wortlaut nach lediglich auf die Rügen der Verletzung rechtlichen Gehörs in Urteilsverfahren. Bei dieser Feststellung darf allerdings der Umstand nicht unberücksichtigt bleiben, dass der Hauptanteil der gegen zivilgerichtliche Entscheidungen eingelegten Verfassungsbeschwerden mit der Rüge der Verletzung rechtlichen Gehörs begründet wird. In diesem Zusammenhang muss allerdings ebenfalls betont werden, dass sowohl die

---

305 OLG Köln, Beschl. v. 25.05.87 – 2 W 79/87 in MDR 1987, 853; OLG Hamm, Beschl. v. 21.12.92 – 11 WF 443/92 in FamRZ 1993, 719; OLG Oldenburg, Beschl. v. 02.03.94 – 2 W 6/94 in NJW–RR 1995, 830; OLG Bamberg, Beschl. v. 22.08.96 – 2 WF 90/96 in NJW–RR 1998, 363, 364; OLG Düsseldorf, Beschl. v. 31.10.97 – 7 UF 228/97 in FamRZ 1998, 764 unter Bezugnahme auf OLG Hamm in FamRZ 1993, 719

306 OLG Koblenz, Beschl. v. 06.09.90 – 11 WF 864/90 in FamRZ 1991, 100

Beschränkung des Anwendungsbereichs des § 321 a ZPO auf Urteilsverfahren als auch die diesbezüglich zu findenden Ausführungen in den Gesetzesmaterialien sich als unbefriedigend darstellen[307].
Dieser qua Gesetz „verkürzte" Anwendungsbereich des § 321 a ZPO lässt sich jedoch im Wege von Analogieschlüssen ohne größere Probleme sowohl auf Gehörsrügen in Beschlussverfahren als auch auf andere Verfahrensgrundrechtsverletzungen als Verletzungen rechtlichen Gehörs ausdehnen[308], soweit letzteren dem Rechtsgedanken des § 321 a ZPO vergleichbare Sachverhalte zugrunde liegen[309]. Dies ist regelmäßig, aber auch nur dann der Fall, wenn technische Pannen im Ablauf des Alltagsgeschäfts auftreten oder das erkennende Gericht aus Gleichgültigkeit oder Gedankenlosigkeit einen Verfahrensverstoß, der zu einer Verfahrensgrundrechtsverletzung führt bei nochmaliger Prüfung voraussichtlich selbst beheben kann und auch wird. In diesem Rahmen können bei einer sachgerechten und konsequenten Anwendung des neuen Verfahrensrechts, insbesondere durch eine interessengerechte Bestimmung der Reichweite des Rechtsgedankens des § 321 a ZPO eine Vielzahl von Verfahrensproblemen, die durch die gesetzlich nicht geregelten Rechtsinstitute der Gegenvorstellung und

307 Zutreffend daher Prütting in EWiR § 574 ZPO 1/02, 835, 836, wonach „mit guten Gründen von einem viel zu engen Anwendungsbereich der Anhörungsrüge gesprochen werden kann". Entsprechend auch Schneider in AnwBl 2002, 620, 621, wenn dieser meint, es sei „aus Kostengründen nicht zu einer umfassenden Lösung gekommen und die wirklichen Probleme der Verletzung rechtlichen Gehörs wären geradezu ausgeklammert worden."

308 So auch Schneider in MDR 2003, 901, 902: „Ein weiteres Problem des § 321 a ZPO ist, dass seine Anwendbarkeit auf Gehörsrügen beschränkt ist. Kommt es wegen anderer Grundrechtsverletzungen – gesetzlicher Richter, Willkürverbot usw. – zu einem Fehlurteil, bliebe der dadurch beschwerten Partei wiederum nur die Verfassungsbeschwerde, die wegen der rigorosen Nichtannahmepraxis nahezu aussichtslos wäre. Deshalb wird mit Recht die analoge Anwendung des § 321 a ZPO auf alle Grundrechtsverletzungen bejaht."

309 Nicht hinreichend differenzierend hingegen Pape in EWiR § 116 ZPO 1/02, 973, 974. Zutreffend zwischen den Gründen für Verfahrensverletzungen unterscheidend: Rüsken in DStZ 2000, 815, 818

außerordentlichen Beschwerde in der Vergangenheit entstanden, als erledigt betrachtet werden[310].
Nichtsdestoweniger umfasst auch der im Wege der Analogie auszudehnende Anwendungsbereich des § 321 a ZPO nicht alle in Betracht kommende Fallkonstellationen, die in der Vergangenheit Gegenstand von Gegenvorstellung und außerordentlicher Beschwerde waren. Zu nennen sind in diesem Zusammenhang zum einen Verfahrensfehler, die keine Verfahrensgrundrechtsverletzung bedingen[311], zum anderen Verfahrensgrundrechtsverletzungen, bei denen es naheliegt, der iudex a quo werde diese nicht korrigieren. Zu letztgenannter Fallgruppe zählen Verfahrensgrundrechtsverletzungen, die ihren Ursprung in

---

310 Einer Einschränkung des Anwendungsbereiches des Art. 103 Abs. 1 GG, wie sie Kley in DVBl 2003, 1159, 1162 vorschlägt, bedarf es daher nicht: „Der Anwendungsbereich des Art. 103 Abs. 1 GG sollte in ähnlicher Weise beschränkt werden wie der anderer Grundrechte und grundrechtsgleicher Verfahrensgewährleistungen. Ein Verfassungsverstoß sollte nur dann angenommen werden, wenn Bedeutung und Tragweite des Anspruchs auf Gewährung rechtlichen Gehörs grundlegend verkannt worden sind. Bloße richterliche Versehen – wie beispielsweise das Überblättern einer Seite – ließen sich so wieder auf die einfachrechtliche Ebene zurückführen, es sei denn, sie hätten einen Verstoß gegen das allgemein geltende Willkürverbot zur Folge. Dies würde bedeuten, dass die bloße Pannenbeseitigung bis zur Grenze der Willkürlichkeit Sache der Fachgerichte bliebe und es allein ihrer Entscheidungsbefugnis obläge, ob und wie sie solchen Verfahrensfehlern abhelfen. Dies würde bedeuten, dass die bloße Pannenbeseitigung bis zur Grenze der Willkürlichkeit Sache der Fachgerichte bliebe und es allein ihrer Entscheidungsbefugnis obläge, ob und wie sie solchen Verfahrensfehlern abhelfen. Nur auf diese Weise lässt sich die Sonderstellung, die Art. 103 Abs. 1 GG in der verfassungsrechtlichen Rechtsprechung einnimmt auf das ‚grundrechtliche Normalmaß' zurückführen."

311 Zu dieser Fallgruppe stellt Vosskuhle in NJW 2003, 2193, 2198 im Zusammenhang mit dem Plenarbeschluss des Bundesverfassungsgerichts vom 30.04.2003 fest: „Dann aber stellt sich die Frage, was zum Beispiel in den Fällen passiert, in denen bisher sachlich evident unrichtige Beschlüsse wegen greifbarer Gesetzwidrigkeit angefochten werden konnten. Die Fachgerichte ihrerseits dürfen hier nicht mehr weiterhelfen der Gesetzgeber wiederum ist aber nicht verpflichtet, entsprechende Beschwerdemöglichkeiten vorzusehen, weil der allgemeine Justizgewährleistungsanspruch nach Ansicht des Bundesverfassungsgerichts ja lediglich Rechtsschutz gegen die Verletzung von Verfahrensgrundrechten garantiert. Bleibt theoretisch nur die Verfassungsbeschwerde, die aber mangels Behauptung eines Verstoßes gegen spezifisches Verfassungsrecht in der Regel unzulässig sein wird. Auch krasse richterliche Fehlentscheidungen, wie sie in aller Erfahrung nach gerade dort zu erwarten sind, wo mit einer Kontrolle durch Kollegen nicht gerechnet werden muss, sind insoweit von Verfassungs wegen hinzunehmen. Spätestens hier zeigt dann in aller Deutlichkeit, dass das Bundesverfassungsgericht bei seinem anerkannten Bemühen um die Entwicklung einer verfassungsrechtlich fundierten Rechtsmitteldogmatik leider auf halbem Weg stehen geblieben ist."

einer fehlerhaften Rechtsanwendung des iudex a quo finden. Für diese Fallgruppen hat sich – zumindest qua Gesetz - nichts geändert[312]. Die Feststellung von Teilen der Literatur, außerordentliche Rechtsbehelfe, speziell außerordentliche Beschwerden fänden keinen Anwendungsbereich mehr, trifft nicht zu. Diese Aussage ließe sich nur dann rechtfertigen, wenn der Anwendungsbereich des § 321 a ZPO über Wortlaut, Regelungsgehalt und gesetzgeberischer Intention hinaus auf alle in Betracht kommenden prozessualen Konstellationen, die bislang Gegenstand von Gegenvorstellung und außerordentlicher Beschwerde waren, ausgedehnt wird.
Auch die mit der Novellierung des Beschwerderechts in § 572 Abs. 1 ZPO nunmehr vorgesehene Möglichkeit der Selbstabhilfe durch den iudex a quo wird nicht zu einer wesentlichen Reduzierung der Anzahl außerordentlicher Beschwerden führen. Trotz der im Fall der Nichtabhilfe durch den iudex a quo vorgesehenen Entscheidung des Beschwerdegerichts bleibt einer Vielzahl von Beschlüssen dieser Weg verschlossen. Sei es, dass es sich um Beschlüsse von Obergerichten handelt, sei es, dass eine Untätigkeit des Gerichts gerügt werden soll oder sei es, dass Beschlüsse schon qua Gesetz unanfechtbar sind und damit nicht unter den Anwendungsbereich des § 567 ZPO fallen.
An diese Feststellung schließt sich die Frage an, wie die Rechtsprechung sich auf der Grundlage des neuen Verfahrensrechts entwickelt. Die Entscheidung des 9. Zivilsenates des Bundesgerichtshofes zeigt bereits, dass eine – die Gründe mögen dahingestellt bleiben – nur halbherzig getroffene Regelung des Gesetzgebers durch die Rechtsprechung kompensiert werden muss.

---

312 So auch Schneider in MDR 2002, 1047, 1049: „Außerhalb des Anwendungsbereiches des § 321 a ZPO bleibt das Rechtsinstitut der außerordentlichen Beschwerde weiterhin Gegenstand der zivilprozessualen Praxis." Sich offensichtlich in diese Richtung orientierend auch Prütting in EWiR § 574 ZPO 1/02, 835, 836: „Unstreitig dürfte jedenfalls im Anwendungsbereich des neuen § 321 a ZPO kein Raum mehr für außerordentliche Beschwerden sein."

Kapitel III
Das neue Beschwerderecht in der gerichtlichen Praxis – die außerordentliche Beschwerde ein „alter Hut"?

Der Beschluss des 9. Zivilsenates vom 07. März 2002[313] verdient unter verschiedenen Gesichtspunkten besondere Beachtung, hauptsächlich deshalb, weil hier – erstmals – auf der Grundlage des neuen Prozessrechts Stellung zu der Frage bezogen wird, wie mit unanfechtbaren, aber Verfahrensgrundrechte verletzenden Beschlüssen als Gegenstand höchstrichterlicher Rechtsprechung umzugehen sei[314]. Nachfolgend erging eine Vielzahl weiterer Beschlüsse[315] auch anderer Zivilsenate[316], die sich mit der Frage der Statthaftigkeit der außerordentlichen Beschwerde auseinandersetzten. Unter ausdrücklicher Bezugnahme auf den Beschluss des 9. Zivilsenates machen sich diese dessen dort vertretene Rechtsauffassung ohne weitergehende Ausführungen sich zu Eigen.

---

313 Beschl. v. 07.03.02 - IX ZB 11/02 in NJW 2002,1577 = DöV 2002, 954 f;

314 Prütting in EWiR § 574 ZPO 1/02, 835: „Der Entscheidung kommt erhebliche praktische Bedeutung weit über den entschiedenen Einzelfall hinaus zu."

315 Beschl. v. 21.03.02 – IX ZB 74/02; v. 11.04.02 – IX ZB 91/02; v. 11.04.02 – IX ZB 95/02; v. 25.04.02 – IX ZB 88/02; v. 25.04.02 – IX ZB 92/02; v. 25.04.02 – IX ZB 113/02; v. 06.06.02 – IX ZB 133/02; v. 17.07.02 – IX ZB 219/02; v. 05.08.02 – IX ZB 130/02 mit dem Hinweis auf § 26 Nr. 10 EGZPO betreffend die Anwendbarkeit des ‚neuen' Verfahrensrechts; v. 12.09.02 – IX ZB 312/02; v. 12.09.02 – IX ZB 348/02; v. 17.10.02 – IX ZA 18/02; v. 14.11.02 – IX ZB 442/02 (alle Beschlüsse sind nachzulesen unter www.rws-verlag.de/bgh-free/volltext); v. 11.07.02 – IX ZB 80/02 in NJW-RR 2002, 1621

316 1. Zivilsenat: Beschl. v. 06.06.02 – I ZB 9/02; v. 10.10.02 – I ZB 28/02; 2. Zivilsenat: Beschl. v. 16.09.02 – II ZB 7/02 mit der unpräzisen Aussage: „Die Voraussetzungen, unter denen die Rechtsprechung in der Vergangenheit ausnahmsweise eine im Gesetz nicht vorgesehene ‚außerordentliche Beschwerde' zugelassen hat, sind im vorliegenden Fall eindeutig nicht erfüllt. Inhaltsgleiche Anträge wird der Senat nicht mehr verbescheiden."; 6. Zivilsenat: Beschl. v. 13.05.02 – VI ZB 4/02 (unveröffentlicht); 7. Zivilsenat: Beschl. v. 11.07.02 – VII ZB 12/02; 10. Zivilsenat: Beschl. v. 10.09.02 – X ZB 11/02; 12. Zivilsenat, Beschl. v. 11.09.02 – XII ZB 126/02; Beschl. v. 23.07.03 – XII ZB 91/03 in NJW 2003, 3137, 3138 mit folgendem Hinweis zum Plenarbeschluss des Bundesverfassungsgerichts: „Das BVerfG hat sich mit dem Beschluss vom 07.03.2002 befasst und dabei Bedenken gegen diese Rechtsprechung nicht erkennen lassen, sondern lediglich ausgeführt, dass die von der Rechtsprechung bisher für zulässig erachteten außerordentlichen Rechtsbehelfe den rechtsstaatlichen Anforderungen an die Rechtsmittelklarheit nicht genügen. Zugleich hat es ausgeführt, dass es dem Rechtsstaatsprinzip i.V.m. Art. 103 Abs. 1 GG genügt, wenn eine Verfahrensordnung zwar kein Rechtsmittel gegen eine richterliche Entscheidung zulässt, aber eine anderweitige eigenständige gerichtliche Abhilfemöglichkeit vorsieht, die die Möglichkeit eröffnet, einen Verfahrensfehler einer einmaligen gerichtlichen Kontrolle zu unterziehen. Dazu gehöre auch die Möglichkeit einer Selbstkontrolle der Fachgerichtsbarkeit im Wege der Gegenvorstellung. Die Einräumung einer Rechtsschutzmöglichkeit bei einem anderen oder gar höheren Gericht sei dann nicht geboten." (Hinweis des Verfassers: alle Beschlüsse mit Ausnahme des als unveröffentlicht gekennzeichneten sind nachzulesen unter www.rws-verlag.de)

Mittlerweile musste sich auch die Verwaltungsgerichtsbarkeit mit der Frage der Statthaftigkeit außerordentlicher Beschwerden auseinandersetzen. Unter ausdrücklicher Bezugnahme auf den Beschluss des Bundesgerichtshofs gelangte der 6. Senat des Bundesverwaltungsgerichts in seinem Beschluss vom 16. Mai 2002[317] zu der Erkenntnis, dass „seit In-Kraft-Treten des Zivilprozessrechtsreformgesetzes es ausgeschlossen ist, das Bundesverwaltungsgericht im Wege der ‚außerordentlichen Beschwerde' anzurufen" (LS). Nicht anders entschied der Bundesfinanzhof mit Beschlüssen vom 12. Dezember 2002[318] und 29. Januar 2003[319] für den Bereich der Finanzgerichtsbarkeit.

1. Die Rechtsprechung des Bundesgerichtshofes

Wird der überwiegenden Anzahl der zu dem Beschluss des 9. Zivilsenats des Bundesgerichtshofes ergangenen Kommentierungen gefolgt, scheint das Institut der außerordentlichen Beschwerde zukünftig nicht mehr Gegenstand zivilprozessualer Rechtsprechung zu sein[320]. Der Beschluss stellt sich auf den ersten Blick als nicht sonderlich bemerkenswert dar, hat der Bundesgerichtshof doch schon in zeitlich vorgelagerten Entscheidungen zum Ausdruck gebracht, die Gegenvorstellung und nicht die außerordentliche Beschwerde sei der statthafte Rechtsbehelf zur Korrektur von Verfahrensfehlern, die daraus resultierten, dass

---

317 Beschl. v. 16.05.02 - 6 B 28/02 und 6 B 29/02 in NJW 2002, 2657. Ohne diese aktuelle Rechtsprechung des Bundesverwaltungsgerichts auch nur ansatzweise zur Kenntnis zu nehmen meint Schmidt in NVwZ 2003, 425, 426, eine ausdrückliche Anerkennung der außerordentlichen Beschwerde durch das Bundesverwaltungsgerichts stehe noch aus. Unter Zitierung einer Entscheidung aus dem Jahr 1996 führt der Verfasser weiter aus, das Bundesverwaltungsgericht habe es dahingestellt sein lassen, ob die außerordentliche Beschwerde in gleicher Weise im Verwaltungsprozess Anwendung fände. Vor diesem Hintergrund lassen sich die auf Seite 425 und 430 getroffenen Aussagen, das Problem der „greifbaren Gesetzwidrigkeit" werde zunehmend für den Verwaltungsprozess Bedeutung gewinnen sowie die, es sei im Verwaltungsprozess mit einer vermehrten Einlegung außerordentlicher Beschwerden zu rechnen, kaum aufrechterhalten. Siehe hierzu auch die Beitragsrezension vom Verfasser in NVwZ 2003, 956 f

318 BFH, Beschl. v. 12.12.02 – V B 185/02, in NWB Nr. 9 vom 24.02.2003, Fach 1 Seite 61; Beschl. v. 05.12.02 – IV B 190/02 in DStR 2003, 287 ff

319 BFH, Beschl. v. 29.01.03 – I B 114/02 in NJW 2003, 1344

320 So ausdrücklich: Greger in NJW 2002, 3049, 3053; Gummer in BGH Report 2002, 432: „Er (scil.: der Beschluss) ist von erheblicher praktischer Bedeutung, zieht er doch unter das ‚außerordentliche Rechtsmittel der greifbaren Gesetzeswidrigkeit' einen Schlußstrich."; Schneider in AnwBl 2002, 620, 622: „Nach dem letzten Stand der Rechtsprechung soll es die Ausnahmebeschwerde wegen greifbarer Gesetzwidrigkeit nicht mehr geben."; ders. in MDR 2002, 1047, 1049: „In BGH v. 07.03.2002 hat der BGH aus der Änderung des Beschwerderechts durch die ZPO Reform gefolgert, die Ausnahmebeschwerde sei kraft Gesetzes durch die Gegenvorstellung ersetzt worden."; Müller in NJW 2002, 2743, 2747: „Nunmehr hat sich der 9. Zivilsenat des BGH generell von dem Institut distanziert." Schmidt in MDR 2002, 915, 918: „Der BGH hat in seiner Entscheidung aus dem März 2002 aus § 321 a ZPO die Konsequenz gezogen, dass es in Zukunft das Rechtsmittel der außerordentlichen Beschwerde nicht mehr gebe."

eine Verletzung des Anspruchs auf rechtliches Gehör vorliege[321]. Jedoch enthält er darüber hinaus weitergehende Feststellungen.
Kernaussage des Beschlusses des 9. Zivilsenats des Bundesgerichtshofes ist, dass

> „nach der Neuregelung des Beschwerderechts durch das Zivilprozessrechtsreformgesetz der Bundesgerichtshof gegen Beschlüsse der Beschwerdegerichte ausschließlich in den Fällen des § 574 Abs. 1 ZPO angerufen werden kann. Ein außerordentliches Rechtsmittel zum Bundesgerichtshof ist auch dann nicht statthaft, wenn die Entscheidung ein Verfahrensgrundrecht verletzt oder aus sonstigen Gründen ‚greifbar gesetzeswidrig' ist. In einem solchen Fall ist die angefochtene Entscheidung durch das Gericht, das sie erlassen hat auf (fristgebundene) Gegenvorstellung zu korrigieren. Wird ein Verfassungsverstoß nicht beseitigt, kommt allein eine Verfassungsbeschwerde zum Bundesverfassungsgericht in Betracht." (LS)

Der 9. Zivilsenat des Bundesgerichtshofes hat hier sowohl erstmals auf der Grundlage des nunmehr geltenden Verfahrensrechts einen dogmatisch fundierten Ansatz zur Begründung seiner bisher vertretenen Rechtsauffassung herangezogen als auch sich erstmals über den Anwendungsbereich des § 321 a ZPO geäußert. Darüber hinaus ergeben sich weitere Aufschlüsse über das Verhältnis zwischen Verfahrensgrundrechtsverletzungen und Fällen greifbarer Gesetzwidrigkeit[322]. Der 9. Zivilsenat wie auch sämtliche andere Zivilsenate des Bundesgerichtshofes, die sich nachfolgend auf den Beschluss des 9. Zivilsenates stützten sahen von einer Anrufung des Großen Senats für Zivilsachen ab. Der 9. Zivilsenat begründete seine Entscheidung damit, die Voraussetzung des § 132 Abs. 2 GVG lägen nicht vor. Zwar hätten der 5. und der 7. Zivilsenat, also andere Senate außerordentliche Beschwerden in eng umgrenzten Ausnahmefällen zugelassen; diese Entscheidungen seien aber auf der Grundlage von Verfahrensrecht ergangen, welches von Übergangsfällen abgesehen, seine Geltung

---

321 Insofern ist Schneider in MDR 2002, 1047, 1049 zuzustimmen, der unter Verweis auf den Beschluss des 11. Zivilsenates des Bundesgerichtshofes aus dem Jahr 1995, Beschl. v. 20.06.1995 – XI ZB 9/95 in BGHZ 130, 97 ff bemerkt, diese Feststellung sei nichts Neues.

322 Schneiders Feststellung in MDR 2002, 1047, 1049, „der erkennende Zivilsenat wolle etwas aus der ZPO Novelle herauslesen, was schon seit einem halben Jahrzehnt höchstrichterliche Rechtsprechung war und deshalb nichts Neues darstellt" ist vor diesem Hintergrund nicht zuletzt auch deswegen kaum nachvollziehbar, weil Schneider dem Bundesgerichtshof an anderer Stelle in dem gleichen Beitrag (Seite 1047) zutreffenderweise vorwirft, dieser habe „zu keiner Zeit einen methodisch überzeugenden Weg gefunden, um mit dem Problem der greifbaren Gesetzwidrigkeit fertig zu werden." Schneider verkennt hier offensichtlich, dass die nunmehr „eingeläutete neue Runde" der höchstrichterlichen Rechtsprechung unter qualitativen, insbesondere argumentativen Gesichtspunkten eine Veränderung darstellt.

verloren hätte. Diese Feststellung ist zutreffend, die rechtliche Bewertung im Hinblick auf § 132 Abs. 2 GVG nicht zu beanstanden. Mit derselben Argumentation lehnte auch der 4. Senat des Bundesfinanzhofes eine „Anfrage bei anderen Senaten", die bislang bei der Verletzung von Verfahrensgrundrechten außerordentliche Beschwerden zum Bundesfinanzhof für zulässig gehalten hatten, ab[323].

Dabei hätte es nahe gelegen, den Großen Zivilsenat aus den in § 132 Abs. 4 GVG genannten Gründen anzurufen[324].

2. Die „neue Rechtsprechung" des Bundesgerichtshofes im Spiegel der Literatur

a) Beschlussrezensionen

Das Echo, das der Beschluss des 9. Zivilsenats des Bundesgerichtshofes in den bislang vorliegenden Beschlussrezensionen hervorrief, war im Wesentlichen positiver Natur.

---

323 BFH, Beschl. v. 05.12.02 - IV B 190/02 in DStR 2003, 287, 288. Ohne es auszusprechen verzichtete auch der 1. Senat des Bundesfinanzhofes auf eine entsprechende Anfrage, vgl. BFH, Beschl. v. 29.01.03 – I B 114/02 in NJW 2003, 1344

324 Der Erklärungsversuch Gummers (in BGH Report 2002, 432, 433), der 9. Zivilsenat habe deshalb keinen Gebrauch von der Regelung des § 132 Abs. 4 GVG gemacht, weil die beim Bundesgerichtshof anflutende Zahl entsprechender Verfahren eine rasche Entscheidung tunlich erscheinen ließ, vermag nicht zu überzeugen. Sollte diese Annahme inhaltlich zutreffen würde ein verstärkter Arbeitsanfall als Grund dafür dienen, Fragen von grundsätzlicher Bedeutung keiner Klärung zuzuführen. Ein entsprechender Arbeitsanfall kann auch aus einem anderen Aspekt nicht der Grund für die Nichtvorlage sein. Es ging in dem zu entscheidenden Sachverhalt um die Verletzung des Anspruchs auf rechtliches Gehör. Insofern stellt es sich seit geraumer Zeit als ständige Rechtsprechung des Bundesgerichtshofes dar, dass eine entsprechende Verletzung mit der Gegenvorstellung zu rügen sei. Rügen der Verletzung rechtlichen Gehörs stellen den überwiegenden Teil der Verfahrensgrundrechtsverletzungen dar. Nur in diesem Zusammenhang könnte von einer anflutenden Zahl entsprechender Verfahren zu sprechen sein. Die grundsätzliche Bedeutung des Beschlusses des 9. Zivilsenates lag jedoch nicht darin begründet, wie eine Verletzung rechtlichen Gehörs zu rügen sei, sondern in der Feststellung, nach Inkrafttreten des Zivilprozessreformgesetzes seien außerordentliche Rechtsmittel zum Bundesgerichtshof nicht mehr statthaft. Vor dem Hintergrund der bisherigen höchstrichterlichen Rechtsprechung können damit nur Fälle der außerordentlichen Beschwerde betroffen sein. Derartige Sachverhaltskonstellationen stellen aber, wie die Vergangenheit zeigt, nicht die „anflutende Zahl" von durch den Bundesgerichtshof zu entscheidender Verfahren dar. Gummer in BGH Report 2002, 432, 433 meint in diesem Zusammenhang, Verfechter der außerordentlichen Beschwerde könnten sich damit trösten, dass weiteren Zivilsenaten des Bundesgerichtshofes eine Anrufung des Großen Senates gemäß § 132 Abs. 4 GVG offen stehe. Die bislang mit dieser Materie befassten Senate haben jedoch bedauerlicherweise nicht von dieser Möglichkeit Gebrauch gemacht.

So begrüßt *Lipp*[325] die Entscheidung, eine außerordentliche Beschwerde wegen „greifbarer Gesetzwidrigkeit" sei nach neuem Recht nunmehr generell ausgeschlossen, nachdrücklich. Sie gebe eine klare und der Konzeption des neuen Rechtsmittelrechts entsprechende Antwort auf die äußerst umstrittene Frage nach der Zulässigkeit außerordentlicher Rechtsmittel wegen Verletzung von Verfahrensgrundrechten. Darüber hinaus zeige sie die Richtung an, in der eine sowohl den verfassungsrechtlichen Vorgaben als auch dem Prozessrecht Rechnung tragende und zudem praktikable Lösung dieser Fälle zu finden sei. In der weiteren Beschlussrezension erfolgt jedoch keine kritische Auseinandersetzung mit den durch den 9. Zivilsenat vorgebrachten Begründungen. Die in dem Beschluss zu findenden Rechtsprechungsnachweise, wie in der Vergangenheit höchstrichterlich mit „Fällen greifbarer Gesetzwidrigkeit, insbesondere der Verletzung von Verfahrensgrundrechten" umgegangen wurde, werden unreflektiert übernommen. Eine Analyse der zitierten Entscheidungen wird jedoch noch zeigen, dass diese überwiegend gerade keine Verfahrensgrundrechtsverletzungen zum Gegenstand hatten. *Lipp* vertritt eingangs seiner Rezension die Auffassung, der 9. Zivilsenat hätte über die Frage der Zukunft außerordentlicher Beschwerden zu entscheiden gehabt. Auch diese Annahme wird widerlegt werden. Vielmehr übernimmt Lipp die entsprechenden Interpretationen der Gesetzesmaterialien ohne sie einer kritischen Bewertung zu unterziehen[326]. Lediglich in Bezug auf eine im Zusammenhang mit der in Betracht gezogenen Gegenvorstellung vorgesehene analoge Anwendung des § 321 a Abs. 2 S. 2 ZPO kommt der Rezensent zu dem Ergebnis, der gesamte Regelungsgehalt des § 321 a ZPO biete sich hierfür an. Abgesehen hiervon mangelt es der Beschlussbesprechung an einer kritischen Auseinandersetzung mit der Beschlussbegründung[327].

325 Lipp in NJW 2002, 1700 ff

326 Diese unkritische Rezension findet daher auch zu Recht ein negatives Echo. So vertritt Deubner in JuS 2002, 899, 902 dort in Fn.14 die Auffassung, Lipp hätte die Problematik, die Korrektur willkürlicher Entscheidungen durch den iudex a quo stelle sich als lebensfremd dar, schlichtweg nicht gesehen.

327 Lipp in NJW 2002, 1701: „Entscheidend ist vielmehr der Hinweis des Senates, dass das ZPO-RG mit § 321 a ZPO ein besonderes Verfahren in den Zivilprozess eingeführt hat, das gerade einer derartigen Selbstkorrektur von Grundrechtsverstößen bei unanfechtbaren und bindenden Entscheidungen dient. Der Gesetzgeber gab damit der Abhilfe in derselben Instanz den Vorzug vor der Eröffnung eines Rechtsmittels an das übergeordnete Gericht. Es entspricht daher der Systematik des heutigen Rechtsmittelrechts, dass die Korrektur von Grundrechtsverstößen ausschließlich durch das entscheidende Gericht selbst erfolgen soll. Damit entfällt sowohl die Notwendigkeit als auch die Berechtigung für eine außerordentliche Beschwerde."

Auch *Gummer*[328] befasste sich mit dem Beschluss des 9. Zivilsenats und beurteilt ebenso wie *Lipp* diesen durchweg positiv. *Gummer* setzt sich im Gegensatz zu *Lipp* jedoch mit den den Beschluss tragenden Gründen auseinander und trifft die insofern zutreffende Feststellung, der 9. Zivilsenat habe mit seiner Entscheidung den Zugang zur höheren Rechtsmittelinstanz durch das Tor der außerordentlichen Beschwerde verschlossen. Im weiteren verallgemeinert er jedoch diese Feststellung auf sämtliche Fälle außerordentlicher Beschwerden und kommt in Übereinstimmung mit den Argumenten des 9. Zivilsenates zu dem Ergebnis, der Gesetzgeber habe bewusst auf eine Regelung in § 574 Abs. 1 ZPO, die auch die Fälle „grober Gesetzwidrigkeiten" umfasst, verzichtet. Des Weiteren spricht *Gummer* von einer analogen Anwendung des § 321 a ZPO und führt aus, der Beschluss des 9. Zivilsenates enthielte den ausdrücklichen Hinweis an die Praxis, die in § 321 a ZPO vorgesehene Notfrist in den Fällen der entsprechenden Anwendung der Vorschrift auf Entscheidungen im Beschlussverfahren ebenfalls entsprechend anzuwenden. Diese Feststellung ist zumindest missverständlich[329], legt sie nahe, der erkennende Senat gehe von einer analogen Anwendung des § 321 a ZPO auf Beschlussverfahren insgesamt aus. Allerdings zeigt die Bewertung von Gegenvorstellungen als nach wie vor statthafter Rechtsbehelf für die Rüge von Verletzungen des Anspruchs auf rechtliches Gehör in Beschlussverfahren, dass nach Auffassung der Bundesrichter eine analoge Anwendung des § 321 a ZPO hier gerade nicht statthaft sein soll. Zudem sei zu erwägen, die Frist des § 321 a Abs. 2 S. 2 ZPO auf die Fälle von Gegenvorstellungen anzuwenden. Vom Ergebnis her betrachtet interpretiert *Lipp*[330] den Beschluss des 9. Zivilsenats in seiner Kommentierung zum Ergänzungsband des Münchener Kommentars offensichtlich ebenso wie *Gummer*. Beide Beschlussrezensionen zeichnen sich jedoch dadurch aus, dass die Ausführungen des 9. Zivilsenats nicht zum Anlass einer Analyse der Gesetzgebungsmaterialien genommen wurden.

Ebenfalls befasste sich *Prütting* mit dem Beschluss des neunten Zivilsenates und meint, dieser Entscheidung sei zuzustimmen[331]. Es leuchte ein, wenn der Bundesgerichtshof nunmehr auf § 321 a ZPO und die Möglichkeit der Gegen-

---

328 Gummer in BGH Report 2002, 432, 433: „Ich halte das Ergebnis des IX. Zivilsenates in der Sache für angemessen. Die außerordentliche Beschwerde war ein Einfallstor in die Rechtssicherheit, für das trotz vielfacher Bemühungen zuverlässige Schranken nicht gefunden wurden."

329 Unpräzise ist es, wenn Gummer von dem „außerordentlichen Rechtsmittel der greifbaren Gesetzwidrigkeit" spricht, unter das der Beschluss des 9. Zivilsenats des Bundesgerichtshofes einen Schlussstrich gezogen haben soll.

330 MünchKomm ZPO/Aktualisierungsband - Lipp Vor § 567 Rn. 13, Fn. 38. Zur Stützung seiner Ansicht, § 321 a ZPO sei auch auf Beschlussverfahren analog anzuwenden, verweist Lipp auf den in Rede stehenden Beschluss des 9. Zivilsenats des Bundesgerichtshofes mit dem Hinweis „In diese Richtung jetzt...".

331 Prütting in EWiR § 574 ZPO 1/02, 835, 836

vorstellung verweise; ferner liege eine unzweifelhaft bewusste Entscheidung des Gesetzgebers, eine Nichtzulassungsbeschwerde im Fall des § 574 Abs. 1 ZPO nicht zu installieren, vor. Im Übrigen habe auch schon in der Vergangenheit keine Gesetzeslücke für eine die Anerkennung außerordentlicher Beschwerden gegeben. Auch *Prütting* lässt es an einer intensiveren Auseinandersetzung mit den Gesetzgebungsmaterialien fehlen und beschränkt sich lediglich auf die Feststellung, es läge eine unzweifelhaft bewusste Entscheidung des Gesetzgerbers vor, im Fall des § 574 ZPO auf eine Nichtzulassungsbeschwerde zu verzichten. Dass zwischen der Rechtsbeschwerde und der Revision in Zivilsachen klare konzeptionelle Unterschiede existierten könne man rechtspolitisch bedauern, von den Gerichten sei dies jedoch de lege lata zu respektieren. *Prütting* kommt letztendlich zu dem Ergebnis, dass jedenfalls im Anwendungsbereich des neuen § 321 a ZPO unstreitig kein Raum mehr für außerordentliche Beschwerden gegeben sei. Obwohl dieses Ergebnis durchaus zutrifft, hätte zum einen eine intensivere Auseinandersetzung mit den Gesetzgebungsmaterialien erfolgen sollen, zum anderen missinterpretiert *Prütting* den Beschluss des neunten Zivilsenats, wenn er davon spricht, der Bundesgerichtshof habe entschieden, außerordentliche Beschwerden kämen generell nicht mehr in Betracht. Eine solche Aussage traf der erkennende Senat ausschließlich für seine Instanz.

b) Sonstige Beiträge

Das reformierte Rechtsmittelrecht war Auslöser zahlreicher Beiträge, sich mit ihm auseinanderzusetzen. Insbesondere die nach Veröffentlichung des hier in Rede stehenden Beschlusses in Fachzeitschriften publizierten Beiträge nahmen diesen dankbar auf. Das Meinungsbild stellt sich hier jedoch nicht so einheitlich dar, wie es die Auswertung der Beschlussrezensionen vermuten ließe.
Müller[332] begrüßt uneingeschränkt den Beschluss des 9. Zivilsenats des Bundesgerichtshofes. Diese Entscheidung trage dem zunehmenden Unbehagen in der Literatur Rechnung, die zunehmend kritisiert habe, die Zulassung der außerordentlichen Beschwerde durchbreche das formalisierte Rechtsmittelsystem und

---

332 Müller in NJW 2002, 2743, 2747 mit dem Fazit: „Mit der Einführung der Gehörsrüge nach § 321 a ZPO (Anm. des Verfassers: die Müller analog auch auf andere Verfahrensverstöße als solche der Verletzung des Anspruchs auf rechtliches Gehör angewendet wissen will) hat der Gesetzgeber endlich auf die wiederholte Mahnung des Bundesverfassungsgerichts reagiert, es könne nur dann funktionsfähig bleiben wenn die Fachgerichte nach Möglichkeit etwaige Verstöße gegen Verfahrensgrundrechte selbst beseitigen. Deren Verantwortung wird nunmehr in begrüßenswerter Weise gestärkt. Nachdem die gesetzlichen Rahmenbedingungen geschaffen wurden, sind sie jetzt gefordert, dem berechtigten Wunsch der Verfassungsrichter nach Entlastung bei der Anwendung der neuen Vorschriften angemessen Rechnung zu tragen."

bringe dadurch zwangsläufig Rechtsunsicherheit mit sich. Vor diesem Hintergrund sei zu hoffen, dass sich auch die übrigen Zivilsenate des Bundesgerichtshofes der Position des 9. Zivilsenates anschließen. *Müller* – wie auch die Mehrzahl anderer Autoren – unterzieht die vom 9. Zivilsenat vorgebrachte Begründung keiner kritischen Würdigung[333], sondern repetiert diese in ihrer Kernaussage lediglich. Im Übrigen verkennt er, dass eine Entlastung des Bundesverfassungsgerichts nicht zwingend mit instanzinternen Heilungsmöglichkeiten einherzugehen hat[334].

Schmidt[335] meint, ohne dass eine entsprechende Begründung vorgetragen wird, der 9. Zivilsenat habe aus der Existenz des § 321 a ZPO die Konsequenz gezogen, es gebe keine außerordentlichen Beschwerden mehr.

Schneider nahm ebenfalls die geänderte Rechtslage zum Anlass einer erneuten Besprechung[336]. Wie die Autoren in zuvor genannten Beiträgen kommt auch er zu dem Ergebnis, der Bundesgerichtshof habe entschieden, die Ausnahmebeschwerde sei kraft Gesetzes durch die Gegenvorstellung ersetzt worden, wobei allerdings außerhalb des Anwendungsbereiches des § 321 a ZPO nach wie vor die Grundsätze zur greifbaren Gesetzwidrigkeit (entweder Ausnahmebeschwerde oder Gegenvorstellung) anwendbar seien. Noch deutlicher wird *Schneider*, wenn er dem Bundesverwaltungsgericht und dem Kammergericht vorwirft, diese hätten sich in ihren Beschlüssen[337] dem Bundesgerichtshof unkritisch nachbetend angeschlossen und seien dementsprechend zu dem unzutreffenden Ergebnis gekommen, aus dem Fehlen einer § 543 Abs. 2 Nr. 2 ZPO entsprechenden Regelung in § 574 ZPO folge, außerordentliche Beschwerden seien unstatthaft. Für *Schneider* hat dieser Beschluss eine darüber hinausgehende Bedeutung, als er die Auffassung vertritt, der 9. Zivilsenat hätte den Begriff der greifbaren Gesetzwidrigkeit, ohne es bemerkt zu haben (!), definiert. Aus der Beschlussbegründung des erkennenden Senates, dass Entscheidungen, die unter Verletzungen eines Verfahrensgrundrechts, insbesondere des Grundrechts auf rechtliches Gehör ergangen sind, auf eine Gegenvorstellung hin zu korrigieren sind, soll sich nämlich ergeben, dass die greifbare Gesetzwidrigkeit gleich eines Grundrechtsverstoßes sein soll[338]. Damit seien die Voraussetzungen der greifbaren Gesetzwidrigkeit berechenbar geworden, da die Prämissen, nämlich die

---

333 Exemplarisch hierfür Greger in NJW 2002, 3049, 3053

334 So ist allgemein anerkannt, dass der Zweck außerordentlicher Beschwerden darin liegt, ansonsten mögliche Verfassungsbeschwerden zu verhindern. Vgl. hierzu statt vieler: MünchKomm ZPO/Aktualisierungsband – Lipp § 567 Rn. 18; Gottwald/Semmelmayer in JZ 1993, 415, 416

335 Schmidt in MDR 2002, 915, 918

336 Schneider in MDR 2002, 1047, 1049

337 BVerwG, Beschl. v 16.05.02 - 6 B 28/02 und 6 B 29/02 in NJW 2002, 2657; KG, Beschl. v. 29.05.2002 – 26 W 114/02 in MDR 2002, 1086

338 So schon Schneider in MDR 1997, 991; Wank in EWiR 2000, 578

Auslegung der Grundrechte durch das Bundesverfassungsgericht, geklärt wären.
Unabhängig davon, dass die Aussage, der Zivilsenat hätte die von ihm benutzten Leerformeln ohne es zu bemerken aufgegeben, nur schwer nachvollziehbar ist, ist sie sich aber auch ansonsten zweifelhaft. Aus der Beschlussbegründung lässt sich nicht mehr herleiten, als dass die Verletzung rechtlichen Gehörs die Verletzung eines Verfahrensgrundrechts darstellt. Bezogen auf den gedanklichen Ansatzpunkt *Schneiders*, nämlich den der greifbaren Gesetzwidrigkeit, ist der 9. Zivilsenat an anderer Stelle der Beschlussbegründung noch deutlicher geworden: „Ein außerordentliches Rechtsmittel zum Bundesgerichtshof ist auch dann nicht gegeben, wenn die Entscheidung des Beschwerdegerichts greifbar gesetzwidrig ist, insbesondere ein Verfahrensgrundrecht des Beschwerdeführers verletzt." Aber auch die Lektüre des Leitsatzes: „(....), wenn die Entscheidung ein Verfahrensgrundrecht des Beschwerdeführers verletzt oder aus sonstigen Gründen ‚greifbar gesetzwidrig' ist", hätte für die notwendige Klarheit ausreichen müssen. Aus dem Beschluss lässt sich nur ableiten, dass Verfahrensgrundrechtsverletzungen Varianten „greifbarer Gesetzwidrigkeiten" darstellen. In den Fällen der Verletzung des Art. 103 Abs. 1 GG sowie des Art. 101 Abs. 1 S. 2 GG stellt diese Aussage eine Abkehr von ständiger höchstrichterlicher Rechtsprechung dar. Eine klare Aussage trifft der vorliegende Beschluss mit der Feststellung, für den Bereich höchstrichterlicher Rechtsprechung sei das Rechtsinstitut der außerordentlichen Beschwerde nunmehr obsolet geworden. An der Beurteilung der außerordentlichen Beschwerden zugrunde liegenden Sachverhalten hat sich indessen nichts geändert. Auch in diesem Punkt ist der Beitrag *Schneiders* paradox, spricht er einerseits davon, die Voraussetzungen der greifbaren Gesetzwidrigkeit seien durch den Beschluss des 9. Zivilsenates berechenbar geworden, um dann weiter festzustellen, an den von der Rechtsprechung entwickelten Grundsätzen zur außerordentlichen Beschwerde habe sich nichts geändert, wohl aber seien durch die jüngste Rechtsprechung (scil.: des Bundesgerichtshofes) die an sich klaren Entwicklungslinien wieder verwischt worden.
Die Kommentarliteratur hat den Beschluss des 9. Zivilsenates des Bundesgerichtshofes bis zum Zeitpunkt der Beendigung der Literaturberücksichtigung noch nicht zum Gegenstand ihrer Ausführungen machen können. Eine Ausnahme hiervon bildet die Kommentierung *Lipps* im Ergänzungsband zum Münchener Kommentar zu § 567 ZPO. Entsprechend des Inhalts seiner Beschlussrezension hält *Lipp* auch in seinem Kommentarbeitrag[339] außerordentliche Beschwerden für obsolet und verweist diesbezüglich ausdrücklich auf den

339 MünchKomm ZPO/Aktualisierungsband - Lipp § 567 Rn. 18: „Sieht das Gesetz nunmehr selbst einen besonderen Rechtsbehelf vor, der auf alle Grundrechtsverstöße bei unanfechtbaren und bindenden Entscheidungen anzuwenden ist, entfällt sowohl die Notwendigkeit als auch die Berechtigung für eine außerordentliche Beschwerde."

hier in Rede stehenden Beschluss des 9. Zivilsenates. Dass diese Aussage sich nicht mit dem Inhalt des Beschlusses deckt, ist insofern evident, als der 9. Zivilsenat gerade nicht zum Ausdruck gebracht hatte, das Gesetz selbst sehe einen Rechtsbehelf vor, der auf alle Grundrechtsverstöße analog anzuwenden sei. Andernfalls hätte es nämlich weder eines Rückgriffs auf das Institut der Gegenvorstellung bedurft noch der Erwägung, es sei zu überlegen, die in § 321 a Abs. 2 S. 2 ZPO vorgesehene Notfrist von zwei Wochen auf Fälle der Selbstkorrektur von Beschlüssen zu übertragen. Als - soweit ersichtlich – einziger Autor stellt *Duhme*[340] zutreffend fest, sowohl die Entscheidung des Bundesgerichtshofes als auch die zeitlich nachfolgende des Bundesverwaltungsgerichts beträfen ausschließlich außerordentliche Beschwerden zu beiden Bundesgerichten. Konsequenterweise verbietet sich daher, aus diesen Beschlüssen eine Feststellung etwa dergestalt ableiten zu können, außerordentliche Beschwerden seien nunmehr völlig obsolet geworden[341]. Als Ergebnis der Literaturanalyse ist festzuhalten, dass der überwiegende Teil der Autoren aufgrund des Beschlusses des 9. Zivilsenates davon ausgeht, das Rechtsinstitut der außerordentlichen Beschwerde existiere grundsätzlich nicht mehr. Die Beiträge setzen sich ausschließlich ergebnisorientiert mit der entsprechenden Entscheidung auseinander, weshalb keine hinreichende Analyse der der Beschlussbegründung zugrunde liegenden Argumente stattfand und insbesondere die im Gesetzgebungsverfahren getätigten Äußerungen keine Beachtung fanden.

3. Eine Analyse der tragenden Gesichtspunkte der Beschlussbegründung

a) Die Einführung des § 321 a ZPO

Nach der Neuregelung des Beschwerderechts durch das Zivilprozessreformgesetz ist der Zugang zum Bundesgerichtshof in Beschwerdesachen, wie sich aus § 133 GVG ergibt, ausschließlich in den Fällen des § 574 Abs. 1 ZPO statthaft. Dieses Argument reicht isoliert betrachtet jedoch nicht aus, das Rechtsinstitut der außerordentlichen Beschwerde nunmehr generell als unstatthaft anzusehen. Zunächst betrifft der Beschluss des 9. Zivilsenates des Bundesgerichtshofes ausdrücklich den Zugang zu diesem Gericht. Darüber hinaus kann der Nachweis, bestimmte außerordentliche Rechtsbehelfe seien in der Rechtspraxis obsolet geworden nur auf zwei Wegen geführt werden. Entweder regeln

---

340 Duhme in VR 2003, 37, 43: „Beide Entscheidungen betreffen *ausdrücklich nur die außerordentliche Beschwerde zum BVerwG bzw. zum BGH.*"

341 Duhme in VR 2003, 37, 43 mit der weiteren Konsequenz: „Die Ausführungen beider Gerichte, wonach auch bei der Verletzung von Verfahrensgrundrechten die Grundentscheidung des Gesetzgebers zu beachten ist und nicht ein im Gesetz nicht vorgesehener Zugang zu einer weiteren Instanz eröffnet wird, lassen aber *vermuten*, dass zukünftig kein Raum für eine außerordentliche Beschwerde mehr gegeben sein wird; auch nicht zum OVG."

positiv – rechtliche Bestimmungen die zugrunde liegenden Sachverhalte oder der Anwendungsbereich des außerordentlichen Rechtsbehelfs wird anderweitig ausgeschlossen.
Die zweite Alternative macht der erkennende Senat zur Grundlage seiner Argumentation und führt aus, eine Zulassung der außerordentlichen Beschwerde im Wege der Analogie zum Revisionsrecht (§§ 544 ff ZPO n.F.) komme nicht in Betracht, da es insoweit an einer planwidrigen Regelungslücke fehle.
Die Antwort auf die Frage, aus welchem Grund überhaupt eine analoge Anwendung revisionsrechtlicher Vorschriften für die Statthaftigkeit außerordentlicher Beschwerden in Betracht gezogen wird[342], soll sich aus der Einführung des § 321 a ZPO ergeben. Der Gesetzgeber habe die Möglichkeit der Verletzung von Verfahrensgrundrechten gesehen und mit § 321 a ZPO eine entsprechende Abhilfemöglichkeit eingeführt. Hieraus sei der Wille des Gesetzgebers zu erkennen, dass die Beseitigung „schweren Verfahrensunrechts" nach Ergehen einer mit förmlichen Rechtsmitteln nicht anfechtbaren Entscheidung durch das entscheidende Gericht selbst zu erfolgen habe[343]. Diese Argumentation ist jedoch nicht stichhaltig. Im Gesetzgebungsverfahren standen nicht die verschiedenen denkbaren Varianten von Verfahrensgrundrechtsverletzungen zur Diskussion, sondern die Frage, welche Verfahren einer gesetzlichen Regelung zugeführt werden sollten. Aber selbst den gesetzgeberischen Willen unterstellt, hat der Gesetzgeber mit § 321 a ZPO eine Norm geschaffen, die, gemes-sen an den so verstandenen Zielen weit hinter diesen zurückblieb. Eine vor diesem Hintergrund notwendige Ausweitung des Anwendungsbereiches des § 321 a ZPO vermag die Fälle von Verfahrensgrundrechtsverletzungen nur insoweit zu umfassen, wie sich diese innerhalb der Instanz als leicht behebbar darstellen. Eine entsprechende kritische Analyse der Gesetzgebungsunterlagen durch den erkennenden Senat erfolgte nicht; zumindest fand sie aber in der Beschlussbegründung keinen Niederschlag. Auch in anderer Hinsicht weist die Beschlussbegründung im Zusammenhang mit der Einführung des § 321 a ZPO Defizite auf: In der Vergangenheit ging die höchstrichterliche und ein Großteil der obergerichtlichen Rechtsprechung regelmäßig davon aus, die Verletzung des Anspruchs auf rechtliches Gehör, wie überhaupt Fälle von Verfahrensgrundrechtsverletzungen[344] würden für die Statthaftigkeit außerordentlicher Be-

342 Revisionsrechtliche Vorschriften wurden in der Vergangenheit zu keinem Zeitpunkt für die Begründung der Statthaftigkeit außerordentlicher Beschwerden herangezogen.

343 So auch: BFH, Beschl. v. 05.12.02 - IV B 190/02 in DStR 2003, 287, 288

344 Schneider in AnwBl. 2002, 620, 622: „Nach höchstrichterlicher Rechtsprechung erfüllten Verstöße gegen Verfahrensgrundrechte, insbesondere Verletzung rechtlichen Gehörs nicht die Voraussetzungen einer greifbaren Gesetzwidrigkeit. Die Instanzgerichte hatten jedoch vielfach anders entschieden."

schwerden nicht ausreichen[345]. Vielmehr bedurfte es für eine derartige Annahme des Vorliegens eines Fehlers, der zu einer Entscheidung führte, die jeder „gesetzlichen Grundlage entbehrt und inhaltlich dem Wortlaut und Zweck des Gesetzes widerspricht und zu einer Rechtsanwendung führt, die das Gesetz ersichtlich ausschließen wollte." Der 9. Zivilsenat des Bundesgerichtshofes wollte seinen Beschluss jedoch nicht allein auf Verfahrensgrundrechtsverletzungen beschränkt wissen. Der Beschlussinhalt wurde auch auf „sonstige Gründe", die zu einer greifbaren Gesetzwidrigkeit führen, ausgedehnt, weshalb konsequenterweise darzulegen gewesen wäre, dass der Gesetzgeber auch diese Sachverhalte im Rahmen der Einführung des § 321 a ZPO erkannt hatte. Die vorgebrachte Argumentation stellt sich im Hinblick auf Sachverhalte der Verfahrensgrundrechtsverletzungen nur als lediglich eingeschränkt, hinsichtlich der Fälle „greifbarer Gesetzwidrigkeit" als überhaupt nicht nachvollziehbar dar[346].

b) Der Vergleich mit Revisionsrecht

Die im Zusammenhang mit dem Vergleich zum Revisionsrecht gemachten Ausführungen führen ebenfalls nicht zwingend zu dem Ergebnis, außerordentliche Beschwerden könnten zukünftig als gesetzlich ungeregelte Rechtsmittel nicht mehr in der Rechtsprechungspraxis anzutreffen sein. Die sich mit der Änderung des Revisionsrechts auseinandersetzende Argumentation des erkennenden Senats besteht aus zwei in Zusammenhang stehenden Prämissen. Zunächst soll für das Revisionsrecht in § 543 Abs. 2 Nr. 1 ZPO ein Zulassungsgrund eingeführt worden sein, der auch die Verletzung von Verfahrensgrundrechten umfassen soll. Da der Gesetzgeber bewusst davon abgesehen haben soll, eine der im Revisionsrecht vorgesehenen Nichtzulassungsbeschwerde vergleichbare Regelung für das Rechtsbeschwerdeverfahren einzuführen, soll in einem zweiten Schritt zu folgern sein, Ausnahmebeschwerden zum Bundesgerichtshof seien nicht mehr statthaft.

---

345 BGH, Beschl. v. 07.01.57 – II ZB 23/56 in NJW 1957, 713; Beschl. v. 03.12.64 – Ia ZB 18/64 in BGHZ 43, 12, 19; Beschl. v. 19.10.77 – VIII ZB 23/77 in NJW 1978, 1585; Beschl. v. 16.04.86 – IVb ZB 14/86 in NJW-RR 1986, 1263; Beschl. v. 16.09.97 – X ZB 15/96 in NJW 1998, 459; Beschl. v. 28.10.98 – VIII ZR 190/98 in NJW 1999, 290

346 So auch Deubner in JuS 2002, 899, 902; fehlgehend, weil nicht hinreichend differenzierend: BFH, Beschl. v. 05.12.02 - IV B 190/02 in DStR 2003, 287, 288: „Nachdem der Gesetzgeber sich mit der Schaffung des § 321 a ZPO dazu entschieden hat, das Ausgangsgericht selbst zur Beseitigung eines von ihm veranlassten Verfahrensunrechts zu verpflichten, entfällt das Bedürfnis dafür, das BVerfG durch eine außerordentliche Beschwerde an das nächsthöhere Gericht zu entlasten."

Unabhängig von den im Zusammenhang mit der Novellierung des Revisionsrechts aufgetretenen Irritationen[347], beispielsweise ob und unter welchen Voraussetzungen auch eine Fehlentscheidung in einem Einzelfall die Zulassung der Revision zu begründen vermag[348], ist diese Argumentation jedenfalls hinsichtlich der zweiten Prämisse nicht schlüssig. Die Feststellung, „für das Verfahren der Rechtsbeschwerde habe der Gesetzgeber demgegenüber unter Hinweis auf die regelmäßig geringere Bedeutung des Beschwerdeverfahrens für die Parteien und aus Gründen der Entlastung des Bundesgerichtshofes (Bundestagsdrucksache14 / 4722 S. 166 re. Sp.)[349] bewusst davon abgesehen, eine dem Revisionsrecht vergleichbare Regelung zur Korrektur auch der Verletzung von Verfahrensgrundrechten zu schaffen, obwohl die Zulassungsgründe sich bei Revision und Rechtsbeschwerde nicht unterscheiden", lässt sich in dieser Form nicht herleiten. Die in Bezug genommenen Ausführungen betreffen ausschließlich die Frage einer Zulassungs- oder Nichtzulassungsentscheidung gemäß § 574 Abs. 3 i.V.m. Abs. 1 Nr. 2 ZPO dergestalt, dass eine Nichtzulassungsentscheidung nicht Gegenstand einer weiteren Rechtsüberprüfung durch den Bundesgerichtshof sein soll[350]. Mit dem Rückgriff auf die Gesetzesmaterialien lässt sich nur begründen, dass der Bundesgerichtshof nicht mit dieser Überprüfung des Vorliegens von Verfahrensgrundrechtsverletzungen befasst sein soll. Aus der Neuregelung des Revisions- wie auch des Beschwerderechts ergibt sich somit nicht, außerordentliche Beschwerden könnten zukünftig grundsätzlich nicht mehr statthafte Rechtsmittel sein. Dies lässt sich ausweislich der Gesetzgebungsunterlagen und der sich darauf beziehenden Beschlussbegründung des 9. Zivilsenates nur für den Bereich der höchstrichterlichen Rechtsprechung feststellen.

c) Der Gesichtspunkt verfassungsrechtlicher Bedenken

Im Weiteren führt der 9. Zivilsenat unter Ziffer 1b) seiner Beschlussbegründung aus, diese „Grundsatzentscheidung des Gesetzgebers" (scil.: des Ausschlusses außerordentlicher Rechtsbehelfe zum Bundesgerichtshof) begegne keinen verfassungsrechtlichen Bedenken. Es existiere kein Recht auf einen Instanzenzug.

---

347 Vgl. zu den Voraussetzungen einer Revisionszulassung, insbesondere unter dem Aspekt der Verletzung von Verfahrensgrundrechten und der geforderten „offensichtlichen Unrichtigkeit": BGH Beschl. v. 27.03.03 – V ZR 291/02 in MDR 2003, 822 ff; ferner MünchKomm ZPO/Aktualisierungsband - Wenzel § 543 Rn. 21; ders. in NJW 2002, 3353, 3356; Büttner in MDR 2001, 1201, 1203, 1204

348 Scheuch/Lindner in NJW 2003, 728, 729 f; Piekenbrock/Schulze in JZ, 2002, 911, 918

349 Nachweis bei Hannich/Meyer-Seitz/Engers, S. 411

350 Nachweis bei Hannich/Meyer-Seitz/Engers, S. 411: „Bei den in der Regel weniger bedeutsamen Nebenentscheidungen ist es nicht erforderlich, dass mehrere Gerichte die Voraussetzungen für die Zulässigkeit der Rechtsbeschwerde prüfen. Das dient der Entlastung des Bundesgerichtshofes."

Nach Vorstellung des Gesetzgebers sei die auf Gegenvorstellung hin erfolgende Abhilfe des Verfassungsverstoßes durch das Gericht, das ihn begangen hat vorzugswürdig, weil einfach und ökonomisch[351]. Die gegen eine instanzinterne Heilung von Verfahrensgrundrechtsverletzungen, wie im Fall der Verstöße gegen das Willkürverbot sprechenden Argumente wurden an anderer Stelle bereits dargelegt. Aus den Gesetzgebungsunterlagen kann im Übrigen nicht gefolgert werden, eine Fehlerkorrektur innerhalb der Instanz, unabhängig von der Qualität des Fehlers sei nach Vorstellung des Gesetzgebers vorzugswürdig. Die diesbezüglichen Erörterungen im Gesetzgebungsverfahren hatten Sachverhalte der Verfahrensgrundrechtsverletzungen nur eingeschränkt und Fälle außerordentlicher Beschwerden überhaupt nicht zum Gegenstand.

d) Verletzung von Verfahrensgrundrechten als Varianten „greifbar gesetzwidriger" Entscheidungen

Unabhängig von der Frage, aus welchem Grund der 9. Zivilsenat sich ohne Not (so zumindest auf der Grundlage bisheriger höchstrichterlicher Rechtsprechung) zu Fällen „greifbarer Gesetzwidrigkeiten" äußerte, wird jedenfalls durch den Beschluss das Verhältnis zwischen Verfahrensgrundrechtsverletzungen und Fällen greifbarer Gesetzwidrigkeit neu definiert[352]. Dabei nimmt der erkennende Senat Bezug auf Beschlüsse anderer Zivilsenate[353] wie auch auf einen seiner Beschlüsse aus dem Jahr 2001[354]. In allen Fällen sollen greifbar gesetzwidrige Entscheidungen, insbesondere die Verletzung von Verfahrensgrundrechten vorgelegen haben. Diese Feststellung ist mehr als zweifelhaft, sprechen die jeweils erkennenden Senate im Rahmen ihrer Beschlussbegründungen ebensowenig von der Verletzung von Verfahrensgrundrechten wie die dazu vorhandene einschlägige Literatur[355]. Es handelt sich in diesen Fällen unbestritten um die eklatant falsche Anwendung von Prozessnormen, die aber nicht gleichzusetzen

---

351 Unter Verweis auf die Bundestagsdrucksache zu § 321 a ZPO

352 BGH a.a.O.: „(...) sieht der Senat keine Möglichkeit an der bisherigen Rechtsprechung festzuhalten, die bei ‚greifbar gesetzwidrigen' Entscheidungen, insbesondere bei der Verletzung von Verfahrensgrundrechten eine außerordentliche Beschwerde zum BGH für zulässig gehalten hat, aufrechtzuerhalten."

353 BGH, Beschl. v. 08.10.92 – VII ZB 3/92 in BGHZ 119, 372 ff; Beschl. v. 04.03.93 – V ZB 5/93 in BGHZ 121, 397 ff; Beschl. v. 04.11.99 – VII ZB 19/99 in NJW 2000, 960

354 BGH, Beschl. v. 08.11.01 –IX ZB 44/01 in NJW 2002, 754

355 Vgl. Kempter in NJW 1993, 2158 f; Chlosta in NJW 1993, 2160 f. Dementsprechend erstaunt es nicht, wenn bei den Kommentarstellen, die sich mit der Statthaftigkeit außerordentlicher Beschwerden im Fall von Verfahrensgrundrechtsverletzungen auseinandersetzen, die von dem 9. Senat in Bezug genommenen Beschlüsse nicht zu finden sind: vgl. hierzu Baumbach/Lauterbach/Hartmann/Albers/Albers § 567 Rn. 9; Zöller/Gummer § 567 Rn. 20. Diesen fehlenden Zusammenhang verkennt offensichtlich auch Lipp in NJW 2002, 1700, der die durch den BGH vorgegebenen Rechtsprechungsnachweise unreflektiert übernimmt.

ist mit der Verletzung von Verfahrensgrundrechten[356]. Auch der Beschluss des erkennenden Senats aus dem Jahr 2001, der eine unzulässige Rechtswegverkürzung und damit eine Verfahrensgrundrechtsverletzung zum Gegenstand hatte, unterstützt nicht die nunmehr vertretene Auffassung, Verfahrensgrundrechtsverletzungen seien Unterfälle greifbarer Gesetzwidrigkeiten. In dem Beschluss aus dem Jahr 2001 führte der 9. Zivilsenat noch ausdrücklich aus: „Die Verletzung von Verfahrensgrundrechten sind von dem Oberlandesgericht selbst unter Einschränkung der Bindung gemäß § 318 ZPO auf Gegenvorstellung zu beheben." In dem dort entschiedenen Fall war jedoch eine Korrektur deshalb in Frage gestellt, weil das Oberlandesgericht seine Entscheidung einer Prüfung unterzogen hatte, allerdings mit ausführlicher Begründung seinen Rechtsirrtum verteidigte. Es war also weniger der Umstand, dass eine Verfahrensgrundrechtsverletzung vorlag, sondern offensichtlich vielmehr die besondere prozessuale Konstellation, die zu einer Statthaftigkeit der außerordentlichen Beschwerde führte. Mit den durch den 9. Zivilsenat in Bezug genommenen Beschlüssen kann demnach nicht der Nachweis erbracht werden, dass die Verletzung von Verfahrensgrundrechten Gegenstand außerordentlicher Beschwerden war.

Im Übrigen stellt sich die Argumentation aber auch unter einem weiteren Gesichtspunkt als angreifbar dar. Der Gesetzgeber habe, so der erkennende Senat, die Verletzung von Verfahrensgrundrechten erkannt und entsprechend geregelt. Diese Prämisse – trotz ihrer Fragwürdigkeit - als zutreffend unterstellt, führt nicht zu dem Ergebnis, außerordentliche Beschwerden seien nicht mehr statthaft. Eine entsprechende Folgerung stellt sich ausschließlich dann als schlüssig dar, wenn entweder der Gesetzgeber alle Fälle der „greifbaren Gesetzwidrigkeit" geregelt hat beziehungsweise hat regeln wollen oder aber wenn die Fälle von Verfahrensgrundrechtsverletzungen deckungsgleich mit denen der „greifbaren Gesetzwidrigkeit" sind. Eine entsprechende Herleitung des Ergebnisses erfolgt im Rahmen der Beschlussbegründung aber nicht.

---

356 In BGHZ 119, 372 ff (Beschl. v. 08.10.92 – VII ZB 3/92) führte eine fehlerhafte Auslegung des § 127 Abs. 3 ZPO zu einer nach Auffassung des Senates greifbaren Gesetzwidrigkeit. In BGHZ 121, 397 ff (Beschl. v. 04.03.93 – V ZB 5/93) stellte sich die außerordentliche Beschwerde gegen einen Beschluss als begründet dar, in welchem der iudex a quo die Auffassung vertrat, ein Prozessvertreter habe die Kosten eines Rechtsstreits zu tragen, wenn nicht feststehe, dass seine Partei prozessfähig sei, da ihn das Risiko einer Vertretung ohne wirksame Prozessvollmacht treffe. Die rechtsfehlerhafte Ablehnung eines Beweisbeschlusses und die damit verbundene Verweigerung des durch das Verfahrensrecht eröffneten Zugangs zum selbständigen Beweisverfahren wurde durch den 7. Zivilsenat des Bundesgerichtshofes in NJW 2000, 960 (Beschl. v. 04.11.99 – VII ZB 19/99) als ein Fall der greifbaren Gesetzwidrigkeit angesehen.

e) Die Gegenvorstellung bei der Rüge der Verletzung von Verfahrensgrundrechten in Beschlussverfahren

Mit der Feststellung, dass Verfahrensgrundrechtsverletzungen in Beschlussverfahren mittels Gegenvorstellung zu korrigieren sind, hat der 9. Zivilsenat sich gegen eine analoge Anwendung des § 321 a ZPO in diesen Fällen ausgesprochen[357]. Das mit Rechtsunsicherheiten und Unklarheiten belegte Rechtsinstitut der Gegenvorstellung wurde somit durch die in verfahrensrechtlicher Hinsicht eindeutigen Regelungen des § 321 a ZPO nicht ersetzt[358]. Es vermag jedoch nicht einzuleuchten, wieso eine im Urteilsverfahren durch eine Verletzung des Art. 103 Abs. 1 GG beschwerte Partei bei Einlegung statthafter Rechtsbehelfe (strengeren) Formvorschriften unterworfen sein soll als eine entsprechend in einem Beschlussverfahren Betroffene. Die Fortführung der ständigen Rechtsprechung des Bundesgerichtshofes, die Gegenvorstellung bei der Verletzung rechtlichen Gehörs in Beschlussverfahren als allein statthaften Rechtsbehelf anzusehen, bedeutet vor dem Hintergrund der derzeitig gegebenen prozessualen Möglichkeiten einen Stillstand in der Entwicklung des Verfahrensrechts. Darüber hinaus wird die Frage zu beantworten sein, wie sich der Inhalt des Beschluss des 9. Zivilsenates in diesem Punkt mit dem Beschluss des Bundesverfassungsgerichts vom 30. April 2003[359] vereinbaren lässt, wonach es den gewohnheitsrechtlich entwickelten Rechtsbehelfe an dem verfassungsrechtlichen Gebot der Rechtsmittelklarheit mangele. In Übereinstimmung mit *Voßkuhle*[360] wird davon auszugehen sein, dass die Rechtsprechung des Bundesgerichtshofes und der Gerichte, die dieser unkritisch folgten, sich als nicht mehr verfassungskonform darstellt.

---

357 Gehrlein in MDR 2003, 547, 554: „Nicht zuletzt hat der BGH mit der Beseitigung der außerordentlichen Beschwerde wegen greifbarer Gesetzwidrigkeit das Institut der Gegenvorstellung im Prozessrecht verankert."

358 Konsequent und zutreffend hingegen BFH, Beschl. v. 05.12.02 - IV B 190/02 in DStR 2003, 287, 289, wobei die Bezeichnung „Gegenvorstellung analog § 321 a ZPO" zumindest missverständlich ist: „Der Rechtsbehelf ist als eine Gegenvorstellung analog § 321 a ZPO zu verstehen. Als solcher ist er statthaft, da gegen die angefochtene Entscheidung kein förmlicher Rechtsbehelf gegeben ist und ein schwerwiegender Verfahrensfehler - hier ein Verstoß gegen den Grundsatz rechtlichen Gehörs - von dem unterlegenen Beteiligten gerügt wird." Ebenso Thomas/Putzo/Reichold § 321 a Rn. 18: „Bei anderen unanfechtbaren Beschlüssen tritt im Fall der Verletzung von Verfahrensgrundrechten die fristgebundene Gegenvorstellung analog § 321 a ZPO an die Stelle der außerordentlichen Beschwerde". Der Verweis Reicholds auf den Beschluss des 9. Zivilsenates des Bundesgerichtshofes geht an dieser Stelle deshalb fehl. Nach zutreffender Auffassung des OLG Celle, Beschl. v. 04.12.02 - 13 U 77/02 in NJW 2003, 907, 908 existiert keine Gegenvorstellung analog § 321 a ZPO.

359 Az.: 1 PBvU 1/02 in NJW 2003, 1924 ff

360 Voßkuhle in NJW 2003, 2193, 2198

f) Keine Umdeutung in Gegenvorstellung

Nach ständiger Rechtsprechung des Bundesgerichtshofes gilt in entsprechender Anwendung des § 140 BGB auch im Verfahrensrecht der Grundsatz fehlerhafte Parteihandlungen in zulässige, wirksame und vergleichbare umzudeuten, wenn deren Voraussetzungen eingehalten sind, die Umdeutung dem mutmaßlichen Parteiwillen entspricht und kein schutzwürdiges Interesse des Gegners entgegensteht[361]. Die Frage der Zulässigkeit der Umdeutung der nicht statthaften Beschwerde in eine Gegenvorstellung wird in dem hier zugrunde liegenden Beschluss nicht angesprochen. Anlass dazu hätte allerdings bestanden, wird doch von Teilen der Rechtsprechung[362] und Literatur[363] zutreffend die Auffassung vertreten, jede (unstatthafte) außerordentliche Beschwerde enthalte als minus einen Antrag auf Gegenvorstellung. Es geht dem Beschwerdeführer zunächst primär um die Beseitigung der in der Instanz begangenen Verfahrensgrundrechtsverletzung. An dem Wortlaut des durch die betroffene Partei gestellten Antrags „Beschwerde“, hilfsweise „außerordentliche Beschwerde“ erheben zu wollen, darf diese Umdeutung nicht scheitern, gilt doch der allgemeine Grundsatz, dass die Zulässigkeit eines Rechtsmittels oder eines

---

361 BGH, Beschl. v. 20.03.02 – XII ZB 27/02 in VersR 2002, 1437; Beschl. v. 06.12.00 – XII ZR 219/98 in NJW 2001, 1217, 1218 m.w.N.; Zöller/Gummer Vor. § 511 Rn. 37; Thomas/Putzo/Putzo Einl. III Rn. 20; *gegen die Möglichkeit der Umdeutung einer Gegenvorstellung in eine Beschwerde:* BGH, Beschl. v. 17.03.82 – IVa ZB 5/82 in VersR 1982, 598

362 BGH, Beschl. v. 20.06.95 – XI ZB 9/95 in JZ 1996, 374, 375 sogar in dem Fall, dass die betroffene Partei in Verkennung der Rechtslage ihr Begehren mittels außerordentlicher Beschwerde verfolgte und einer Umdeutung in eine Gegenvorstellung ausdrücklich entgegentrat; OLG Hamm, Beschl. v. 15.07.02 – 23 W 175/02 in MDR 2003, 296; OLG Frankfurt/Main, Beschl. v. 29.08.02 – 26 W 102/02 in NJW-RR 2003, 140, 141 generell für das Verhältnis unstatthafter bzw. unzulässiger Beschwerden zu Gegenvorstellungen. So offensichtlich auch: BFH, Beschl. v. 05.12.02 - IV B 190/02 in DStR 2003, 287, 289: „Der Rechtsbehelf ist als eine Gegenvorstellung analog § 321 a ZPO zu verstehen.“ Entsprechend auch Thomas/Putzo/Reichold § 321 a Rn. 18; OLG Celle, Beschl. v. 04.12.02 – 13 U 77/02 in NJW 2003, 906, 907: „Der von der Beklagten eingelegte Rechtsbehelf gegen den Beschluss des Senats gem. § 522 Abs. 2 ZPO ist als Rüge entsprechend § 321 a ZPO auszulegen und nicht als grundsätzlich form- und fristlos einzulegende Gegenvorstellung.“; **a.A.**: OLG Köln, Beschl. v. 04.01.01 – 17 W 406/00 in MDR 2001, 589 so wie im hier vorliegenden Fall.

363 MünchKomm ZPO/Aktualisierungsband - Lipp § 567 Rn. 15: „Jede unzulässige Beschwerde ist als Gegenvorstellung zu behandeln.“; Zöller/Gummer § 567 Rn. 22: „Umdeutung ist oft geboten.“; ders. a.a.O. Rn. 42: „Eine offensichtlich unstatthafte Beschwerde an das OLG kann aber als Gegenvorstellung umgedeutet werden.“ Schneider in MDR 2001, 599; Kerwer in JuS 1997, 592, 595; unklar Hoeren in JR 1996, 199, 200, der zunächst die Ansicht vertritt, „im Prinzip müsse jede Beschwerde mangels Rechtsschutzbedürfnis verworfen werden, wenn eine Gegenvorstellung noch möglich sei, um dann seine Kritik an dem Beschluss des 11. Zivilsenates hinsichtlich der Umdeutung darauf zu beschränken, eine solche habe deshalb nicht stattfinden dürfen, weil sie dem erklärten Parteiwillen widersprach.

Rechtsbehelfs nicht von dessen Bezeichnung abhängig gemacht werden darf[364]. Auch die weiteren Voraussetzungen einer Umdeutung analog § 140 BGB werden im Regelfall dann vorliegen, wenn die engeren formellen Voraussetzungen einer außerordentlichen Beschwerde gewahrt wurden, denn überwiegend wird die Rechtsansicht vertreten, dass für die außerordentliche Beschwerde die Zulässigkeitsvoraussetzungen gelten, an die sich der Beschwerdeführer bei einem statthaften Rechtsmittel halten müsste[365]. Schlussendlich wird auch kein schutzwürdiges Interesse der gegnerischen Partei entgegenstehen. Das Interesse dieser Partei an einer Ablehnung der Umdeutung wird regelmäßig nicht über das Interesse jeder in erster Instanz siegreichen Partei hinausgehen, dass die erstinstanzliche Entscheidung nicht rechtskräftig wird. Ein solches reicht nicht aus, um es aus Sicht der gegnerischen Partei als unzumutbar erscheinen zu lassen, dass im Wege der Umdeutung eine erneute Entscheidung herbeigeführt wird[366]. Anlass von einer Umdeutung Abstand zu nehmen hätte vorliegend lediglich bestanden, wenn die formellen Voraussetzungen einer (gesetzlich nicht geregelten) Gegenvorstellung nicht gewahrt oder aber eine Umdeutung dem erklärten Willen der belasteten Partei widersprochen hätte. Eine Befassung mit der Frage nach der Zulässigkeit einer Umdeutung steht auch nicht entgegen, dass nach Ansicht des 9. Zivilsenates außerordentliche Rechtsmittel zum Bundesgerichtshof nicht mehr zulässig sind. Es geht – anders als in dem Beschluss des 12. Zivilsenates vom 20. März 2002[367] - nicht um eine Umdeutung, die im Ergebnis eine Zulassung außerordentlicher Rechtsbehelfe zum Bundesgerichtshof bedingt. Vielmehr hätte eine Umdeutung gerade dazu geführt, dass der auch nach der Vorstellung des 9. Zivilsenates statthafte Rechtsbehelf der Gegenvorstellung Anwendung gefunden und sich der iudex a quo mit der geltend gemachten Gehörsrüge auseinanderzusetzen

---

364 So bereits schon RG, Beschl. v. 17.12.43 – VII (VIII) 143/42 in RGZ 170, 385, 387

365 Baumbach/Lauterbach/Hartmann/Albers/Albers § 567 Rn. 10; Zöller/Gummer § 567 Rn. 21; OLG Bamberg, Beschl. v. 15.07.92 – 2 WF 96/92 in NJW-RR 1992, 1466, 1477; OLG Koblenz, Beschl. v. 06.09.90 – 11 WF 869/90 in FamRZ 1991, 100, 101; **a.A.**: OLG Köln; Beschl. v. 19.08.94 – 25 WF 175/94 in FamRZ 1995, 379

366 Vgl. BGH, Beschl. v. 06.12.00 – XII ZR 219/98 in NJW 2001, 1217, 1218

367 Vgl. BGH, Beschl. v. 20.03.02 – XII ZB 27/02 in VersR 2002, 1437

gehabt hätte. Der Bundesfinanzhof[368] wie auch das Oberlandesgericht Hamm[369] verwiesen hingegen die ihnen vorliegende Rechtsstreite zurück an den jeweiligen iudex a quo.
Die fehlenden Ausführungen des 9. Zivilsenates zu den Voraussetzungen einer Umdeutung legen den Schluss nahe, eine solche scheitere bereits an dem Umstand, außerordentliche Beschwerden könnten grundsätzlich nicht in Gegenvorstellungen umgedeutet werden.

g) Die Korrekturmöglichkeit mittels Verfassungsbeschwerde im Fall der Nichtabhilfe durch den iudex a quo

Im Fall der Nichtabhilfe durch den iudex a quo zur Beseitigung des Verfassungsverstoßes kommt nach höchstrichterlicher Rechtsprechung allein die Anrufung des Bundesverfassungsgerichts im Wege der Verfassungsbeschwerde in Betracht. In der Praxis kann jedoch eine Beseitigung von Verfahrensgrundrechtsverletzungen nicht erwartet werden, wie die konstant niedrige Erfolgsquote von Verfassungsbeschwerden zeigen[370]. Dabei stellen solche Verfassungsbeschwerden, die bereits nicht zur Entscheidung angenommen wurden, den weitaus überwiegenden Teil dar[371]. Wie sich aus § 93 a BVerfGG ergibt, bedarf die Verfassungsbeschwerde einer Annahme. Diese ist anzunehmen, wenn ihr grundsätzliche verfassungsrechtliche Bedeutung zukommt oder die Annahme zur Durchsetzung verfassungsmäßig geschützter Rechte angezeigt ist. Grundsätzliche verfassungsmäßige Bedeutung werden Verfassungsbeschwerden wegen der Verletzung von Verfahrensgrundrechten regelmäßig nicht

---

368 Eindeutig hingegen BFH, Beschl. v. 05.12.02 - IV B 190/02 in DStR 2003, 287, 289: „Das Verfahren wird an das funktional zuständige FG zurückgegeben. (...) Eine Verweisung nach § 281 Abs. 1 ZPO i.V.m. § 155 FGO kommt nicht in Betracht. Die Zuweisung der Zuständigkeit für die Gegenvorstellung entsprechend § 321 a ZPO an das Ausgangsgericht ist eine Bestimmung der funktionalen Zuständigkeit. Diese wird von dem Begriff der sachliche Zuständigkeit in § 281 ZPO nicht umfasst. Dem steht nicht entgegen, dass nach der Rechtsprechung des BFH eine Verweisung stattfindet, wenn das funktional zuständige Gericht an das funktional (instanziell) unzuständige Gericht verwiesen hat. In einem solchen Fall ist die ‚Rückverweisung' als actus contrarius in derselben Form vorzunehmen wie die fehlerhafte, aber nicht nach § 17 a Abs. 2 S. 3 GVG bindende Verweisung."

369 OLG Hamm, Beschl. v. 15.07.02 – 23 W 175/02 in MDR 2003, 296

370 Kreuder in NJW 2001, 1243

371 Kreuder in NJW 2001, 1243: „Auch im Jahr 1999 endeten von den 5036 abschließend bearbeiteten Verfassungsbeschwerden beeindruckende 98,12 % mit einer Nichtannahme."; vgl. auch Benda in NJW 1980, 2097, 2098; Zuck in MDR 1999, 577: „So verwundert es nicht, wenn nur 2,8 % der erhobenen Verfassungsbeschwerden nicht an der Nichtannahmepraxis des Bundesverfassungsgerichts scheitern; man müsse sich schon darauf verlassen, als einziger im Lotto richtig getippt zu haben."

besitzen[372]. An das Vorliegen der Voraussetzungen des § 93 a Abs. 2 lit. b BVerfGG, also der Durchsetzung verfassungsmäßiger Rechte, knüpft das Bundesverfassungsgericht besondere Anforderungen: Die geltend gemachte Verletzung von Grundrechten oder grundrechtsgleichen Rechten muss ein besonderes Gewicht haben oder den Beschwerdeführer in existentieller Weise betreffen[373]. Wann ein Grundrechtsverstoß besonderes Gewicht hat bzw. den Beschwerdeführer in existentieller Weise betrifft, hat das Bundesverfassungsgericht bislang nicht abschließend definiert[374]. Soviel kann jedoch gesagt werden: Bei der Prüfung einer existentiellen Betroffenheit werden die Belastungswirkungen für den Beschwerdeführer in Relation zu seiner persönlichen Situation gesetzt. Daraus folgt zum einen, dass eine wertmäßige Beschwer entscheidend ist wie auch, aufgrund des Bezugs zum jeweiligen Beschwerdeführer, dass es keine allgemeingültige Grenze für das Vorliegen einer existentiellen Betroffenheit gibt. Je niedriger die konkrete Beschwer, desto schwieriger wird es werden, eine existentielle Betroffenheit des Beschwerdeführers darzulegen[375]. Im Ergebnis bedeutet diese Annahmepraxis, dass nicht jede zulässige und begründete Verfassungsbeschwerde auch zur Entscheidung angenommen wird. Insbesondere im Fall der Verletzung des rechtlichen Gehörs[376] kann es wegen ihres geringen sachlichen Gewichts zu einer Nichtannahme kommen[377]. Gerade eindeutig begründete Verfassungsbeschwerden verfallen der Nichtannahme, wenn es zu ihnen nur längst Bekanntes und damit leicht Nachlesbares zu sagen gibt.

---

372 Vgl. BVerfG, Beschl. v. 08.02.94 – 1 BvR 1693/92 in NJW 1994, 993, wonach eine grundsätzliche verfassungsrechtliche Bedeutung *nur dann* gegeben ist, wenn die Verfassungsbeschwerde eine verfassungsrechtliche Frage aufwirft, die sich nicht ohne weiteres aus dem Grundgesetz beantworten lässt und noch nicht durch die verfassungsrechtliche Rechtsprechung geklärt oder die durch veränderte Verhältnisse erneut klärungsbedürftig geworden ist. Es müssen über die Beantwortung verfassungsrechtlicher Fragen ernsthafte Zweifel bestehen. Hierzu auch Seegmüller in DVBl 1999, 738, 740: „Angesichts des großen Umfangs der Rechtsprechung des BVerfG (Anm. des Verfassers: von derzeit 105 Bänden der amtlichen Entscheidungen des Bundesverfassungsgerichts) liegt es auf der Hand, dass Fragen von grundsätzlicher verfassungsrechtlicher Bedeutung hauptsächlich nur noch im Zusammenhang mit Verfassungsänderungen, neuen Gesetzen oder dann auftreten, wenn alte verfassungsrechtliche Fragen in einem neuen gesellschaftlichen Umfeld überdacht werden müssen."

373 BVerfG, Beschl. v. 11.09.98 – 2 BvR 1929/97 in NJW-RR 1999, 137; Beschl. v. 08.02.94 – 1 BvR 1693/92 in NJW 1994, 993

374 Seegmüller in DVBl 1999, 738, 740

375 Vor diesem Hintergrund wird sich die existentielle Betroffenheit in Fällen von Verfassungsbeschwerden, die nicht berufungsfähige amtsgerichtliche Urteile (vgl. BVerfG, Beschl. v. 11.09.98 – 2 BvR 1929/97 in NJW-RR 1999, 137) zum Gegenstand haben als ebenso kaum begründbar darstellen wie im Fall fehlender Kostenentscheidungen (vgl. BVerfG, Beschl. v. 14.03.97 – 1 BvR 359/97 in NJW 1997, 1693); Stürner in JZ 1986, 526, 532

376 Seegmüller in DVBl 1999, 738, 741

377 Vgl. BVerfG, Beschl. v. 14.03.97 – 1 BvR 359/97 in NJW 1997, 1693

Je begründeter sich eine Verfassungsbeschwerde darstellt, desto geringer die Aussicht, dass sie zur Entscheidung angenommen wird[378]. Daher wird die Nichtannahmepraxis des Bundesverfassungsgerichts nicht ohne Argwohn betrachtet[379].

Kommt entsprechend des Beschlusses des 9. Zivilsenates des Bundesgerichtshofes im Fall der Nichtabhilfe von Verfahrensgrundrechtsverletzungen durch den iudex a quo nur die Anrufung des Bundesverfassungsgerichts im Wege der Verfassungsbeschwerde in Betracht, so ist vor dem Hintergrund der Zulassungspraxis das Fazit zu ziehen, Verfahrensgrundrechtsverletzungen werden in vorgenannten Konstellationen im Regelfall keiner Korrektur zugeführt werden können. Unabhängig von dieser Feststellung, stellt sich für die betroffene Partei ein weiteres Problem. Die Zulässigkeitskriterien einer Verfassungsbeschwerde sind mit den Annahmevoraussetzungen nicht identisch[380]. Die Erfüllung der Zulässigkeitsvoraussetzungen schafft erst die Grundlage für die sich anschließende Prüfung, ob der Sache grundsätzliche Bedeutung zukommt oder die Annahme zur Durchsetzung verfassungsmäßig geschützter Rechte angezeigt ist. Nichtannahmebeschlüsse werden aber nur ausnahmsweise publiziert, zudem wird mehrheitlich von einer Begründung nach § 93 d Abs. 1 S. 3 BVerfGG abgesehen[381]. Dieser Umstand führt wiederum dazu, dass die Anforderungen an die

---

378 Mußgnug in NJW 1978, 1358 mit dem nachvollziehbaren Hinweis, der Gesetzgeber habe dieses Ergebnis so gewollt, um das Bundesverfassungsgericht von den weniger dringlichen Verfassungsbeschwerden zu entlasten, um ihm somit die Bewegungsfreiheit für die gewichtigeren Verfahren von größerer Bedeutung und umfassenderer Tragweite zu verschaffen. Gerade vor diesem Hintergrund wird aber die Pflicht der Fachgerichte zur effektiven Behebung von Verfahrensgrundrechtsverletzungen evident.

379 Schneider in MDR 2003, 901, 902; ders. in MDR 2002, 1047, 1048; Zuck in MDR 1999, 577; **a.A.**: Kley in DVBl 2003, 1159, 1160: „Die vermeintlichen Lücken, die das BVerfG beanstandet, füllt jedoch gerade die zu diesem Zweck geschaffene Verfassungsbeschwerde. Sie räumt dem Bürger umfassenden Verfassungsrechtsschutz gegen die öffentliche Gewalt und damit auch – und in der Praxis vor allem – gegen den Richter ein. Daran ändert das vorgeschaltete Annahmeverfahren nichts; denn auch dieses Verfahren ist ein richterliches."

380 Kreuder in NJW 2001, 1243

381 Kreuder in NJW 2001, 1243; Zuck in MDR 1999, 577, 578: „In 70 % der Fälle fehlt eine Begründung überhaupt."; Zuck in NJW 1997, 29 mit einer ernüchternden Darstellung der Nichtannahmepraxis: „Wer als Vertreter eines Verfassungsbeschwerdeführers die Erfolgsaussichten einer Verfassungsbeschwerde gewissenhaft prüft, dann eine professionell gearbeitete Verfassungsbeschwerde vorlegt, wird dafür mit einem leeren Blatt nach § 93 d BVerfGG belohnt."; S. 30: „Es ist eine grobe Irreführung des Bürgers, ihm über Art. 93 Abs. 1 Nr.4 a GG das Recht der Verfassungsbeschwerde zu versprechen, um ihm dieses Recht sogleich über Art. 94 GG wieder zu nehmen, weil in dieser Vorschrift zu Einschränkungen in der Verfahrensgestaltung ermächtigt wird. Die Verfassungsbeschwerde galt einstmals als der ‚vornehmste Rechtsbehelf' des Bürgers. Als ‚unehrlichsten Rechtsbehelf' brauchen wir sie nicht."; Stürner in JZ 1986, 526, 532

Zulässigkeit einer Verfassungsbeschwerde angesichts dieser Veröffentlichungspraxis für Rechtssuchende und ihre Berater sich als wenig transparent darstellen[382].
Die Rechtsprechung des Bundesgerichtshofes und in ihrer Fortführung auch die aktuelle des 9. Zivilsenates, im Fall eines erfolglosen Gegenvorstellungsverfahrens komme nur noch die Verfassungsbeschwerde in Betracht, wird in der Mehrzahl der Fälle faktisch zu einer „Zementierung" von Verfahrensgrundrechtsverletzungen führen.

h) Fazit

Trotz aller berechtigten Kritikpunkte an der durch den 9. Zivilsenat des Bundesgerichtshofes vorgebrachten Argumentation werden Sachverhalte, die der außerordentlichen Beschwerde in der Vergangenheit zugrunde lagen, nicht mehr Gegenstand höchstrichterlicher Rechtsprechung sein werden. Zumindest nach der derzeitigen Rechtsprechung des überwiegenden Teils der Zivilsenate des Bundesgerichtshofes stellt sich die außerordentliche Beschwerde im Zuständigkeitsbereich des Bundesgerichtshofes als ein „alter Hut" dar. Der 9. Zivilsenat des Bundesgerichtshofes kommt – wie sich aus den Leitsätzen und der Beschlussbegründung ergibt - zu der eindeutigen Feststellung, nach Inkrafttreten des Zivilprozessreformgesetzes seien außerordentliche Rechtsbehelfe, insbesondere außerordentliche Beschwerden zum Bundesgerichtshof nicht mehr statthaft. Die diesbezügliche Begründung vermag insgesamt nicht zu überzeugen. Die Verweise auf die Gesetzgebungsmaterialien, sei es im Hinblick auf die Einführung des § 321 a ZPO oder die Neufassung des Revisionsrechts legen nicht mit hinreichender Klarheit eine Grundsatzentscheidung des Gesetzgebers dar, wonach außerordentliche Rechtsbehelfe zum Bundesgerichtshof regelmäßig nicht mehr statthaft sein sollen.
Aber auch unter anderen Aspekten fordert der Beschluss des 9. Zivilsenats des Bundesgerichtshofes zu Widerspruch heraus. Er lässt eine hinreichende Differenzierung zwischen Verletzungen rechtlichen Gehörs einerseits und Fällen greifbarer Gesetzwidrigkeit andererseits vermissen. Vielmehr werden beide Fehlerquellen vermengt und die Verletzung von Verfahrensgrundrechten in offensichtlicher Abkehr von der bisherigen höchstrichterlichen Rechtsprechung[383] als ein Unterfall greifbar gesetzwidriger Entscheidungen behandelt. Die zitierten Rechtsprechungsnachweise vermögen diese Sichtweise nicht zu stützen. Mit der Verbindung in der höchstrichterlichen Rechtsprechung bislang

---

382 Kreuder in NJW 2001, 1243

383 Vgl. nur Schneider in AnwBl. 2002, 620, 622: „Nach höchstrichterlicher Rechtsprechung erfüllten Verstöße gegen Verfahrensgrundrechte, insbesondere Verletzungen rechtlichen Gehörs nicht die Voraussetzungen einer greifbaren Gesetzwidrigkeit. Die Instanzgerichte hatten jedoch vielfach anders entschieden."

unterschiedlich behandelter Sachverhaltskonstellationen schaffte der erkennende Senat den Brückenschlag zu seiner, in diesem Verfahren nicht notwendigen, Aussage, Fälle „greifbarer Gesetzwidrigkeit" könnten nun nicht mehr Gegenstand höchstrichterlicher Rechtsprechung sein.
Darüber hinaus stellt der Beschluss aber auch keine Entwicklung des Prozessrechts dar im Hinblick auf eine Abkehr weg von der Gegenvorstellung hin zu einer anlogen Anwendung des § 321 a ZPO im Fall von Verletzungen rechtlichen Gehörs in Beschlussverfahren oder im Fall anderer Verfahrensgrundrechtsverletzungen.

4. Die Bedeutung des Beschlusses für die obergerichtliche Rechtsprechung

An die Feststellung, außerordentliche Beschwerden werden nicht mehr Gegenstand höchstrichterlicher Rechtsprechung sein, schließt sich die Frage an, ob die Instanzgerichte den Wechsel von der außerordentlichen Beschwerde hin zur Gegenvorstellung mitmachen oder es zumindest teilweise bei der außerordentlichen Beschwerde belassen werden.

a) Die aktuelle Rechtsprechung verschiedener Obergerichte

Erste obergerichtliche Entscheidungen zeigen ein weitestgehend einheitliches Bild in der Beurteilung der Frage des Fortbestandes außerordentlicher Beschwerden. Danach werden im Bereich vieler Oberlandesgerichte außerordentliche Beschwerden nicht mehr als statthaft angesehen werden[384]. Auf der Linie des Bundesgerichtshofes und damit Anwendungsbereiche außerordentlicher Beschwerden verneinend befinden sich das Kammergericht[385] wie auch die

---

384 Für den Bereich der Verwaltungsgerichtsbarkeit vgl. OVG NW, Beschl. v. 10.04.03 – 19 E 387/03 in NVwZ-RR 2003, 695, 696: „Für eine außerordentliche Beschwerde gegen eine unanfechtbare erstinstanzliche Kostenentscheidung fehlt wegen der Möglichkeit der Gegenvorstellung an das Verwaltungsgericht das Rechtsschutzbedürfnis."; VGH München, Beschl. v. 12.09.02 – 22 C 02.1513 in NVwZ 2003, 72 mit der Feststellung, der Grundsatz der Abhilfe von Verfahrensfehlern innerhalb der Instanz gelte auch bei Verstößen gegen das Willkürverbot.

385 KG, Beschl. v. 29.05.02 – 26 W 114/02 in MDR 2002, 1086

Oberlandesgerichte Schleswig[386], Hamm[387], Celle[388], Karlsruhe[389] und das Bayerische Oberste Landesgericht[390]. Die Auffassung, dass außerordentliche Beschwerden grundsätzlich nicht mehr statthaft seien vertritt auch der 26. Zivilsenat des Oberlandesgerichts Frankfurt/Main[391].
Die den Beschlüssen des Kammergerichts und des Oberlandesgerichts Hamm zugrunde liegenden Begründungen beschränken sich jedoch auf eine Wiederholung der Entscheidungsgründe des Bundesgerichtshofes.
Das Oberlandesgericht Schleswig geht, ohne sich auf den Beschluss des 9. Zivilsenates des Bundesgerichtshofes zu beziehen davon aus, Gegenvorstellungen gegen formell rechtskräftige Beschlüsse seien möglich, wenn es um die gebotene Selbstkorrektur von Verfassungsverstößen, greifbarer Gesetzwidrigkeit oder groben prozessualen Fehlern gehe. Das Oberlandesgericht Celle wiederholt in seiner Entscheidung vom 24. September 2002 die tragenden Argumente der Beschlussbegründung des 9. Zivilsenates; ergänzend macht es aber weitergehende Ausführungen zu dem von ihm entschiedenen Sachverhalt einer „sofortigen weiteren" Beschwerde gegen einen Beschluss des Landgerichts, in welchem dieses die Versagung von Prozesskostenhilfe durch das Amtsgericht bestätigt hatte. Das Oberlandesgericht Celle interpretiert die in dem Gesetzgebungsverfahren gemachten Ausführungen insofern zutreffend, als sich der Gesetzgeber dort der Problematik der verschiedenen Verfahrensarten, in denen

---

386 OLG Schleswig, Beschl. v. 09.04.02 – 16 W 26/02 in MDR 2002, 1392

387 OLG Hamm, Beschl. v. 15.07.02 – 23 W 175/02 in MDR 2003, 296 mit der unzutreffenden Aussage, „der Gesetzgeber habe die Problematik der Verletzung von Verfahrensverstößen, die auch greifbare Gesetzwidrigkeiten umfassen, bedacht"; unklar im Hinblick auf die Reichweite ihrer Konsequenzen ist die dort weiter getroffene Feststellung, „die Beschwerde unterliege als Gegenvorstellung nach § 321 a ZPO der Überprüfung durch das Landgericht"; Beschl. v. 24.04.02 – 15 W 134/02 in NJW-RR 2002, 1224

388 OLG Celle, Beschl. v. 18.04.02 – 2 W 16/02 in OLG Report Celle 2002, 318 hinsichtlich der Frage der Statthaftigkeit außerordentlicher Beschwerden zu Oberlandesgerichten gegen Beschwerdeentscheidungen der Landgerichte; Beschl. v. 24.09.02 – 2 W 57/02 in NJW 2002, 3715 ff

389 OLG Karlsruhe; Beschl. v. 12.11.02 – 1 W 44/02 in Die Justiz 2003, 325

390 BayObLG, Beschl. v. 04.12.02 – 2Z BR 120/02 in BayObLGZ 2002 Nr. 64 = MDR 2003, 410: „Seit Inkrafttreten des ZPO-RG findet auch im FGG-Verfahren eine außerordentliche Beschwerde wegen greifbarer Gesetzwidrigkeit nicht mehr statt."

391 OLG Frankfurt/Main, Beschl. v. 29.08.02 – 26 W 102/02 in NJW-RR 2003, 140 ff

fehlerhafte Entscheidungen auftreten können, bewusst war[392]. Nicht ohne weiteres nachvollziehbar mutet die in diesem Zusammenhang getroffene Feststellung des erkennenden Senats an, im Gesetzgebungsverfahren sei die umfangreiche Rechtsprechung zur außerordentlichen Beschwerde wegen greifbarer Gesetzwidrigkeit bekannt gewesen. Ein Blick in die Gesetzgebungsmaterialien der Bundestagsdrucksache 14/4722 zeigt jedoch, dass es sich bei dieser Feststellung um eine durch nichts zu beweisende Behauptung handelt. Träfe diese Aussage zu, hätte es im Übrigen nahe gelegen, dass sich der Gesetzgeber mit der Frage auseinandergesetzt hätte, ob nicht auch andere Verfahrensfehler als die Verletzung rechtlichen Gehörs gesetzlich zu regeln gewesen wären. Im Ergebnis ist festzustellen, dass die Argumentation des Oberlandesgerichts Celle nicht geeignet ist, darzulegen, außerordentliche Beschwerden seien nunmehr in jeglichen Fallkonstellationen als nicht statthaft zu bewerten[393]. Der 26. Zivilsenat des Oberlandesgerichts Frankfurt/Main setzt sich anlässlich von Rechtsmitteln gegen Einstellungsentscheidungen nach § 769 ZPO mit der Frage der Statthaftigkeit außerordentlicher Beschwerden auseinander und bezieht sich

---

392 OLG Celle, Beschl. v. 24.09.02 – 2 W 57/02 in NJW 2002, 3715, 3716: „Zwar hat der Gesetzgeber mit der Vorschrift des § 321 a ZPO nur die Selbstkorrektur bei der Verletzung von Verfahrensgrundrechten im Zusammenhang mit dem Erlass unanfechtbarer erstinstanzlicher Urteile geregelt. Im Gesetzgebungsverfahren war aber auf Grund der umfangreichen Rechtsprechung zur außerordentlichen Beschwerde wegen greifbarer Gesetzwidrigkeit bekannt, dass das Problem der Korrektur von Verstößen gegen Verfahrensgrundrechte alle Verfahren betrifft. Gerade im Beschwerdeverfahren wurde immer wieder geltend gemacht, die an sich unanfechtbare Entscheidung sei „greifbar gesetzwidrig" und müsse deshalb auch ohne verfahrensrechtliche Regelung durch die nächsthöhere Instanz überprüft werden. Wenn der Gesetzgeber bei dieser Ausgangslage darauf verzichtet hat, ein Verfahren zur Korrektur vermeintlich ‚greifbarer gesetzwidriger' Beschwerdeentscheidungen zu schaffen, bei dem die an sich nicht zuständige nächste Instanz mit der Entscheidung befasst wird, kann die bisherige Auffassung, außerordentliche Rechtsmittel wegen greifbarer Gesetzwidrigkeit zur nächsthöheren Instanz seien zulässig nicht mehr aufrechterhalten werden."

393 Ausweislich der Gesetzesunterlagen lässt sich eine Unstatthaftigkeit außerordentlicher Beschwerden nur für die Fallkonstellation herleiten, dass Oberlandesgerichte als Überprüfungsinstanz für Beschwerdeentscheidungen der Landgerichte fungieren sollen, dementsprechend stehen sowohl der Beschluss des BGH, Beschl. v. 05.08.02 – IX ZB 130/02, veröffentlicht unter www.rws-verlag.de/bgh-free/volltext („...., weil die Oberlandesgerichte zur Entscheidung über Rechtsmittel gegen Beschwerdeentscheidungen der Landgerichte seit dem 01. Januar 2002 funktionell nicht mehr zuständig sind") wie auch die Beschlüsse des OLG Köln, Beschl. v. 13.03.02 – 2 W 45/02 in OLG Report Köln 2003, 35 und des OLG Celle, Beschl. v. 18.04.02 – 2 W 16/02 (veröffentlicht unter www.olg-report.de), mit dem Willen des Gesetzgebers im Einklang.

dabei auf den Beschluss des 9. Zivilsenates des Bundesgerichtshofes[394]. Als bislang einziges Obergericht verweist das Oberlandesgericht Frankfurt/Main auf den Umstand, dass dieser Beschluss lediglich die bisherige Ausnahmebeschwerde zum Bundesgerichtshof betraf. Allerdings legt der erkennende Senat weder im Einzelnen dar, aus welchen Gründen der Beschluss des 9. Zivilsenates des Bundesgerichtshofes auf die obergerichtliche Instanz übertragbar ist, noch erfolgt eine Auseinandersetzung mit den hier einschlägigen Gesetzesmaterialien des Zivilprozessreformgesetzes in der Bundestagsdrucksache 14/4722. Der pauschale Hinweis, es bestehe eine vergleichbare Problematik stellt jedenfalls keine hinreichende Begründung dar. Für einen generellen „Abschied" der außerordentlichen Beschwerde gibt der Beschluss des 26. Zivilsenats des Oberlandesgerichts Frankfurt/Main nichts her.
Abweichend von der Rechtsprechung des 26. Zivilsenates hat hingegen der 20. Zivilsenat desselben Obergerichts entschieden. Mit Beschlüssen vom 28. Oktober[395] und 18. November 2002[396] legte der 20. Zivilsenat dar, dass die außerordentlichen Beschwerden unzulässig waren, weil die Voraussetzungen für die Annahme in den jeweiligen Sachverhalten nicht vorlagen. Da sich der Senat inhaltlich mit der Frage des Vorliegens der Voraussetzungen außerordentlicher Beschwerden auseinandersetzt, diese aber verneint und sich nicht auf den formalen Standpunkt der Unzulässigkeit mangels Existenz dieses Rechtsmittels

---

394 OLG Frankfurt/Main, Beschl. v. 29.08.02 – 26 W 102/02 in NJW-RR 2003, 140, 141: „Die Entscheidung betrifft zwar nur die bisherige Ausnahmebeschwerde zum BGH; die ihr zu Grunde liegende Problematik besteht jedoch auch dann, wenn erstinstanzliche Beschlüsse mit der sofortigen Beschwerde nicht statthaft angefochten werden können oder die Beschwerde im Einzelfall unzulässig ist. Auch in diesen Fällen besteht wegen der Abhilfemöglichkeit des Erstrichters kein Bedürfnis für die Zulassung einer Ausnahmebeschwerde. Eine solche Abhilfemöglichkeit ergibt sich im Beschwerderecht nach Auffassung des Senats zunächst jedenfalls auf der Grundlage von § 572 ZPO; das hier geregelte Abhilfeverfahren ist seiner Funktion nach ein aus Gründen der Prozessökonomie vorgeschriebenes Verfahren, das inhaltlich dem Verfahren über eine Gegenvorstellung entspricht. Zu einer Abhilfe ist daher das Erstgericht auch dann befugt, wenn die Beschwerde unstatthaft oder unzulässig ist, sofern die angefochtene Entscheidung nicht bindend ist (§§ 572 Abs. 1 S. 2, 318 ZPO). Ob in diesem Fall und darüber hinaus eine Abhilfemöglichkeit in entsprechender Anwendung von § 321 a ZPO gegeben sein kann, bedarf hier keiner Entscheidung."

395 OLG Frankfurt/Main, Beschl. v. 28.10.02 – 20 W 390/02 (unveröffentlicht) nachzulesen unter www.justiz.hessen.de

396 OLG Frankfurt/Main; Beschl. v. 18.11.02 – 20 W 393/02 (unveröffentlicht) nachzulesen unter www.justiz.hessen.de

zurückzieht, muss geschlossen werden, dass der erkennende Senat von der grundsätzlichen Statthaftigkeit außerordentlicher Beschwerden ausgeht[397]. Ebenfalls geht der 3. Zivilsenat des Oberlandesgerichts Zweibrücken offensichtlich weiterhin von dem grundsätzlichen Fortbestand außerordentlicher Beschwerden aus[398]. Indem dieser ebenso wie der 20. Zivilsenat des Oberlandesgerichts Frankfurt/Main das Vorliegen der Voraussetzungen einer „greifbaren Gesetzwidrigkeit", unter Berücksichtigung der aktuellen Rechtsprechung des Bundesgerichtshofes prüft, dieses aber verneint, muss zwingend geschlossen werden, dass der erkennende Senat nach wie vor von der Existenz außerordentlicher Beschwerden als grundsätzlich statthafte Rechtsmittel ausgeht[399]. Ebenso wie bei den Beschlüssen der anderen Obergerichte fehlt es hier an einer inhaltlichen Auseinandersetzung mit der Beschlussbegründung des 9. Zivilsenates des Bundesgerichtshofes. Mag dies bei den Beschlüssen, die vom Ergebnis her betrachtet mit der höchstrichterlichen Rechtsprechung konform gehen als nachvollziehbar erscheinen, wäre zu erwarten gewesen, dass Obergerichte in Abweichung von dieser Rechtsprechung ansatzweise ihre divergierende Rechtsansicht, zumindest in Form eines obiter dictums zu begründen versuchen.

---

397 Die insofern gleichlautenden Passagen der Beschlüsse lauten: „Das Rechtsmittel des Beteiligten ist auch nicht als sog. „außerordentliche Beschwerde" statthaft. Dies setzt voraus, dass für die betroffene Entscheidung jede gesetzliche Grundlage fehlt und sie dem Gesetz inhaltlich fremd ist, insbesondere dass eine Entscheidung dieses Inhalts oder dieser Stelle aufgrund eines derartigen Verfahrens im Gesetz überhaupt nicht vorgesehen ist. Für die Annahme einer derartigen ‚greifbaren Gesetzwidrigkeit' genügt aber nicht bereits jeder Verstoß des Gerichts gegen die bei seiner Entscheidung anzuwendenden Rechtsvorschriften, auch nicht gegen den Grundsatz der Gewährung rechtlichen Gehörs und gegen den Amtsermittlungsgrundsatz, worauf sich der Beteiligte zu 3) hier stützt. Selbst wenn man unterstellt, diese Rügen seien berechtigt, ist die angefochtene Entscheidung deshalb nicht inhaltlich oder mit dem angewendeten Verfahren dem Gesetz nicht fremd, erst recht geht es nicht um eine mit der geltenden Rechtsordnung schlechthin unvereinbaren Entscheidung. Auf derartige krasse Ausnahmefälle muss aber die sog. außerordentliche Beschwerde gegen an sich nach geltendem Recht unanfechtbare Entscheidungen beschränkt bleiben, da auch der Grundsatz der Rechtssicherheit, auf den sich der Beschwerdegegner verlassen darf, Verfassungsrang genießt."

398 OLG Zweibrücken, Beschl. v. 18.06.02 - 3 W 119/02 in NJW 2002, 2722

399 OLG Zweibrücken, Beschl. v. 18.06.02 - 3 W 119/02 in NJW 2002, 2722: „Das Rechtsmittel ist auch nicht als außerordentliche Beschwerde wegen ‚greifbarer Gesetzwidrigkeit' statthaft. Dieses im Gesetz nicht vorgesehene Rechtsmittel greift allenfalls ein, wenn die angefochtene Entscheidung jeder rechtlicher Grundlage entbehrt oder mit der Rechtsordnung schlechthin unvereinbar ist, weil sie dem Gesetz inhaltlich fremd ist (vgl. dazu etwa BGH NJW-RR 2002, 209; Musielak/Ball ZPO 3.Auflage, § 567 Rdn. 12 ff; *ablehnend dazu nunmehr nach der Neuregelung des Beschwerderechts durch das Zivilprozessreformgesetz für außerordentliche Rechtsmittel zum Bundesgerichtshof: BGH NJW 2002, 1577). ....ist die getroffene Kostenaufteilung rechtlich nachvollziehbar und vertretbar, keineswegs erweist sie sich als ‚greifbar gesetzwidrig.*"

b) Die Übertragbarkeit der Beschlussbegründung des Bundesgerichtshofes auf andere Instanzen

Mit der Feststellung des 9. Zivilsenates des Bundesgerichtshofes, außerordentliche Rechtsmittel zum Bundesgerichtshof seien nicht mehr statthaft, ist nicht die Konsequenz verbunden, Entsprechendes habe auch für den Bereich der Obergerichte und Landgerichte zu gelten. An der Möglichkeit einer Übertragung der tragenden Gesichtspunkte der bundesgerichtlichen Beschlussbegründung bestehen jedoch unter verschiedenen Aspekten Zweifel.

Sowohl in den Leitsätzen wie auch in der Beschlussbegründung achtet der 9. Zivilsenat in seinen Formulierungen darauf, zu betonen, außerordentliche Rechtsmittel, insbesondere außerordentliche Beschwerden zum Bundesgerichtshof seien auf der Grundlage des nunmehr geltenden Verfahrensrechts ausgeschlossen. Für die Annahme eines generellen Ausschlusses außerordentlicher Beschwerden fehlt es somit an einer entsprechenden Aussage des erkennenden Senats[400]. Unabhängig von dieser zunächst ausschließlich textlichen Betonung kann jedoch aber auch unter anderen Aspekten der Beschlussbegründung nicht entnommen werden, außerordentliche Beschwerden seien – unabhängig von der Instanz - generell unstatthaft. Ansatzpunkt für die Ausführungen des 9. Zivilsenates war die Feststellung, eine außerordentliche Beschwerde könne nicht im Wege einer Analogie zum Revisionsrecht den Zugang zum Bundesgerichtshof eröffnen. Losgelöst von der Fragestellung, ob sich die diesbezüglich gemachten Ausführungen als schlüssig darstellen, sind diese jedoch nicht geeignet, eine Unstatthaftigkeit außerordentlicher Beschwerden für den Bereich der Obergerichte zu begründen. Die in Beziehung gesetzten Rechtsmittel Revision (bzw. die darauf bezogene Nichtzulassungsbeschwerde) und Rechtsbeschwerde betreffen mit ihren spezifischen Voraussetzungen ausschließlich den Zugang zur höchstrichterlichen Instanz und damit nicht die Frage, ob außerordentliche Beschwerden für andere Instanzen als nicht mehr statthaft anzuerkennen sind. Eine andere Beurteilung ergibt sich auch nicht durch den vom 9. Zivilsenat

---

400 Zutreffend differenzierend Duhme in VR 2003, 37, 43 für die Frage einer Übertragbarkeit des Ausschlusses außerordentlicher Beschwerden auf die Instanz der Oberverwaltungsgerichte: „Die Ausführungen beider Gerichte, wonach auch bei der Verletzung von Verfahrensgrundrechten die Grundentscheidung des Gesetzgebers zu beachten ist und nicht ein im Gesetz nicht vorgesehener Zugang zu einer weiteren Instanz eröffnet wird, lassen aber *vermuten*, dass zukünftig kein Raum für eine außerordentliche Beschwerde mehr gegeben sein wird; auch nicht zum OVG."; anders hingegen Schilken Rn. 991: „Der BGH hat im Hinblick auf die Neuregelung des Beschwerderechts jedenfalls ein außerordentliches Rechtsmittel zum BGH wegen der Verletzung von Verfahrensgrundrechten oder bei der greifbarer Gesetzwidrigkeit ausgeschlossen und auf die Gegenvorstellung beim erlassenden Gericht, ansonsten auf die Verfassungsbeschwerde verwiesen. Nichts anderes sollte für unanfechtbare unterinstanzliche Entscheidungen gelten."; Prütting in EWiR § 574 ZPO 1/02, 835; Pape in EWiR § 116 ZPO 1/02, 973

vollzogenen Rückgriff auf Entstehungsgeschichte und Gesetzgebungsunterlagen zu § 321 a ZPO.

Dieser Rückgriff diente als ergänzendes Element lediglich zu einer Nachweisführung darüber, dass der Gesetzgeber die Möglichkeit der Verletzung von Verfahrensgrundrechten gesehen hatte; in Kenntnis dieser Möglichkeit habe der Gesetzgeber jedoch bewusst davon abgesehen, für das Verfahren der Rechtsbeschwerde eine Möglichkeit zur Korrektur derartiger Fehler einzuführen wie sie das neu konzipierte Revisionsrecht vorsieht. Der Hinweis auf § 321 a ZPO stellt somit nur einen unselbständigen Teil der Gesamtargumentation dar. Eine abweichende Beurteilung ergibt sich aber selbst dann nicht, wenn den Ausführungen zu der Einführung des § 321 a ZPO eine eigenständige Bedeutung beigemessen wird. Zunächst entspricht es bisheriger ständiger höchstrichterlicher Rechtsprechung, dass die Verletzung von Verfahrensgrundrechten, die keine Fälle greifbarer Gesetzwidrigkeiten darstellen und damit nicht die Statthaftigkeit außerordentlicher Beschwerden eröffnen, instanzintern auf Gegenvorstellungen hin zu korrigieren sind. Zum anderen lässt sich aus den Gesetzgebungsmaterialien zu § 321 a ZPO nicht ableiten, eine instanzinterne Fehlerkorrektur, unabhängig von der Art des Fehlers sei in jedem Fall nach den Vorstellungen des Gesetzgebers vorzugswürdig. Der Beschluss des 9. Zivilsenats betrifft somit ausschließlich solche Fälle in denen außerordentliche Rechtsbehelfe, insbesondere Beschwerden an den Bundesgerichtshof unter Umgehung des § 574 ZPO gerichtet werden. Für die Oberlandesgerichte als in Fällen außerordentlicher Beschwerden in Betracht kommende Beschwerdegerichte stellt der Beschluss des 9. Zivilsenates hingegen keine richtungsweisende Entscheidung dar. Entsprechendes hat für die Instanzebene der Landgerichte zu gelten.

Kapitel IV
Verbleibende Anwendungsbereiche außerordentlicher Beschwerden

Die Frage nach den zukünftig verbleibenden Anwendungsbereichen außerordentlicher Beschwerden stellt sich deshalb als relevant dar, weil die sich abzeichnende Prozesspraxis keinen Zustand herstellt, der in einer Vielzahl von Fällen zu einer schnellen und effektiven Behebung von Verfahrensgrundrechtsverletzungen innerhalb der Fachgerichtsbarkeit führen wird[401]. Damit einhergehend wird für diese Bereiche auch nicht mit einer Entlastung des Bundesverfassungsgerichts zu rechnen sein. Eine systemadäquate Lösung stellt eine auf bestimmte Fallkonstellationen beschränkte Anwendung außerordentlicher Beschwerden dar[402].

1. Unterteilung nach Fehlerursachen

Nach der aktuellen höchstrichterlichen Rechtsprechung wird der Regelungsbereich des § 321 a ZPO nicht im Wege einer Analogie auf andere Sachverhalte als Gehörsrügen in Urteilsverfahren ausgedehnt werden. Hiervon abweichende Sachverhaltskonstellationen sollen über das Rechtsinstitut der Gegenvorstellung gelöst werden. Diese Praxis stellt sich als unbefriedigend dar, da zum einen der Anwendungsbereich des § 321 a ZPO unproblematisch auf Sachverhaltsvarianten, die der des § 321 a ZPO vergleichbar sind, ausgedehnt werden kann, zum anderen in gewissen Fallkonstellationen eine Entscheidung des übergeordneten Gerichts und damit die Anerkennung außerordentlicher Beschwerden angezeigt ist. Eine in diesem Sinn vorgenommene differenzierende Sichtweise macht die in Betracht kommende prozessuale Behandlung nicht von dem verletzten Verfahrensgrundrecht abhängig, sondern von der Ursache, die zu der Verfahrens-

401 An dieser Feststellung hat sich im Kern auch nichts nach dem Plenarbeschluss des Bundesverfassungsgerichts vom 30. April 2003 geändert. Dieser sieht für den Fall, dass der Gesetzgeber nicht bis zum 31. Dezember 2004 die zugrunde liegende Problematik der Gehörsverletzung löst, eine Regelung vor, wonach das Verfahren auf Antrag vor dem Gericht fortzusetzen ist, dessen Entscheidung wegen der behaupteten Verletzung des Anspruchs auf rechtliches Gehör angegriffen wird (BVerfG, Beschl. v. 30.04.03 – 1 PBvU 1/02 in NJW 2003, 1924, 1929)

402 Mit zuvor genanntem Plenarbeschluss wird bedauerlicherweise aber auch diesem Lösungsansatz ein Riegel vorgeschoben worden sein.

grundrechtsverletzung führte[403]. Diese Vorgehensweise erlaubt es, die Fälle, die einer voraussichtlich unproblematischen Korrektur zugänglich sind, dem iudex a quo zuzuführen. Die Eröffnung einer neuen Instanz ist hier deshalb nicht angezeigt, weil entweder eine Abhilfe ohne „Gesichtsverlust" für den iudex a quo möglich ist oder aber unproblematisch dargelegt werden kann, aus welchen Gründen keine Verfahrensgrundrechtsverletzung vorlag. Eine die Statthaftigkeit von Ausnahmebeschwerden eröffnende Konstellation wird regelmäßig in Fällen von nicht leicht behebbaren Verfahrensgrundrechtsverstößen (weil nicht auf einer „Panne" im Rahmen des Alltagsgeschäfts beruhend) vorliegen.
Ausweislich der Gesetzesbegründung zum Zivilprozessreformgesetz zu § 321 a ZPO fallen diese Sachverhaltskonstellationen nicht unter der Anwendungsbereich des § 321 a ZPO. In diesen Fällen findet die außerordentliche Beschwerde ihren Anwendungsbereich und dementsprechend ihre Legitimation. Nur ein (wiederholtes) Eingreifen des übergeordneten Gerichts vermag eine schnelle Beseitigung und vor allem auch dauerhafte Verhinderung solcher Fehler gewährleisten, die andernfalls keiner Korrektur zugänglich gewesen wären[404].

---

403 Einen vergleichbaren Ansatz verfolgte schon Weis in NJW 1987, 1314, 1315, allerdings im Hinblick auf die Statthaftigkeit von Gegenvorstellungen: „Die genannten Entscheidungen betreffen unterschiedliche Sachverhalte und Verfahrenssituationen. Gemeinsam ist ihnen das Anliegen der Gerichte, offenkundige Fehler zu berichtigen, die nicht als das Ergebnis einer vielleicht gerade noch vertretbaren Rechtsauffassung, sondern nur als Irrtum und Versehen erklärbar sind. Nicht eine prozessuale Besonderheit des betroffenen Beschlusses, sondern die Qualität des unterlaufenen Fehlers ist das entscheidende Kriterium für die Zulässigkeit von Gegenvorstellungen." Stellt sich dieser gedankliche Ansatz als durchaus nachvollziehbar dar, so hätte Weis im Weiteren aber konsequenterweise weitergehend differenzieren müssen und nicht Fälle „groben prozessualen Unrechts", „unerträglicher Mißgriffe" sowie „schlechthin unvertretbare und damit in der Nähe von Willkür liegende" Fallkonstellationen für den Nachweis einfacher Irrtümer und Versehen verwenden sollen. Gerade der von ihm als Beispiel herangezogene Beschluss des BVerfG, Beschl. v. 04.06.85 – 1 BvR 1222/82 in BVerfGE 70, 93, 97/98 führt vor Augen, dass kein „Versehen" den Verstoß gegen das Willkürverbot begründete, sondern eine eklatant fehlgehende Gesetzesauslegung. Hieran zeigt sich exemplarisch, dass eine weitergehende Differenzierung angezeigt ist. Zutreffend vom Grundsatz demgegenüber Wank in EWiR 2000, 578; Wank hätte jedoch seinen Akzent stärker auf das Kriterium der Ursache legen sollen, die zu der Verfahrensgrundrechtsverletzung führt, nämlich dahingehend, ob eine leichte, unproblematische Korrektur denkbar ist.

404 Schneider in MDR 1997, 991 führt zutreffend aus, dass Fehler, die im Ergebnis zu Mehrarbeit führen, weil eine Sache zweimal bearbeitet werden muss, erfahrungsgemäß sehr schnell vermieden werden; ders. in MDR 1997, 1148, 1149: „Denn die Ausnahmebeschwerde wegen Verletzung rechtlichen Gehörs ist als Sanktion die nachhaltigste Erziehungsmaßnahme, um der verbreiteten verfahrenswidrigen Praxis entgegenzuwirken." Diesen erzieherischen Effekt betont auch Fischer in NJW 1993, 2417, 2420, 2421

Diese Verfahrensweise führt dazu, dass die Möglichkeit einer Überprüfung durch voreingenommene Richter auf ein Minimum reduziert wird. Spiegelbildlich wird die Akzeptanz einer ablehnenden Entscheidung bei der betroffenen Partei wachsen und damit zu einer Reduzierung der Anzahl der Verfassungsbeschwerden beitragen. Eine nicht differenzierende Sichtweise führt darüber hinaus zu nicht nachvollziehbaren prozessualen Unterschieden[405].

a) Zur Statthaftigkeit außerordentlicher Beschwerden führende Willkürentscheidungen

Zu den nicht ohne weiteres durch den iudex a quo zu korrigierenden Fehlern zählen solche, die zu willkürlichen Entscheidungen führen. Autoren wie *Zuck*[406], *Wank*[407], *Rüsken*[408], *Schellhammer*[409], *Deubner*[410], *Schneider*[411], *Voßkuhle*[412], *Gravenhorst*[413] und *Redeker*[414] meinen, die Erwartung einer Korrektur willkürlicher Entscheidungen[415] durch den iudex a quo stelle sich als

405 In Betracht kommende *Ungleichbehandlungen*: § 321 a Abs. 2 ZPO stellt konkret einzuhaltende Anforderungen an die Rügeschrift - in Fällen der Gegenvorstellung existieren jedoch keine Mindestanforderungen. Ausschließlich im Fall von Urteilen, die unter Verletzung des Anspruchs auf rechtliches Gehör ergingen soll gemäß § 321 a Abs. 6 i.V.m. § 707 ZPO die Einstellung der Zwangsvollstreckung möglich sein – im Fall von Gehörsrügen in anderen Verfahren hingegen nicht; im Fall des § 321 a ZPO wird die beschwerte Partei mit einem Kostenrisiko in Höhe von 50,-- EUR belastet - nicht aber wenn es sich um eine Verletzung rechtlichen Gehörs im Beschlussverfahren oder aber eine Verletzung anderer Verfahrensgrundrechte handelt; in Betracht kommende *nicht angezeigte Gleichbehandlung*: gebührenrechtlich gleichgestellt wird ein Anwalt, der sich intensiv mit den Rechtsaspekten einer Verfahrensgrundrechtsverletzung auseinandersetzt mit dem Kollegen, der im Fall des § 321 a ZPO oder einer Gegenvorstellung durch Einreichung des Rechtsbehelfs sowie eines Nachtrags des nicht berücksichtigen Parteivortrags ohne intensive Auseinandersetzung mit dem zugrunde liegenden Sachverhalt ebenfalls in der Regel keinen Honoraranspruch besitzt.

406 Zuck in MDR 1999, 577

407 Wank in EWiR 2000, 578

408 Rüsken in DStZ 2000, 815, 818

409 Schellhammer in MDR 2001, 1081, 1083

410 Deubner in JuS 2002, 899, 902

411 Schneider in MDR 2002, 1047, 1048; ders. in AnwBl 2002, 620, 621

412 Voßkuhle in NJW 2003, 2193, 2197

413 Gravenhorst in MDR 2003, 887, 888

414 Redeker in NJW 2003, 2956, 2957

415 Verstöße gegen Art. 101 Abs. 1 S. 2 ZPO können gleichfalls Verstöße gegen das Willkürverbot darstellen. Als weiterer großer Bereich willkürlicher Entscheidungen stellen sich Verweisungsbeschlüsse dar. Diesbezüglich hat der Bundesgerichtshof festgestellt, ein Verweisungsbeschluss stelle sich nicht schon deshalb als willkürlich dar, weil er von „einer ganz überwiegenden" oder „fast einhelligen Meinung" abweicht. Neben dieser Abweichung bedarf es zusätzlicher Umstände die die getroffene Entscheidung „als schlechterdings nicht mehr nachvollziehbar erscheinen lassen." Dies sei dann anzunehmen, wenn dem Verweisungsbeschluss jede rechtliche Grundlage fehlt. Eine rechtliche Grundlage fehlt auch in dem Fall, wenn die Entscheidung bei verständiger Würdigung der das Grundgesetz beherrschenden Gedanken nicht mehr verständig erscheint und damit offensichtlich unhaltbar ist.

zweifelhaft, wenn nicht sogar lebensfremd dar[416]. Diese pauschale, vom Grundsatz her zutreffende Bewertung bedarf jedoch einer Relativierung dahingehend, dass auch hier eine Differenzierung nach den Ursachen zu erfolgen hat, die zu willkürlichen Entscheidungen führen. Ebenso wird die von einer (vermeintlich) willkürlichen Entscheidung betroffene Partei die

---

Das Vorliegen der nach diesen Maßstäben bestimmten Voraussetzungen bejaht der Bundesgerichtshof regelmäßig, wenn Zuständigkeiten regelnde Gesetzesänderungen über einen gewissen Zeitraum nicht zur Kenntnis genommen werden oder keine Auseinandersetzung mit der abweichenden herrschenden Ansicht stattfindet. Von Bedeutung ist, dass der Willkürbegriff sich nicht allein nach subjektiven Maßstäben bemisst. Die Feststellung von Willkür soll keinen subjektiven Schuldvorwurf beinhalten. Daher ist für die Annahme von Willkür nicht Voraussetzung, dass sich das verweisende Gericht bewusst über erhebliche Tatsachen oder bestimmte Rechtsnormen hinweggesetzt hat (vgl. im Einzelnen: BGH, Beschl. v. 10.09.02 – X ARZ 217/02 in MDR 2002, 1446; Beschl. v. 19.01.93 – X ARZ 845/92 in NJW 1993, 1273 = MDR 1993, 576: hier hatte das verweisende Gericht, obwohl es das eindeutig zuständige Gericht war entgegen der bestehenden Gesetzeslage an ein anderes Gericht verwiesen. Der 10. Zivilsenat hätte dem verweisenden Gericht für eine Übergangszeit sogar noch ein Verfahren aufgrund der vorherigen Rechtslage zugebilligt. Letztendlich war jedoch die Gesetzesänderung schon zwei Jahre vor dem Beschluss bekannt gewesen, neun Monate zuvor in Kraft getreten sowie in allen einschlägigen Kommentaren berücksichtigt worden. Diese Ignoranz bestehender Rechtslagen reiche für die Annahme eines Willkürtatbestandes aus; BGH, Beschl. v. 09.07.02 – X ARZ 110/02 in MDR 2002, 1450, 1451; so auch BayOblG, Beschl. v. 27.07.86 – Allg Reg. in MDR 1987, 59: Grundsätzlich ist einem Gericht nicht verwehrt, von der höchstrichterlichen Rechtsprechung abzuweichen. Das Gericht darf jedoch dann nicht ohne Begründung an der Abgabe festhalten; OLG Schleswig, Beschl. v. 24.05.00 – 2 W 83/00 in MDR 2000, 1453; OLG Karlsruhe, Beschl. v . 17.03.03 – 15 AR 53/02 in MDR 2003, 2174; BVerfG, Beschl. v. 29.10.97 – 2 BvR 1390/95 in NJW 1998, 745 im Fall der Abweisung einer auf § 579 Abs. 1 Nr. 4 ZPO gestützten Nichtigkeitsklage mit der Begründung, diese Vorschrift erfasse lediglich minderjährige Kinder, beschränkt Geschäftsfähige, Gebrechliche und juristische Personen, die nur durch das Handeln natürlicher Personen im Rechtsverkehr auftreten können. Dies verletze Art. 3 Abs. 1 und Art. 103 Abs. 1 GG; vgl. im Übrigen den nach Fallgruppen strukturierten Beitrag von Fischer in MDR 2002, 1401 ff; ders. in NJW 1993, 2417, 2419; des weiteren Tombrink in NJW 2003, 2364 ff

416 Nicht nachvollziehbar ist die teilweise vertretene Auffassung, Verstöße gegen das Verbot willkürlicher Rechtsanwendung seien nicht mit außerordentlichen Rechtsbehelfen anfechtbar, weil es insofern an einer dogmatischen Legitimation fehle; so aber Laws in MDR 2000, 173 hinsichtlich der Anerkennung außerordentlicher Rechtsmittel im Urteilsverfahren. Soweit die Rezensentin die Unstatthaftigkeit außerordentlicher Rechtsbehelfe auf die Verletzung von einfachem Verfahrensrecht beschränkt wissen wollte, ist ihr insofern zuzustimmen, als die Verletzung derartiger Verfahrensrechte solange keine außerordentlichen Rechtsbehelfe zu rechtfertigen vermag wie keine Prozessgrundrechte verletzt werden. Eine entsprechende Legitimation außerordentlicher Rechtsbehelfe in letztgenannten Fällen ergibt sich aus der Wahrung höherrangigen Rechts und der damit einhergehenden Forderung des Bundesverfassungsgerichts nach Korrektur von Verfahrensgrundrechtsverletzungen innerhalb der Fachgerichtsbarkeit.

Nichtabhilfe des Gerichts, das den Willkürakt zu verantworten hatte, in den seltensten Fällen hinnehmen[417].
Eine bewusste Hinwegsetzung über Verfahrensrecht begründet ohne weiteres das Vorliegen eines Willkürtatbestandes, der zu einer Statthaftigkeit außerordentlicher Beschwerden führt. Eine derartige Handlungsweise wird sich jedoch nur höchst selten feststellen lassen. Der so definierte Willkürbegriff, der auch irrtümliche Fehlentscheidungen umfasst, steht nicht im Widerspruch zu den zuvor in Kapitel II gemachten Ausführungen. Sofern dort im Rahmen der Bestimmung des Anwendungsbereiches des § 321 a ZPO festgestellt wurde, willkürliche Entscheidungen seien Ergebnisse gedanklicher Prozesse, diente diese Feststellung lediglich zu einer Abgrenzung gegenüber dem Anwendungsbereich des § 321 a ZPO. Dieser soll ausweislich der Gesetzesbegründung der Heilung hauptsächlich „technisch bedingter Pannen" im Verfahrensablauf dienen. In Fällen willkürlicher Entscheidungen[418] geht es hingegen aber regelmäßig um Fehler im Umgang mit Rechtsnormen, nicht aber um (technische) Mängel im Verfahrensablauf. Deshalb hindern auch irrtumsbedingte willkürliche Fehlentscheidungen nicht die Statthaftigkeit außerordentlicher Beschwerden.

b) Sonstige Fehlergruppen

Andere Fehlergruppen, die über Willkürtatbestände oder andere Verfahrensgrundrechtsverletzungen hinausgehen und die Statthaftigkeit außerordentlicher Beschwerden begründen könnten, existieren nicht. Dies gilt zunächst uneingeschränkt für den Bereich höchstrichterlicher Rechtsprechung. Hier hatte der Bundesgerichtshof vor dem mit Beschluss vom 07. März 2002 eingeleiteten Wandel in seiner Rechtsprechung die Statthaftigkeit außerordentlicher Beschwerden an Voraussetzungen geknüpft, die weitestgehend denen der Willkürrechtsprechung entsprachen. Aber auch für den Bereich der Obergerichte ergibt sich keine abweichende Beurteilung. Obwohl diese den Anwendungsbereich außerordentlicher Beschwerden unter Abweichung von der höchstrichterlichen Rechtsprechung erweitert hatten, blieb dabei unberücksichtigt, dass die Rechtfertigung für die Existenz außerordentlicher Rechtsbehelfe ausschließlich in der Wahrung der Verfahrensgrundrechte zu suchen ist. Allein diese dürfen daher auch nur Maßstab für die Beurteilung der Statthaftigkeit außerordentlicher Rechtsmittel sein.

---

417 Die entsprechenden Bedenken, die der Bundesrat bereits im Zusammenhang mit der Einführung der Gehörsrüge nach § 321 a ZPO artikulierte und die von Teilen der Literatur aufgegriffen wurden, werden verstärkt in Fällen willkürlicher Entscheidungen Geltung beanspruchen dürfen.

418 Vgl. die Beispiele von Willkür im Verwaltungsprozessrecht bei Günther in NVwZ 1998, 37, 38

Bedingen verfahrensfehlerhaft ergangene Entscheidungen nicht gleichzeitig Verfahrensgrundrechtsverletzungen, so gilt uneingeschränkt der Grundsatz der Bestandskraft. Es liegen dann weder zivilprozessuale noch verfassungsrechtliche[419] Gründe dafür vor, den Grundsatz der Bestandskraft durchbrechen zu können[420]. Insofern ist der bisher zur außerordentlichen Beschwerde ergangenen höchstrichterlichen und teilweise auch obergerichtlichen Rechtsprechung zuzustimmen, als diese die bloße Verletzung von Verfahrensvorschriften für die Annahme eines außerordentlichen Beschwerderechts nicht ausreichen lassen[421]. Die Kritik *Voßkuhles* an dem Plenarbeschluss des Bundesverfassungsgerichts vom 30. April 2003, dieses sei bei seinem Bemühen um eine verfassungsrechtlich fundierte Rechtsmitteldogmatik auf halbem Weg im Fall der außerordent-

419 Zutreffend daher Mußgnug in NJW 1978, 1358, 1359: „Untergerichten können bei ihren unanfechtbaren Urteilen oder Beschlüssen leicht Fehler unterlaufen. Verstoßen sie gegen einfache Gesetze ohne Verfassungsrang, so müssen sich die Betroffenen damit abfinden"; einen vergleichbaren gedanklichen Ansatz verfolgt Schneider in MDR 1997, 991, 993, ohne allerdings eine weitergehende Differenzierung dahingehend vorzunehmen, in welchen Fällen der Grundrechtsverstoß schneller und effektiver durch den iudex a quo geheilt werden kann: „Über dem materiellen und dem prozessualen Recht steht das Verfassungsrecht. Nur aus ihm kann ein Obersatz für die Sanktion fehlerhafter Instanzentscheidungen begründet werden. Eine vom Gesetz ausgeschlossene Beschwerde ist einfach-rechtlich dem Gesetz immer fremd, nicht aber dem Verfassungsrecht. Die Grundrechtswidrigkeit ist die greifbare Gesetzwidrigkeit und die Voraussetzung für die außerordentliche Beschwerde. Regelt ein Gesetz – die ZPO – einen Instanzenzug dahin, dass eine Beschwerde ausgeschlossen ist, dann verstößt es gegen den Satz vom Widerspruch, wenn gleichzeitig aus diesem Gesetz abgeleitet wird, die Beschwerde sei doch zulässig. Geht man auf höheres Recht zurück, so gilt der Grundsatz ‚Verfassungsrecht bricht Bundesrecht'. Das bedeutet, dass der Beschwerdeausschluss unter dem Vorbehalt des Verfassungsrechts steht und so zu lesen ist: ‚Die Beschwerde ist ausgeschlossen, *sofern* sie auf einfach-rechtliche Rechtsverletzungen gestützt wird. Sie ist zulässig, *soweit* die Entscheidung auf einer Grundrechtsverletzung beruht'."; Rüsken in DStZ 2000, 815, 817: „Die Rechtsprechung des BVerfG ist deshalb dahin zu deuten, dass sie den Verfahrensgrundrechten Vorrang vor dem einfachgesetzlichen Prozessrecht einräumt; sie konstruiert eine verfassungsunmittelbare Verpflichtung der Fachgerichte, auch außerhalb ihres einfach-rechtlich geregelten Verfahrens Grundrechtsschutz gegen ihre eigenen Entscheidungen zu gewähren."

420 Schwarze in ZZP 115 (2002) S. 25, 45, wonach eine außerordentliche Anfechtung nur dann legitimiert werden kann, wenn die offensichtliche Gesetzwidrigkeit stets zu einer Grundrechtswidrigkeit der Entscheidung führt, wobei – wie sich aus den Ausführungen auf Seite 32 (Fn. 30) ergibt - im Fall des Verstoßes gegen materielle Grundrechtsgarantien keine außerordentliche Anfechtungsmöglichkeit legitimiert werden kann. Daher unzutreffend: Gottwald/Semmelmayer in JZ 1993, 415, 417 Fn. 18, wonach auch ein schwerer materiellrechtlicher Fehler als ein Fall greifbarer Gesetzwidrigkeit angesehen werden kann. Ebenso OLG Düsseldorf, Beschl. v. 03.07.84 – 9 WF 100/84 in FamRZ 1984, 1095

421 So auch Schneider in MDR 2002, 1047, 1049: „Außerhalb des Anwendungsbereiches des § 321 a ZPO bleibt das Rechtsinstitut der außerordentlichen Beschwerde weiterhin Gegenstand der zivilprozessualen Praxis." Sich offensichtlich in diese Richtung orientierend auch Prütting in EWiR § 574 ZPO 1/02, 835, 836: „Unstreitig dürfte jedenfalls im Anwendungsbereich des neuen § 321 a ZPO kein Raum mehr für außerordentliche Beschwerden sein."

lichen Beschwerden stehen geblieben[422], vermag daher deshalb nicht zu überzeugen, weil kein spezifisches Verfassungsrecht betroffen ist. Allein der Gesetzgeber hätte eine Regelung treffen können, die – unabhängig von der an dieser Stelle nicht zu beantwortenden Frage nach einer den Anforderungen des Bestimmtheitsgebots genügenden Formulierung - für greifbar gesetzwidrige Entscheidungen eine Durchbrechung der Bestandskraft vorsieht. Eine Anerkennung der Statthaftigkeit außerordentlicher Beschwerden über den so definierten Anwendungsbereich hinaus würde im Übrigen – wie die Rechtsdiskussionen in der Vergangenheit zeigten – zu kaum mehr handhabbaren Abgrenzungskriterien führen.

2. Sonderkonstellationen

Neben den Fehlerquellen, die zu willkürlichen Entscheidungen führen, existieren prozessuale Sonderkonstellationen, die ebenfalls außerordentliche Beschwerden zu rechtfertigen vermögen. Derartige Sonderfälle sind prozessuale Konstellationen, in denen sich der iudex a quo nach einer durch ihn erfolgten Überprüfung seiner Entscheidung zu einer Abhilfe außerstande sieht oder aber eine Verfahrensgrundrechtsverletzung durch Untätigkeit hervorgerufen wird. Es handelt sich bei diesen Fallgruppen um solche, die insbesondere als Konsequenz der aktuellen höchstrichterlichen Rechtsprechung relevant werden, die eine Abhilfe im Fall von Verfahrensgrundrechtsverletzungen ausschließlich durch den iudex a quo für statthaft erachtet. In der Praxis wird zukünftig verstärkt die Frage auftreten, ob die aufgrund einer Überprüfung durch den iudex a quo erfolgte Nichtabhilfe einer Kontrolle durch das übergeordnete Gericht zugänglich zu machen sein wird. Eine Differenzierung nach der Art des Fehlers, der zu der Verfahrensgrundrechtsverletzung führte, vermag in diesen prozessualen Sonderfällen nicht weiter zu helfen.
Daher stellt sich in nachfolgenden Sachverhaltskonstellationen der nunmehr vom Bundesgerichtshof postulierte Ausschluss außerordentlicher Beschwerden vor dem Hintergrund der Forderung des Bundesverfassungsgerichts nach der Behebung von Verfahrensgrundrechtsverletzungen innerhalb der Fachgerichtsbarkeit nicht als ohne weiteres unproblematisch dar.

---

422 Voßkuhle in NJW 2003, 2193, 2198

a) Die „Untätigkeitsbeschwerde"

In der Vergangenheit hatten sich Gerichte mit den in Untätigkeitsbeschwerden[423] gekleideten Rügen richterlicher Untätigkeit auseinanderzusetzen, so vor allem in Verfahren auf Bewilligung von Prozesskostenhilfe, der Nichtbescheidung eines Prozesskostenhilfeantrags[424], als auch in Fällen unterlassener oder so weit hinausgeschobener Terminierung, dass diese einem tatsächlichen Verfahrensstillstand gleichkamen[425]. Aber auch insbesondere in familienrechtlichen Verfahren gewann eine überlange Verfahrensdauer aufgrund der dort vorliegenden Verhältnisse eine besondere Bedeutung[426].

Die Problematik gerichtlicher Untätigkeit ist nicht allein eine Frage nationalen

---

423 Für den verwaltungsgerichtlichen Bereich ist die Erhebung einer Untätigkeitsbeschwerde zur Wahrung des Subsidiaritätsgrundsatzes durch das Bundesverfassungsgericht anerkannt; vgl. BVerfG, Beschl. v. 16.01.03 – 1 BvR 2222/02 in NJW 2003, 2672, wonach es wegen der uneinheitlichen Rechtsprechung der Oberverwaltungsgerichte zur Frage der Statthaftigkeit einer gegen die Untätigkeit des angerufenen Verwaltungsgerichts erhobenen Beschwerde (dort: gegen das Unterlassen von Entscheidungen über Anträge auf Bewilligung von Prozesskostenhilfe) es dem Betroffenen grundsätzlich zumutbar ist, vor Erhebung der Verfassungsbeschwerde Untätigkeitsbeschwerde zum Oberverwaltungsgericht einzulegen. Trotzdem befand das Bundesverwaltungsgericht mit Beschluss vom 30.01.03 – 3 B 8/03 in NVwZ 2003, 869: „Eine Untätigkeitsbeschwerde (hier: gegen das Unterlassen einer Entscheidung durch das Oberverwaltungsgericht) die VwGO nicht vorsieht; eine solche ist auch nicht von Verfassungs wegen geboten oder in entsprechender Anwendung gesetzlicher Vorschriften oder der Europäischen Menschenrechtskonvention zulässig." (LS) Das Bundesverwaltungsgericht hat in einem weiteren Beschluss vom 06.03.03 zu obigem Az. auch nach Hinweis des Beschwerdeführers auf die Entscheidung des Bundesverfassungsgerichts an seiner Auffassung festgehalten.

424 OLG Hamburg, Beschl. v. 03.05.89 – 2 UF 24/89 in NJW–RR 1989, 1022 m.w.N.

425 OLG Karlsruhe, Beschl. v. 29.09.83 – 15 W 56/83 in NJW 1984, 985; OLG Saarbrücken, Beschl. v. 18.04.97 – 8 W 279/96-29 in MDR 1997, 1062; Beschl. v. 16.02.99 – 6 WF 4/99 in NJW-RR 1999, 1290

426 Auf diese Besonderheiten wies das Bundesverfassungsgericht anlässlich zwei Verfassungsbeschwerden hin, deren Grundlage in familienrechtlichen Verfahren zu finden war. Gegenstand dieser Verfahren war die überlange Dauer eines vormundschaftsgerichtlichen wie auch eines umgangsrechtlichen Verfahrens (BVerfG, Beschl. v. 06.05.97 – 1 BvR 711/96 in NJW 1997, 2811; Beschl. v. 11.12.00 – 1 BvR 661/00 in NJW 2001, 961; vgl. hierzu auch OLG Dresden, Beschl. v. 16.02.00 – 10 WF 711/99 in FamRZ 2000, 1422)

Rechts[427]. Unabhängig von der Feststellung, dass „außerordentliche Untätigkeitsbeschwerden" nicht den durch den EGMR aufgestellten Anforderungen gerecht werden[428], wird, solange eine adäquate Umsetzung der Vorgaben in nationales Recht nicht erfolgt[429], sich die prozessuale Behandlung von überlangen Verfahrenszeiten nach den bisherigen Verfahrensregeln beantworten.
Da im Fall bloßen Untätigbleibens eine analoge Anwendung des § 252 ZPO außer Betracht zu bleiben hat[430], bleibt für eine von richterlicher Untätigkeit betroffene Partei entweder nur noch die (außerordentliche) Untätigkeitsbeschwerde oder außerhalb zivilprozessualer Rechtsbehelfe die Dienstaufsichtsbeschwer-

---

427 Vgl. EGMR, Urt. v. 26.10.00 – 30210/96 (Kudla/Polen) in NJW 2001, 2694, 2700; hierzu Meyer-Ladewig in NJW 2001, 2679; Redeker in NJW 2003, 488; ders. in NJW 2003, 2956, 2957 f

428 Redeker in NJW 2003, 488 daher zu Recht: „In einigen Entscheidungen haben Zivilgerichte die Rüge der unangemessenen Verfahrensdauer im Wege einer außerordentlichen Beschwerde für zulässig erklärt; aber man kann kaum von einer echten Beschwerdemöglichkeit sprechen, da es sich um Einzelfallentscheidungen handelt, die Zulässigkeit solcher außerordentlicher Rechtsmittel in der Mehrzahl überhaupt bekannt gewordener Entscheidungen aber verneint worden ist, weil die Prozessordnungen sie nicht vorsehen."; Meyer-Ladewig in NJW 2001, 2679 hält einen in diesem Sinn verstandenen wirksamen Rechtsschutz de lege lata durch die Verfassungsbeschwerde für gewährleistet. Dabei verkennt er jedoch, dass die Verfassungsbeschwerde kein Rechtsmittel innerhalb einer Prozessordnung darstellt. Aber selbst unterstellt, die Verfassungsbeschwerde würde ein derartiges Rechtsmittel darstellen, wird wohl kaum von einem „wirksamen Rechtsmittel" zu sprechen sein. Immerhin muss die Hürde des § 93 a Abs. 2 BVerfGG überwunden werden.

429 Redeker in NJW 2003, 488

430 OLG Hamm, Beschl. v. 18.03.98 – 10 WF 19/98 in FamRZ 1998, 1606: „Gegen ein Untätigbleiben des Gerichts ist ein Rechtsmittel nach § 252 ZPO nicht gegeben. Allenfalls kommt eine außerordentliche Beschwerde wegen greifbarer Gesetzwidrigkeit in Betracht, wenn der Beschwerdeführer substantiiert und inhaltlich plausibel eine gerichtliche Rechtsverweigerung darlegt."; Baumbach/Lauterbach/Hartmann/Albers/Hartmann § 252 Rn. 2: „Bei entscheidungsloser bloßer Untätigkeit hilft eine außerordentliche Beschwerde wegen greifbarer Gesetzwidrigkeit oder eine Dienstaufsichtsbeschwerde." Teilweise wird die Auffassung vertreten, das bloße Untätigbleiben des erkennenden Gerichts würde den Anwendungsbereich des § 252 ZPO eröffnen: so OLG Frankfurt/Main in NJW 1974, 1715, 1716. Gegen eine solche Sicht spricht jedoch der insofern eindeutige Wortlaut des § 252 ZPO, der als Gegenstand der sofortigen Beschwerde eine „Entscheidung" nennt. Eine solche liegt aber bei einer bloßen Nichthandlung nicht vor. Dementsprechend wurde eine analoge Anwendung des § 252 ZPO von der Rechtsprechung auch nur dann in Betracht gezogen, wenn das erkennende Gericht überhaupt in irgendeine Richtung tätig geworden war.

de. Die teilweise vertretene Ansicht[431] bei einer Verzögerung oder Verweigerung der Justiz gebe es keine (außerordentliche) Untätigkeitsbeschwerde, sondern es sei ausschließlich eine Dienstaufsichtsbeschwerde in Betracht zu ziehen, vermag nicht zu überzeugen. Die im Einzelnen durch ein Untätigbleiben betroffene Partei kann aus dem Regelungsgehalt des § 26 DRiG keine Vorteile ableiten. Aus § 26 Abs.1 DRiG resultiert ein eingeschränkter Wirkungsbereich der Dienstaufsichtsbeschwerde dahingehend, dass der Richter durch eine solche nur betroffen sein kann, soweit seine Unabhängigkeit nicht beeinträchtigt wird. Lediglich vorbehaltlich dieses Absatzes regelt Absatz 2, dass die Dienstaufsicht auch die Befugnis umfasst, u.a. zu einer unverzögerten Erledigung der Amtsgeschäfte anzuhalten. Unvereinbar mit der Unabhängigkeitsgewähr wäre danach ein dienstaufsichtliches Ersuchen oder eine dienstaufsichtsrechtliche Weisung, bestimmte, bisher liegen gebliebene Verfahren nunmehr zu verhandeln und zu entscheiden oder eine bestimmte Prioritätsentscheidung zu treffen[432]. Um exakt dieses Anliegen wird es aber den von richterlicher Untätigkeit betroffenen Parteien gehen. Nicht zuletzt findet auch der Einwirkungsrahmen im Fall des § 26 Abs. 2 DRiG ausweislich des Wortlauts seine oberste Grenze bei Vorhalt und Ermahnung[433]. Dienstaufsichtliche Maßnahmen stellen sich dergestalt zukunftsorientiert dar, dass der Richter der staatlichen Justizgewährpflicht „fortan" nachzukommen habe[434]. Der von einer richterlichen Untätigkeit betroffenen Partei wird ein derartiger Vorhalt beziehungsweise eine solche Ermahnung kaum weiterhelfen. Die Dienstaufsichtsbeschwerde stellt daher vor diesem Hin-

---

431 Stein/Jonas/Grunsky Vor. § 567 Rn. 19; Papier in NJW 1990, 8, 10: „Das rechtliche Instrumentarium für die Gewährleistung und Durchsetzung jener staatlichen Justizgewährpflicht ist in erster Linie die Dienstaufsicht über die richterliche Tätigkeit. Das gilt im besonderen Maß im Fall der Rechtsschutzverweigerung durch schlichtes Nichtbehandeln." Abweichend, weil im Ergebnis jede Kontroll- und Sanktionsmöglichkeit ablehnend: Weber-Grellet in NJW 1990, 1777, 1778: „Das Dienstrecht ist kein Instrument zur Beschleunigung von Verfahren. Mängel der Personalausstattung können nicht durch Maßnahmen der Dienstaufsicht kompensiert werden." Und in Verkennung des Umstandes, dass es vorliegend überhaupt um ein Tätigwerden von Richtern geht, weiter: „Erfüllt der Haushaltsgesetzgeber diese Pflicht (scil.: die hinreichende sachliche und personelle Ausstattung) nur unzureichend, bleibt dem einzelnen Richter gar nichts anderes übrig als einzelne Fälle liegen zu lassen."(!) Die nicht hinreichende Ausstattung als zutreffend unterstellt kann aus meiner Sicht keine Rechtfertigung für ein Untätigbleiben darstellen.; Hannich/Meyer-Seitz/Treber, ZPO-Reform, § 567 Rn. 6; Geiger in NJW 2003, Heft 14 S. XVI in Replik auf Redeker

432 BGH, Urt. v. 06.11.86 – RiZ (R) 4/86 in NJW 1987, 1197, 1198; Papier in NJW 1990, 8, 12, 13

433 So auch BGH, Urt. v. 10.01.85 – RiZ (R) 7/84 in NJW 1985, 1471, 1472; eine Aufzählung zulässiger und unzulässiger Einflussnahmen, findet der Leser bei der Darstellung der Rechtsprechung des BGH als Richterdienstgericht bei Papier in NJW 2001, 1089, 1093

434 Papier in NJW 1990, 8, 11, 12

tergrund ein zur Beseitigung richterlicher Untätigkeit stumpfes Schwert dar[435]. Im Übrigen kann in dem Fall einer gerichtlichen Untätigkeit dem Beschwerdeführer auch nicht zugemutet werden, den Weg einer Gegenvorstellung zu beschreiten. Der Vorteil der Gegenvorstellung soll darin liegen, dass sie eine einfache und ökonomische Abhilfemöglichkeit solcher Fehler darstellt, die alltäglich im Geschäftsbetrieb vorkommen können. Um derartige vergleichbare Fehler wird es sich im Fall der der Untätigkeitsbeschwerde zugrunde liegenden Sachverhalte regelmäßig nicht handeln. Vielmehr wird hier eine – aus welchen Gründen auch immer – zumindest latent bewusst hingenommene Verschleppung des jeweiligen Verfahrens vorliegen[436]. Es dreht sich nicht um die Korrektur eines mehr oder minder leichten Verfahrensfehlers, sondern darum, das erkennende Gericht überhaupt zu einer verfahrensfördernden Handlung zu bewegen[437]. Hier liegt auch der qualitative Unterschied zu den Fallkonstellationen, die unproblematisch innerhalb der Instanz einer Lösung zugeführt werden können: das untätig gebliebene Gericht wird zum einen durch die betroffene Partei bereits zum Tätigwerden aufgefordert worden sein, darüber hinaus wird es schlechterdings kaum den Vorwurf, es sei gänzlich untätig geblieben, akzeptieren und entsprechend in derselben Instanz durch Vornahme der geforderten Handlung korrigieren[438].

---

435 Zöller/Gummer § 567 Rn. 21 b; Redeker in NJW 2003, 488, 489: „Auch dienstaufsichtliche Maßnahmen bei schuldhafter Verfahrensverzögerung bewirken angesichts der Rechtsprechung der Richterdienstgerichte kaum etwas.“; Schneider in AnwBl. 2002, 620, 621: „Es ist grundsätzlich verfehlt, ein Gericht in eigener Sache entscheiden zu lassen. Das kann sehr leicht dazu führen, dass Richter eine ihnen unterlaufene Verletzung rechtlichen Gehörs herunterspielen, so wie das die Richterdienstgerichte (§ 26 DRiG) bei Dienstvergehen praktizieren.“

436 So befand es der Richter in dem dem Beschluss des Oberlandesgerichts Karlsruhe (Beschl. v. 29.09.83 – 15 W 56/83 in NJW 1984, 985) zugrunde liegenden Sachverhalt nicht für nötig, trotz viermaliger Nachfrage einer Partei innerhalb eines Jahres für einen Fortgang des Verfahrens innerhalb dieses Zeitraumes zu sorgen. Pikanterweise wurde der Richter erst wieder aufgrund der dritten Aktenanforderung durch das Beschwerdegericht (!) tätig.

437 Interessanterweise weist Redeker in NJW 2003, 488, 489 im Zusammenhang mit der Frage einer de lege ferenda einzuführenden Untätigkeitsbeschwerde, daraufhin, er gehe davon aus, es werde dem Gericht der Hauptsache nicht angenehm sein, sich einer Untätigkeitsrüge ausgesetzt zu sehen und dem übergeordneten Gericht darlegen zu müssen, warum das konkrete Verfahren liegen geblieben ist. Diese Argumentation erinnert stark an die von Schneider in MDR 1997, 991 und Fischer in NJW 1993, 2417, 2420, 2421, die ebenfalls einen Disziplinierungseffekt durch ein Einschreiten der nächsthöheren Instanz als notwendig erachten.

438 Eine andere Auffassung vertritt Geiger in NJW 2003 Heft 14 S. XIV, wenn er in Replik auf Redeker meint, „der faule Richter“ würde sich durch Rügen des übergeordneten Gerichts kaum beeindrucken lassen und im Fall der Anberaumung eines Termins durch das Beschwerdegericht einen Grund finden, diesen wieder aufzuheben oder, weil er die Sache nicht hat erschöpfend vorbereiten können zu vertagen. Sicherlich mag es auch derartige Extremfälle geben; allerdings stellen diese kein durchschlagendes Argument gegen die Anerkennung von Untätigkeitsbeschwerden dar. Zutreffend ist jedoch Geigers Ansicht, die Lösung des

b) Keine Korrekturentscheidungen durch den iudex a quo

Ob eine ausschließlich dem iudex a quo vorbehaltene Heilungsmöglichkeit, sei es im Fall des § 321 a Abs. 4 S. 4 ZPO gesetzlich vorgesehen oder aber im Fall anderer Verfahrensfehler im Rahmen der Gegenvorstellung richterrechtlich entwickelt[439], in jedem Fall als sinnvoll und hilfreich anzusehen ist, darf vor dem Hintergrund möglicherweise eintretender Unanfechtbarkeit bezweifelt werden. Es entscheidet das Gericht, dem von der betroffenen Partei der Vorwurf gemacht wird, es habe fehlerhaft gearbeitet. Vor diesem Hintergrund muss die Frage nach der Objektivität der neuen Entscheidung gestellt werden. Ein Blick in die Rechtsprechung belegt, dass Richter durchaus stur an ihrer verfahrenswidrigen Praxis festhalten und sie wegen einer Gehörsrüge oder einer Gegenvorstellung – selbst in Fällen grober Verletzung von Verfahrensgrundrechten - nicht ändern[440]. Dies begründet Zweifel an der Annahme, bei einer ausschließlich statthaften Abhilfemöglichkeit durch den iudex a quo handele es sich regelmäßig um eine vernünftige Lösung[441], die dem bundesverfassungsgerichtlichen Auftrag zur Beseitigung von Verfahrensgrundrechtsverletzungen in der Fachgerichtsgerichtsbarkeit entspricht.

aa) Anfechtbarkeit einer ablehnenden Entscheidung des iudex a quo im Verfahren gemäß § 321 a ZPO beziehungsweise analog § 321 a ZPO

Der Gesetzeswortlaut ist insoweit eindeutig, da gemäß § 321 a Abs. 4 S. 4 ZPO ein auf die Anhörungsrüge hin ergehender Beschluss unanfechtbar ist. Dementsprechend geht der überwiegende Teil der Literatur davon aus, es bleibe in diesen Fällen nur noch die Verfassungsbeschwerde[442]: § 321 a ZPO habe zum Ziel, die Anzahl der Verfassungsbeschwerden auf ein möglichst geringes Maß zu reduzieren, nicht aber sie völlig auszuschließen, was mit einem einfachen Bundesgesetz auch nicht zu erreichen wäre[443]. Diese Feststellung ist nur in ihrem ersten Teilbereich nachzuvollziehen. Im Fall der Anerkennung einer außeror-

---

Problems könne nicht darin zu sehen sein, dass das Beschwerdegericht die Sache selbst an sich zieht. Damit würde den Parteien eine Instanz verloren gehen und der „faule Richter" für seine Untätigkeit durch eine entsprechende Entlastung noch belohnt werden.

439 BGH, Beschl. v. 17.03.82 – IVa ZB 5/82 in VersR 1982, 598; Baumbach/Lauterbach/Albers/Hartmann/Albers Grdz. § 567 Rn. 9: „In keinem Fall ist gegen die Entscheidung über eine Gegenvorstellung ein Rechtsmittel gegeben."

440 Beispiele bei Schneider in MDR 2002, 1047, 1048: der Richter weigert sich Schriftsätze in der mündlichen Verhandlung entgegenzunehmen, er bescheidet Verlegungsanträge nicht, weil sie mehrere Tage vor dem Termin gestellt worden waren oder die Beweisführung wurde als gescheitert behandelt, wenn ein Zeuge zweimal unentschuldigt ausblieb.

441 Baumbach/Lauterbach/Albers/Hartmann/Hartmann § 321 a Rn. 61

442 Baumbach/Lauterbach/Albers/Hartmann/Hartmann § 321 a Rn. 60/61; MünchKomm ZPO/Aktualisierungsband – Musielak § 321 a Rn. 7; **a.A.**: Schneider in MDR 2002, 1047, 1048; ders. in AnwBl. 2002, 620, 623

443 Baumbach/Lauterbach/Albers/Hartmann/Hartmann § 321 a Rn. 61

dentlichen Anfechtungsmöglichkeit stellt sich nicht die Frage eines Ausschlusses der Verfassungsbeschwerde, sondern die, ob für die durch das Bundesverfassungsgericht geforderte fachgerichtliche Abhilfemöglichkeit eine solche ausschließlich durch das Ausgangsgericht ausreicht. Wird der Standpunkt vertreten, die Entscheidung des iudex a quo müsse einer Überprüfung zugänglich sein, bedarf es eigentlich keiner weitergehender Erklärungen dahingehend, dass dann weder eine erneute Gehörsrüge noch eine Gegenvorstellung ernsthaft in Betracht kommen. Wirkungsvolle Abhilfe könnte in diesen Fällen nur die nächsthöhere Instanz gewährleisten. Diese kann jedoch nur mittels Ausnahmeberufung[444] beziehungsweise außerordentlicher Beschwerde angerufen werden. Eine derartige Vorgehensweise verstößt jedoch zum einen gegen den eindeutigen Wortlaut des Gesetzes wie auch gegen die gesetzgeberischen Motive. Der Gesetzgeber war sich der Frage einer weiteren Kontrolle der Verletzung rechtlichen Gehörs durch die nächsthöhere Instanz durchaus gegenwärtig und hat der Einführung einer derartigen Möglichkeit bewusst und ausdrücklich eine Absage erteilt. Dabei ist allerdings zu berücksichtigen, dass der Gesetzgeber, als er § 321 a ZPO konzipierte, eine bestimmte „Fehlerart" im Sinn hatte, nämlich die, dass die Verletzung des rechtlichen Gehörs auf einfache Fehler im technischen Ablauf zurückführen seien. Nicht umfasst von dem gesetzgeberischen Willen zur Regelung sind alle die Ursachen, die auf eine fehlerhafte Gesetzesanwendung zurückzuführen sind. Verletzungen des Anspruchs auf rechtliches Gehör sind daher nicht regelmäßig nur durch den iudex a quo zu überprüfen. Eine Ausnahme von dem Grundsatz der Selbstkorrektur gilt in den Fällen von Verletzungen rechtlichen Gehörs, die nicht aufgrund einfacher Pannen im täglichen Geschäftsbetrieb erfolgen, sondern ihre Ursache in grob fehlerhafter Rechtsanwendung oder sogar Willkür finden[445]. In diesen Fällen wird zu überlegen sein, ob nicht außerordentliche Beschwerden statthaft sind.

bb) Nichtabhilfe in Gegenvorstellungsverfahren

Vergleichbar mit der unter aa) dargestellten Sachverhaltskonstellation ist der Fall, in dem der iudex a quo der begründeten Gegenvorstellung nicht abhilft[446]. Hier gelten daher die zuvor gemachten Ausführungen entsprechend. Mutmaßlich wird sich in der Praxis die Frage nach der Anfechtbarkeit von Entscheidungen aufgrund erfolgloser Gegenvorstellungsverfahren aus zwei Gründen in verstärktem Maß stellen: Zum einen hat die ohnehin in der Vergangenheit

---

444 Schneider in MDR 2002, 1047, 1048; ders. in AnwBl. 2002, 620, 623

445 So zutreffend differenzierend: Rüsken in DStZ 2000, 815, 818

446 Vgl. OLG Schleswig, Beschl. v. 30.08.95 – 2 W 135/94 in NJW-RR 1996, 125, 126: „Eine Verweisung des Beschwerdeführers auf eine Gegenvorstellung beim LG kam nicht mehr in Betracht, nachdem das LG auf die bei ihm eingegangene weitere Beschwerde die Akten ohne Weiteres dem Senat vorgelegt und seine unzutreffende Vergütungsbemessung in anderen Sachen fortgesetzt hat."

gewachsene Bedeutung der Gegenvorstellung durch den Beschluss des 9. Zivilsenats erheblich an Gewicht gewonnen[447]; zum anderen besteht hinsichtlich des Gegenvorstellungsverfahrens keine gesetzliche Regelung. Im Ergebnis wird die Frage nach der Anfechtbarkeit von Gegenvorstellungen zurückweisenden Entscheidungen von der Qualität des zu überprüfenden Fehlers anhängig zu machen sein.

cc) Fälle der unzulässigen Verkürzung des Rechtsweges

Eine in der Vergangenheit höchstrichterlich anerkannte[448] Variante außerordentlicher Beschwerden stellt die unzulässige Verkürzung des Rechtswegs dar. Dabei können im Wesentlichen zwei Fallkonstellationen auftreten: Das Gericht verkennt, dass es die Entscheidung eines untergeordneten Gerichts überprüfen kann und bleibt trotz Prüfung seiner Zuständigkeit bei seiner Auffassung[449]. Als weitere Variante ist die Situation einer fehlerhaften Nichtzulassung der Rechtsbeschwerde denkbar. Entsprechend des Beschlusses des 9. Zivilsenats des Bundesgerichtshofes vom 07. März 2002 werden auch in diesen Konstellationen außerordentliche Beschwerden unstatthaft sein[450]. Dieses Ergebnis lässt sich jedoch nicht mit den sich aus dem Zivilprozessreformgesetz vollzogenen Änderungen begründen.

---

447 Zu der Frage möglicher Konsequenzen aus dem Beschluss des Bundesverfassungsgerichts vom 30.04.2003 (Beschl. v. 30.04.03 – 1 PBvU 1/02 in NJW 2003, 1924 ff, 1929) für das Rechtsinstitut der Gegenvorstellung hatte ich mich bereits geäußert.

448 BGH, Beschl. v. 02.11.01 – IX ZB 44/01 in NJW 2002, 754

449 BGH, Beschl. v. 02.11.01 – IX ZB 44/01 in NJW 2002, 754: Der erkennende Senat erläutert zunächst – nicht weiter überraschend -, dass die Verletzung eines Verfahrensgrundrechts, nämlich die unzulässige Verkürzung des Rechtsweges, durch das Oberlandesgericht selbst – unter Einschränkung seiner Bindung gem. § 318 ZPO – auf Gegenvorstellung zu beheben sei. Eine solche Selbstheilung des Verfahrensmangels durch den iudex a quo stelle sich aber dann als fraglich dar, wenn das Oberlandesgericht auf die außerordentliche Beschwerde seine Entscheidung bereits einer Prüfung unterzogen und mit ausführlicher Begründung seinen Rechtsirrtum verteidigt hat. Gelänge es danach nicht, an die Einsicht der Vorinstanz zu appellieren, um ein vom Gesetz eröffnetes Rechtsmittel im Verfahren tatsächlich stattfinden zu lassen, so habe im Interesse effektiven Rechtsschutzes der iudex ad quem auf die dann statthafte außerordentliche Beschwerde den Entscheid des iudex a quo selbst zu kassieren oder zu reformieren. Auch die Unabhängigkeit des Vorderrichters verbiete dann, ihm durch weiteren Appell die Verantwortung für eine eigene Entscheidung aufzudrängen, der er sich – nach nochmaliger Prüfung – ausdrücklich widersetzt hat.

450 So ausdrücklich nunmehr BAG, Beschl. v. 19.12.02 – 5 AZB 54/02 in NJW 2003, 1069: „Gegen die Nichtzulassung der Rechtsbeschwerde ist eine Beschwerde im Gesetz nicht vorgesehen. Die Zulassung kann deshalb nicht nachträglich von dem Beschwerdegericht ausgesprochen werden.“; vgl. auch LG Rostock, Beschl. v. 04.10.02 – 2 T 313/02 in NJW-RR 2003, 441: „Ist die Rechtsbeschwerde nicht zugelassen, ist ein gegen die Beschwerde gerichtetes Rechtsmittel jedenfalls auf Antrag der Partei als Gegenvorstellung zu behandeln und zulässig.“

Der Fall, dass ein Oberlandesgericht seine Funktion als Rechtsmittelgericht trotz wiederholter Rechtsprüfung verkennt und damit unzulässigerweise eine Rechtswegverkürzung vornimmt, stellt einen Verfahrensgrundrechtsverstoß gegen den Grundsatz der Zugangsgleichheit, unter Umständen auch einen Verstoß gegen das Willkürverbot dar. Deshalb gelten die zuvor gemachten Ausführungen in dieser Fallkonstellation entsprechend. Dementsprechend eröffnet sich die Möglichkeit einer außerordentlichen Beschwerde, weil kein Fall einer ohne weiteres zu behebenden Verfahrensgrundrechtsverletzung vorliegt. Anders als diese Variante wird sich zukünftig in der Praxis häufiger die Frage stellen, wie im Fall einer fehlerhaften Nichtzulassung der Rechtsbeschwerde zu verfahren ist, ob also der Instanzenzug zum Bundesgerichtshof jenseits der Regelung des § 574 ZPO eröffnet ist. Diese Konstellation wird im Fall von Verfahrensgrundrechtsverletzungen deshalb verstärkt auftreten, da das mit der Frage der Zulassung befasste Gericht die Rechtsbeschwerde nicht deshalb zulassen wird, weil die Verletzung eines Verfahrensgrundrechts vorliegen könnte[451]. Die ernsthaft in Betracht zu ziehende Möglichkeit der Überprüfung von Verfahrensgrundrechtsverletzungen durch den Bundesgerichtshof kommt demnach ausschließlich in den Fällen des § 574 Abs. 1 Nr. 1 ZPO, also nur dort in Betracht, wo das Gesetz die Rechtsbeschwerde für statthaft erachtet[452].

---

451 So sieht es wohl ebenfalls offensichtlich der Gesetzgeber. In der amtlichen Begründung zur Einführung des § 543 ZPO ist bei Hannich/Meyer-Seitz/Engers, S. 372 zu lesen: „Hierher (scil.: zu § 543 Abs. 2 Nr. 3 ZPO) gehören vor allem Fälle, in denen Verfahrensgrundrechte, namentlich die Grundrechte auf Gewährung des rechtlichen Gehörs und auf ein objektiv willkürfreies Verfahren verletzt sind und deswegen Verfassungsbeschwerde eingelegt werden könnte. Dies zu vermeiden, muss mit der Zulassung der Revision – *in diesen Fällen freilich erst aufgrund der Nichtzulassungsbeschwerde* – ermöglicht werden, wäre aber allein mit dem Zulassungsgrund der grundsätzlichen Bedeutung nach herkömmlichen Verständnis nicht sichergestellt.“; so ebenfalls: Scheuch/Lindner in NJW 2003, 728, 729: „Das von der Richtigkeit seiner Entscheidung überzeugte Berufungsgericht würde die Revision niemals wegen objektiver Willkür oder einer Verletzung von Verfahrensgrundrechten zulassen.“; Schütt in MDR 1999, 248, 249: „Der Fall zeigt wie problematisch es ist, dass das OLG selbst über die grundsätzliche Bedeutung zu befinden hat. Es wird vor die schwierige Entscheidung gestellt, sein eigenes Werk zu bewerten und der Kritik auszuliefern.“

452 **A.A.**: MünchKomm ZPO/Aktualisierungsband - Lipp § 574 Rn. 7 meint, eine gesetzliche Zulassung sei regelmäßig dann gegeben, wenn ein Verfahrensgrundrecht verletzt oder die angegriffene Entscheidung offensichtlich unrichtig sei: „Anzumerken ist, dass nach Vorstellung des Gesetzgebers die Revision und damit die Rechtsbeschwerde gemäß § 574 Abs. 1 Nr. 1 und Abs. 2 ZPO auch dann zulässig sein soll, wenn Verfahrensgrundrechte verletzt sind und deshalb Verfassungsbeschwerde eingelegt werden könnte oder die Entscheidung offensichtlich unrichtig ist. In diesen Fällen ist daher die Rechtsbeschwerde bereits auf Grund einer am Willen des Gesetzgebers orientierten Auslegung des § 574 Abs. 2 ZPO zulässig. Für eine ‚außerordentliche Beschwerde' ist daneben ebenso wenig Platz wie für einen Rechtsbehelf entsprechend § 321 a ZPO.“

Eine fehlerhafte Nichtzulassung der Rechtsbeschwerde kann entsprechend einer fehlerhaften Nichtzulassung der Revision[453] ihrerseits durchaus als ein Verstoß gegen das Willkürverbot bewertet werden. Der in der Literatur als Lösungsansatz vorgeschlagene Gedanke, bei dem über die Zulassung der Rechtsbeschwerde entscheidende Gericht einen Rechtsbehelf analog § 321 a ZPO zu erheben[454], vermag daher aus zwei Gründen nicht zu überzeugen. Zum einen fehlt es an einer Vergleichbarkeit der verletzten Verfahrensgrundrechte und den daraus resultierenden zu behebenden Fehlern[455]; zum anderen wird die Bereitschaft des iudex a quo nicht vorhanden sein eine Verletzung von Verfahrensgrundrechten mit den entsprechenden Korrekturkonsequenzen einzuräumen.
Im Übrigen geht der Gesetzgeber selbst davon aus, dass der iudex a quo die Revision gemäß § 543 Abs. 1 Ziff. 1 ZPO in derartigen Fällen nicht von sich

---

453 Von einer willkürlichen Verletzung des Art. 101 Abs. 1 S. 2 GG im Fall einer unterbliebenen Zulassung der Revision auf der Grundlage des alten Rechts gehen aus: BVerfG, Beschl. v. 29.06.76 – 2 BvR 948/75 in BVerfGE 42, 237, 241; Beschl. v. 15.05.84 – 1 BvR 967/83 in NJW 1984, 2147, 2148; Beschl. v. 15.05.84 – 1 BvR 876/83 in FamRZ 1985, 255, 256; Beschl. v. 28.09.90 – 1 BvR 52/90 in FamRZ 1991, 295, Beschl. v. 14.10.98 – 2 BvR 506/ 98 in NJW 1999, 1390: „Es kann (weiterhin) offen bleiben, ob Art. 101 Abs. 1 S. 2 GG auch Schutz gegen die Nichtzulassung der Revision bietet, wenn die Zulassung zwingend geboten war. Denn ein Verstoß gegen diese Verfassungsnorm käme nicht bei jeder irrtümlichen Verkennung der gesetzlichen Voraussetzungen, sondern nur bei Willkür in Betracht."; Baumbach/Lauterbach/Hartmann/Albers/Albers § 543 Rn. 15 zu § 543 Abs. 1 Nr. 2 ZPO n.F. („so dass die Ergänzung verfassungsrechtlich geboten ist."); Walter in JZ 1983, 348; **a.A.**, außerordentliche Rechtsmittel in diesen Fällen ablehnend: Zöller/Gummer § 546 Rn. 57: „Insbesondere kann es nicht angehen, Rechtsfehler bei der Entscheidung dieser Frage (scil.: ob das von Gesetzes wegen berufene Gericht die Voraussetzungen der Zulassung richtig beurteilt hat) dem Gebot des gesetzlichen Richters zuzuordnen. Ansätze in der Rechtsprechung des BVerfG hierzu sind ein Irrweg. Erst recht können in Zeiten, in denen der Gesetzgeber unter Hinweis auf die knappen Ressourcen der Rechtspflege Rechtsmittelbeschränkungen erwägt und auch durchsetzt, die verbleibenden Ressourcen der Rechtsmittelgerichte sinnvollerweise nicht zur weiteren Verfeinerung der Zugangsfrage verwendet werden statt sie für die Herstellung von Einzelfallgerechtigkeit und für die Rechtsfortbildung einzusetzen. Eine Korrektur der Nichtzulassung im Hinblick auf Art. 101 Abs. 1 S. 2 GG kommt daher nur bei willkürlicher oder offensichtlicher Unhaltbarkeit im Wege der Verfassungsbeschwerde in Betracht."

454 MünchKomm ZPO/Aktualisierungsband - Lipp § 574 Rn. 10: „Eine Nichtzulassungsbeschwerde sieht das Gesetz nicht vor. Dies gilt auch wenn die Nichtzulassung fehlerhaft ist. Falls Verfahrensgrundrechte verletzt sind, kann jedoch gegen den – mangels unanfechtbaren – Beschluss beim Untergericht ein Rechtsbehelf entsprechend § 321 a ZPO eingelegt werden, um eine ansonsten eröffnete Verfassungsbeschwerde zu vermeiden. Einer ‚außerordentlichen Beschwerde' bedarf es daher nicht; die Gegenvorstellung wird von dem spezielleren Rechtsbehelf analog § 321 a ZPO verdrängt."

455 Proske in NJW 1997, 352, 360 meint, dass im Gegensatz zur Verletzung des rechtlichen Gehörs im Fall einer fehlerhaften Nichtzulassung der Revision keineswegs davon ausgegangen werden könne, dass es sich hierbei um eine Entscheidung handelt, die das Gericht, wenn ihm nur die Möglichkeit gegeben würde, von sich aus gerne selbst berichtigen würde.

aus zulassen wird, sondern es der Nichtzulassungsbeschwerde bedarf[456]. Im Ergebnis stellt sich daher in derartigen Fallkonstellationen die außerordentliche Beschwerde als das Rechtsmittel dar, welches insbesondere unter Effektivitätsgesichtspunkten, die Erhebung von Verfassungsbeschwerden verhindern wird, also der Forderung des Bundesverfassungsgerichts nach einer Fehlerbeseitigung innerhalb der Fachgerichtsbarkeit entspricht. Damit würde auch die nicht ohne weiteres einleuchtende Konstellation aufgelöst werden, die im Fall „weniger bedeutsamen Nebenentscheidungen" (so der Gesetzgeber) eine Korrektur ausschließlich über den Weg der Verfassungsbeschwerde, im Fall von Urteilsverfahren hingegen eine Nichtzulassungsbeschwerde vorsieht[457]. Allein die Frage einer Belastung des Bundesgerichtshofes mit der Überprüfung unterlassener Zulassungsentscheidungen stellt sich als Ernst zu nehmender Aspekt dar, der gegen den Gedanken der Anerkennung einer Statthaftigkeit außerordentlicher Beschwerde spricht. Entgegen der Vorstellung des Gesetzgebers fand durch die Novellierung des Zivilprozessrechts nämlich keine Entlastung des Bundesgerichtshofes statt[458]. Die Frage der Arbeitsbelastung hat jedoch vor dem Hintergrund de facto nicht anders zu beseitigender Verfahrensgrundrechtsverletzungen und einer damit einhergehenden bestehen bleibenden Belastung des Bundesverfassungsgerichts zurückzutreten.

---

456 Auf das Rechtsbeschwerdeverfahren bezogen trifft es daher zu, wenn Voßkuhle in NJW 2003, 2193, 2200 ausführt: „Da die Nichtzulassung ihrerseits nicht anfechtbar ist, hat der Beschwerdeführer keine Möglichkeit nach Abschluss des Verfahrens selbst einen vermeintlichen Verstoß gegen Art. 103 Abs.1 GG der Kontrolle zuzuführen. Mit den Vorgaben des Bundesverfassungsgerichts (Anm. des Verf.: gemeint sind die Ausführungen des Bundesverfassungsgerichts in dem Plenarbeschluss vom 30.04.2003 – 1 PBvU 1/02 in NJW 2003, 1924 ff) ist eine solche Rechtsmittelbeschränkung nicht mehr vereinbar."

457 Vgl. zu dem Verhältnis von Urteil und Beschluss unter dem Aspekt der Abänderbarkeit auch OLG Celle, Beschl. v. 04.12.02 – 13 U 77/02 in NJW 2003, 906. 907: „Es entspricht hergebrachten Grundsätzen, dass ein Beschluss jedenfalls unter geringeren Voraussetzungen nachträglich abänderbar ist als ein Urteil."

458 Huff in NJW Aktuell Heft 7/2003, S. XII, XIV: „Der BGH kämpft mit einer Flut von Revisionen und Nichtzulassungsbeschwerden. Die zum 01.01.2002 in Kraft getretene ZPO-Reform hat beim BGH zu einer deutlich höheren Arbeitsbelastung geführt, die für das Gericht nur schwer zu bewältigen gewesen sei, wie der BGH Präsident Dr. Hirsch Ende Januar 2003 erläuterte. 2002 deutlich zugenommen haben auch die Rechtsbeschwerden. Hirsch sprach hier von einer ‚Springflut' um 72,1 % (von 954 auf 1.642 Neueingänge). Besonders belastet worden ist dadurch der IX. Zivilsenat, der alleine 121 Insolvenz- und 400 Zwangsvollstreckungsbeschwerden erhielt. Hier habe man in Absprache mit dem BmJ für das Jahr 2003 einen Hilfssenat (IXa-Senat) gebildet, damit die Fälle rasch abgearbeitet werden könnten."

Kapitel V
Fazit und Ausblick

Mit Inkrafttreten des Zivilprozessreformgesetzes ist eine über viele Jahre andauernde, rechtliche Kontroversen auslösende Diskussion zumindest für einen Teilbereich dergestalt gelöst worden, dass mit § 321 a ZPO die Möglichkeit der Rüge der Verletzung rechtlichen Gehörs in Urteilsverfahren eingeführt wurde. Die Einführung der Anhörungsrüge nach § 321 a ZPO kann daher unstreitig als ein Gewinn für die prozessuale Praxis gewertet werden[459]. Sie stellt klare verfahrensrechtliche Vorgaben für die Rüge der Verletzung rechtlichen Gehörs auf und kann in der Tat für eine schnelle Selbstkorrektur solcher typischer Fehler sorgen, die in der Hektik des Alltagsgeschäfts auftreten und die den Hauptteil der Rügen der Verletzung des Art. 103 Abs. 1 GG darstellen. Mit dieser Beschreibung des Normzwecks des § 321 a ZPO setzt aber auch gleichzeitig die Kritik an dem Gesetzgeber an[460], dass es sich um eine halbherzige Reform gehandelt habe, da sich der Anwendungsbereich des § 321 a ZPO nur auf Verletzungen rechtlichen Gehörs in Urteilsverfahren beschränkt.

Mit Ausnahme dieser Regelung haben Sachverhaltskonstellationen, die in der Vergangenheit Gegenstand außerordentlicher Rechtsbehelfe waren, keinen Eingang in das Zivilprozessreformgesetz gefunden. Dies stellt sich als umso gravierender dar, als die Rechtsprechung bislang den Anwendungsbereich des § 321 a ZPO entsprechend seines Wortlauts auf die Verletzungen rechtlichen Gehörs in erstinstanzlichen Urteilsverfahren begrenzt.

Das Ergebnis dieser defizitären Novellierung des Zivilprozessrechts ist eine nach wie vor bestehende Unsicherheit darüber, mit welchem Rechtsbehelf Verfahrens(grundrechts)verletzungen einer Korrektur zugeführt werden können. Diese Unsicherheit spiegelt sich auch in der aktuellen Kommentarliteratur

459 **A.A.** hingegen Schneider in MDR 2003, 901, 902: „Im Ergebnis zeigt sich, dass § 321 a ZPO überflüssig ist, soweit er lediglich die frühere Ausnahmeberufung ersetzt. Darüber hinaus ist er in seinem begrenzten Anwendungsbereich verfehlt, weil er den verfassungsrechtlichen Vorgaben nicht entspricht."

460 Schneider in AnwBl 2002, 620: „Die jetzige Regelung ist völlig unzureichend. Die wirklichen Problem der Gehörsrüge sind geradezu geflissentlich ausgeklammert worden."; ders. in MDR 2002, 1047, 1049: „(...) stümperhaft konzipierte ZPO-Novelle 2002"; Schmidt in MDR 2002, 915, 918: „(...) halbherzig und das Bundesverfassungsgericht nicht entlastend."; Prütting in EWiR § 574 ZPO 1/02, 835, 836, wonach „mit guten Gründen von einem viel zu engen Anwendungsbereich des § 321a ZPO gesprochen werden kann."; Redeker in NJW 2003, 2956: „..., sieht man von der ziemlich unzulänglichen Regelung des § 321 a ZPO ab."

wider, die die Frage nach dem Umfang des Anwendungsbereiches des § 321 a ZPO kontrovers diskutiert. Die derzeitige höchstrichterliche wie auch der überwiegende Teil der obergerichtlichen Rechtsprechung stehen in der schon vor Inkrafttreten des Zivilprozessreformgesetzes vorhandenen Tradition, Verfahrensgrundrechtsverletzungen innerhalb der Instanz beheben zu lassen.
Die seit Inkrafttreten des Zivilprozessreformgesetzes erfolgte Rechtsprechung der Zivilsenate des Bundesgerichtshofes stellt lediglich insofern eine Weiterentwicklung dar, als nunmehr außerordentliche Rechtsmittel zum Bundesgerichtshof generell nicht mehr statthaft sind; die Obergerichte und ein Großteil der Literatur folgert daraus, außerordentliche Beschwerden gebe es nicht mehr. Diese Sichtweise stellt sich sowohl unter dem Aspekt der Gewährung hinreichenden Rechtsschutzes als auch hinsichtlich der Frage der Effektivität der Heilung von Verfahrensgrundrechtsverstößen innerhalb der Fachgerichtsbarkeit und damit der Vermeidung von Verfassungsbeschwerden als nicht unbedenklich dar. Auch unter Geltung des aktuellen Zivilprozessrechts wird daher auch weiterhin die Frage nach der Korrektur unanfechtbarer Entscheidungen, die unter Verletzung von Verfahrensgrundrechten ergehen, zu beantworten sein.
Eine angemessene, den jeweiligen Umständen des Einzelfalls gerecht werdende Handhabung dieser Problematik wird nach den Gründen, die zu Verfahrensgrundrechtsverletzungen führen, zu differenzieren haben. Stellt die Ursache für die Verfahrensgrundrechtsverletzung ein ohne weiteres durch den iudex a quo zu behebender Fehler dar, wird die adäquate Lösung des Problems in einer – unabhängig von der jeweiligen Verfahrensgrundrechtsverletzung und Verfahrensart – analogen Anwendung des § 321 a ZPO liegen. In den anderen Varianten von Verfahrensgrundrechtsverletzungen werden sich außerordentliche Beschwerden als allein in Betracht kommender effizienter Rechtsbehelf darstellen. Eine entsprechende Legitimation, in derartigen Fällen den Grundsatz der Bestandskraft durchbrechen zu können, ergibt sich aus höherrangigem Recht, dem Verfassungsrecht und dem verfassungsgerichtlich definierten Auftrag, Verfahrensgrundrechtsverletzungen tunlichst innerhalb der Fachgerichtsbarkeit einer Korrektur zuzuführen. Damit ist aber auch gleichzeitig der Bereich umschrieben, in welchem die außerordentliche Anfechtbarkeit von bestandskräftigen Entscheidungen ihre Legitimation zu finden vermag, nämlich in der Verhinderung andernfalls nicht abwendbarer Verfassungsbeschwerden, die mit der Verletzung von Verfahrensgrundrechten begründet werden.
Verstößt die unanfechtbare gerichtliche Entscheidung gegen materielle Grundrechtsgarantien oder liegt ihr ein Verfahrensverstoß ohne gleichzeitige Verfahrensgrundrechtsverletzung zugrunde, so legitimiert dies keine außerordentliche Anfechtung, sondern es bleibt in diesen Fällen allein bei der Möglichkeit der (Urteils-) Verfassungsbeschwerde. Die Hinnahme einer am Ende „unrichtigen Entscheidung“ gehört ebenso zum rechtsstaatlichen Prozessverständnis wie das

vorherige Bemühen um das richtige Ergebnis. Es muss genügen, dass die Verfahrensgestaltung aufs Ganze gesehen für Gerechtigkeit sorgt[461]. Insofern hat das Bundesverfassungsgericht in ständiger Rechtsprechung entschieden, dass der Gesetzgeber dann nicht willkürlich handelt, wenn er dem Grundsatz der Rechtssicherheit den Vorrang vor der Gerechtigkeit im Einzelfall gibt. Rechtsfrieden und Rechtssicherheit sind von so zentraler Bedeutung für die Rechtsstaatlichkeit, dass um ihretwillen die Möglichkeit einer im Einzelfall unrichtigen Entscheidung in Kauf genommen werden muss[462]. Vor diesem Hintergrund ist es unter verfassungsrechtlichen Gesichtspunkten nicht zu beanstanden, dass der Gesetzgeber für die (auch schwerwiegenden) Fälle von Verfahrensverstößen keine gesetzliche Regelung schuf. Hier fixiert die Zivilprozessordnung mit ihrem Rechtsmittelrecht ein abgeschlossenes Regelungsgefüge. Das Institut der außerordentlichen Beschwerde stellte und stellt nach wie vor in diesem zuvor umschriebenen Bereich einen systemfremden und damit abzulehnenden Rechtsbehelf dar. Allein vor diesem Hintergrund ist die aktuelle höchstrichterliche und obergerichtliche Rechtsprechung zu begrüßen.
In anderer Hinsicht weist sie Defizite auf, die keinen zufrieden stellenden Umgang mit dem Phänomen der Verfahrensgrundrechtsverletzungen darstellt. Will die zivilprozessuale Praxis den Vorgaben des Bundesverfassungsgerichts folgen und die Beseitigung von Verfahrensgrundrechten innerhalb der Fachgerichtsbarkeit ernst nehmen, so ist eine Beschränkung auf eine Korrektur durch den iudex a quo der falsche Weg. Die Frage, die sich an diese Feststellungen anschließt ist die, wie der Gesetzgeber ein derartiges nach Fehlerursachen differenzierendes System de lege ferenda gesetzestechnisch umsetzen kann. Eine nahe liegende und keine wesentlichen Probleme aufwerfende Lösungsmöglichkeit besteht – in Anlehnung an das bereits im Rahmen des Juristentages 1996 diskutierte Verbesserungsverfahrens – in einer Änderung des § 321 a ZPO. Diese Änderung müsste so ausgestaltet sein, dass im Ergebnis der veränderte § 321 a ZPO sich auf alle Verfahrensgrundrechte sowie auf Beschlussverfahren bezieht und im Fall einer Nichtabhilfe durch den iudex a quo das Beschwerdegericht über den Sachverhalt entscheidet. Dies würde dazu führen, dass leicht zu korrigierende Fehler durch das erstinstanzlich erkennende Gericht, schwer

461 Schwarze in ZZP 115 (2002) S. 25, 26

462 So in ständiger Rechtsprechung das Bundesverfassungsgericht: zuletzt mit Beschl. v. 30.04.03 – 1 BPvU 1/02 in NJW 2003, 1924; entsprechend ebenfalls schon mit Beschl. v. 01.07.53 – 1 BvL 23/51 in BVerfGE 2, 380, 403; Beschl. v. 03.11.65 – 1 BvR 62/61 in BVerfGE 19, 150, 166

zu behebende Verfahrensgrundrechtsverletzungen hingegen durch das Beschwerdegericht einer Korrektur zugeführt werden können[463].
Eine Novellierung des § 321 a ZPO in dieser Form oder aber eine anders lautende vergleichbare Verfahrensvorschrift[464] würde eine konsequente Umsetzung der Sicherung von Verfahrensgrundrechten innerhalb der Fachgerichtsbarkeit bedeuten. Gleichzeitig würde Verfahrenssicherheit dadurch gewährleistet, dass nunmehr außerordentliche Rechtsbehelfe zur Durchsetzung verfassungsrechtlich gesicherter Verfahrensrechte obsolet wären. Ob mit einer entsprechenden

---

463 § 321 a Abs. 1 ZPO könnte in einer veränderten Fassung wie folgt lauten: „Auf die Rüge der durch eine Entscheidung oder Nichtterminierung beschwerten Partei, sie sei dadurch in einem Verfahrensgrundrecht verletzt, ist der Prozess vor dem Gericht des ersten Rechtszuges, dem Beschwerdegericht oder dem Berufungsgericht fortzuführen, wenn eine Berufung nach § 511 Abs. 2, eine sofortige Beschwerde nach § 567 oder eine Rechtsbeschwerde nach § 574 nicht zulässig ist und das Gericht ein Verfahrensgrundrecht in entscheidungserheblicher Weise verletzt hat." Sollte es gesetzgeberischer Wille sein, diese Rüge nicht in allen Fällen, in denen Rechtsbeschwerden unzulässig sind, als statthaft anzuerkennen, so bietet sich an, in einem nachfolgenden zweiten Satz eine Einfügung dergestalt vorzunehmen, § 321 a ZPO fände abweichend von Satz 1 keine Anwendung, beispielsweise in dem Fall, dass ein Oberlandesgericht im ersten Rechtszug die Rechtsbeschwerde nicht zugelassen hat. Auch § 321 a Abs. 2 ZPO bedarf in diesem Zusammenhang einer Änderung. Schwierigkeiten bei der Bestimmung der Rügefrist werden sich nur in Fällen einer Untätigkeit des Gerichts einstellen. Hier existiert naturgemäß kein richterliches Handeln als zeitlicher Ansatzpunkt. Unter Rückgriff auf den Revisionsgrund der §§ 547 Ziff. 6, 551 Abs. 2 S. 3 ZPO bietet sich an, die nach § 321 a ZPO zu erhebende Rüge nach Ablauf von fünf Monaten nach Antrag auf richterlicher Terminierung als statthaft anzuerkennen. Kernstück eines veränderten § 321 a ZPO würde jedoch die Beschwerdemöglichkeit im Fall einer Nichtabhilfe durch den iudex a quo darstellen. In dieser Konsequenz wäre eine Änderung des § 321 a Abs. 4 S. 4 ZPO angezeigt: „Die Entscheidungen ergehen durch kurz zu begründenden Beschluss, gegen den, die sofortige Beschwerde und soweit kein Fall der sofortigen Beschwerde vorliegt die Rechtsbeschwerde stattfindet."

464 Auch Gravenhorst in MDR 2003, 887, 888 beendet seine Ausführungen mit einem Vorschlag, wie eine künftige Gesetzesneufassung lauten könnte. Er schlägt vor, unter Aufhebung des § 321 a ZPO eine Ergänzung im dritten Buch der Zivilprozessordnung, um die §§ 577 a- 577 e ZPO vorzunehmen. Der so geregelte „Verfassungsrekurs" sieht in § 577 c Abs.2 vor, dass, falls das Gericht (scil.: der iudex a quo) den Rekurs für unbegründet hält, es diesen dem übergeordneten Gericht zur Entscheidung vorlegt. Neben diesen wie auch in weiteren Punkten geht der dort gemachte Vorschlag mit dem des Verfassers konform.

kurzfristigen Veränderung der Zivilprozessordnung zu rechnen ist, durfte zumindest bis zur aktuellen Mahnung[465] durch das Bundesverfassungsgericht[466] bezweifelt werden[467]. Im Zuge der Novellierung des Zivilprozessrechts durch das Zivilprozessreformgesetz hat der Gesetzgeber jedenfalls eine Möglichkeit verpasst, den Problemkreis der Korrektur von Verfahrensgrundrechtsverletzungen innerhalb der Zivilgerichtsbarkeit einer nachhaltigen Lösung zuzuführen.

---

465 Das Justizministerium soll schon ein „Reparaturgesetz" planen; so jedenfalls Schneider in MDR 2003, 901, 906

466 Eindeutig BVerfG, Beschl. v. 30.04.03 – 1 PBvU 1/02 in NJW 2003, 1924, 1929: „Diese Praxis (scil.: der Annahme von Verfassungsbeschwerden zwecks Vermeidung von Rechtsschutzlücken trotz Fehlens einer fachgerichtlicher Entscheidung über die Gehörsrüge) kann nur für eine Übergangszeit hingenommen werden. Dem Gesetzgeber wird aufgegeben, bis zum 31.12.2004 eine Lösung zu finden, soweit dies nicht schon durch das Zivilprozessreformgesetz vom 27.07.2001 geschehen ist. Bis zur gesetzlichen Neuregelung bleibt es bei der gegenwärtigen Rechtslage. Sollt der Gesetzgeber keine rechtzeitige Neuregelung treffen, ist das Verfahren auf Antrag vor dem Gericht fortzusetzen, dessen Entscheidung wegen einer behaupteten Verletzung des Anspruchs auf rechtliches Gehör angegriffen wird. Der Antrag ist binnen 14 Tagen seit Zustellung der Entscheidung zu stellen." Hierzu stellt Redeker in NJW 2003, 2956 fest, dass es sich bei der Umsetzung des bundesverfassungsgerichtlichen Urteils um eine schwierige Aufgabe für den Gesetzgeber handeln dürfte. Rimmelspacher in JZ 2003, 797, 798: „Vielmehr liegt eine Lösung nahe, die das Bundesministerium der Justiz in seiner Stellungnahme in dem Verfahren vor dem Bundesverfassungsgericht bereits hat anklingen lassen: über §§ 525 S. 1, 555 Abs. 1 S.1 ZPO den § 321 a ZPO entsprechend anzuwenden (und, so sei hinzugefügt, für das Beschwerdeverfahren eine analoge Verweisungsnorm zu schaffen). Darauf läuft auch die vom Bundesverfassungsgericht hilfsweise für den Fall statuierte Lösung hinaus, dass der Gesetzgeber die ihm übertragene Aufgabe nicht rechtzeitig löst."

467 Zu den Novellierungsvorstellungen des Gesetzgebers innerhalb der derzeit noch andauernden fünfzehnten Legislaturperiode, Stünker in ZRP 2003, 17 f: „Die ZPO-Reform werden wir evaluieren. Dem Übergang vom gegnerischen zu einem mehr kooperativen Klima zur Erleichterung der einvernehmlichen Konfliktbeilegung und der Reduzierung der gerichtlichen Auseinandersetzung kommt dabei besondere Bedeutung zu (Mediation)." Teilweise wird auch schlichtweg abgewartet, wie die Praxis mit dem novellierten Prozessrecht umgeht: Hannich/Meyer-Seitz/Engers, ZPO-Reform, § 321 a Rn. 7: „Es bleibt abzuwarten, welche rechtstatsächlichen Erfahrungen die Praxis mit dieser Norm macht und welchen (ausdehnenden oder eher einengenden) Anwendungsbereich sie ihr letztlich geben wird."; Redeker in NJW 2003, 2956 meint, dass das Bundesverfassungsgericht selbst an einer Umsetzung der von ihm in seinem Plenarbeschluss vorgegebenen, an den Gesetzgeber gerichteten Aufgaben zweifele; es hätte andernfalls nicht selbst eine vorläufige Regelung ab dem 01. Januar 2005 für den Fall der nicht fristgerechten Erfüllung der Aufgaben vorgegeben.